本课题是教育部哲学社会科学重大招标课题"新媒体环境下的危机传播及舆论引导"科研项目成果（项目批准号：09JZD0011）

微博：一种新传播形态的考察
——影响力模型和社会性应用

喻国明　欧　亚　张佰明　王　斌　著

人民日报出版社

图书在版编目（CIP）数据

微博：一种新传播形态的考察：影响力模型和社会性应用/喻国明等著.—北京：人民日报出版社，2011.5

ISBN 978-7-5115-0340-4

Ⅰ.①微… Ⅱ.①喻… Ⅲ.①互连网络－传播媒介－研究 Ⅳ.①G206.2

中国版本图书馆CIP数据核字(2011)第038992号

书　　名：	微博：一种新传播形态的考察 ——影响力模型和社会性应用
著　　者：	喻国明　欧　亚　张佰明　王　斌
出 版 人：	董　伟
责任编辑：	梁雪云
出版发行：	人民日报出版社
社　　址：	北京金台西路2号
邮政编码：	100733
发行热线：	（010）65369527　65369512　65369509　65369510
邮购热线：	（010）65369530
编辑热线：	（010）65369514
网　　址：	www.peopledailypress.com
经　　销：	新华书店
印　　刷：	北京朝阳印刷厂有限责任公司印刷
开　　本：	710×1000mm　1/16
字　　数：	250千
印　　张：	19.25
印　　次：	2011年5月第1版　2011年5月第1次印刷
书　　号：	ISBN 978-7-5115-0340-4
定　　价：	39.00元

序 言

据CNNIC《第26次中国互联网络发展状况统计报告》显示，截至2010年6月底，我国网民规模已经突破4亿关口，达到了4.2亿，互联网普及率已升至31.8%。正如加拿大的传播学者麦克卢汉所指出的，新媒介出现的最大意义在于它极大地改变着人们的生活方式，并颠覆着社会的沟通和交流的模式。

自2006年全球的Twitter网站的创立，微博客作为一个新的互联网平台得到了迅速的发展，随着新浪微博2009年的正式上线和很多网站纷纷推出微博，微博已成为中国社会2010年很重要的一个关键词。目前，具有强烈的自媒体属性的微博，在改变着公众的媒体习惯和信息传播的模式，并成为社会化媒体中最为即时性、用户最活跃的信息传播平台。而使用微博的用户也在不断增加，微博逐渐向大众化普及。因此，如何对待、应用微博以及下一个最新的互联网应用，已经对相关部门的决策、沟通、处置能力提出了新的考验。

微博即微型博客（micro-blogging），是基于有线和无线互联网终端发布精短信息供其他网友共享的即时信息网络，由于用户每次用于更新的信息通常限定于140个字符以内，故此得名"微"。

一个看似并不打眼的微博竟然几乎在一夜之间便在全世界风生水起，迅速成为一道景观，成为互联网应用的一股潮流，原因何在？纵观互联网的发展，一种能够成为趋势和潮流的技术应用形态，总是因为它解决了人们在通讯传播中的某一种基本的应用需要：门户网站解决了人们"一站式"消费的需要；搜索引擎解决了人们对于一个海量资讯的有效选择和掌控；即时通讯解决了人们随时随地点对点沟通的需要；博客解决了人们的自我表达的需要；SNS网站则便利了"同缘同道"的聚合关联，等等。而这一次，微博所带来的，则是提供了一个个体向无限广泛的社会群体进行"喊话"和广播的手段。换言之，微博是给每个人提供了一个"麦克风"，它可以将每一个微博用户的上传的任何一段文字、图片及视频以现场直播的方式即时传播至他（或她）所有的"粉丝"，即使虽然这个"麦克风"的一次性传播受限于他个体关联的"粉丝"数量，但由于每一个"粉丝"群都叠套着众多"粉丝"群（每一个微博用户都拥有自己的大小不等的粉丝群），因此，按照互联网的"六度分割理论"，只要这种即时传播的信息具有穿透六类不同人群的价值评价的能力，它便会在层层转发中，及时通往全球互联网的每一个角落。这种类似于核裂变式的传播效能，不能不使人对它的应用前景刮目相看。

　　微博创始于美国，最早的微博网站是美国的Twitter，于2006年7月面向公众开放，2007年4月开始独立运营，目前的独立访问用户已达3200万，美国白宫、FBI、Google、HTC、Dell、福布斯、通用汽车等很多国际知名个人和组织都纷纷利用Twitter与大众进行交互，并获得了意想不到的成功。有人说，是微博成就了美国总统奥巴马的大选，这话虽然片面，但也不无道理。

　　那么，什么是微博呢？简单地说，所谓微博，就是一种节点共享的即时信息网络。微博是由Twitter率先提出产品构想并成功实践的，微博的想法最初始于美国的一个由广播公司Odeo的董事会成员组织的"全日智囊团"，这个小组试图打破公司创造力低下的现状，于是提出了个人使用手机短信来与小组进行交流沟通的大胆设想。也就是说，每个小组成员以便捷的设备向一个平台上发送供所有成员阅读的讯息，这是微博最为核心的理念。随着Twitter产品的不断完善，越来越多的功能整合进微博之中，但所有的功能都是基于这一核心理念：信息的即时性、共享性以及基于即时、共享信息形成的动态信息传播网络。

　　这本专著是教育部哲学社会科学重大招标课题"新媒体环境下的危机传播及舆论引导"科研项目成果（项目批准号：09JZD0011）之一，它对微博产生以来的历史沿革进行了从理论到实践的的详细梳理，考察了微博发展的关键事件编制了微博发展的大事年表，并使用嵌套性理论对微博的发

展逻辑和价值本质进行了深入探讨，是目前关于微博的学术研究中最具影响力的一种学说。

这本专著的作者其实是一个研究团队，除署名的四位作者外，中国人民大学新闻学院2009级传媒经济学专业的全体博士研究生和硕士研究生为完成本项课题进行了多方面的资料采集、逻辑梳理和初步分析的工作。本书深入考察了以美国Twitter为代表的微博的最受欢迎的十大应用以及Twitter企业营销案例、Twitter竞争对手分析等，并且花大功夫进行了微博的中国本土化应用的调查和研究。在此次基础上，我们基于对中国本土的微博用户深度访谈以及微博用户满意度调查的分析，提出了一整套关于微博的中国本土化应用的行动路线图式的战略与策略，它对于微博在中国本土的发展提供了理论与实践的科学依据，这些研究成果得到了包括新浪微博在内的积极认可和深入应用，并且对于制定中国微博发展的制度框架也具有很好的理论基础的意义。

本项研究在研究方法的使用上复合采用了文献分析方法、个案分析法、问卷调查法、焦点人群访谈法以及在传播学的实证研究中颇为前沿的社会网络分析方法，在研究方法的配合使用模式上也具有相当的前沿性和示范性。

正如一位业内人士所指出的，无论是作为一个信息的发布平台，还是草根秀场、官方代言，无一不在彰显着微博所带来的信息传播变革对人们交流方式的影响，以及它正在深刻地改变着世界。而互联网趋势研究者谢尔·以色列在其著作《微博力》中指出："我们正处在一个转换的时代——一个全新的交流时代正在代替老朽的、运转不灵的传播时代。在这个由微博推动的、正在到来的交流时代，如果我们还没能跟上它的脚步，那么就可能会被这个时代所抛弃。"希望本书成为人们跟上新传播时代步伐的一个助力者。

喻国明于北京太阳园寓所
2011年3月19日

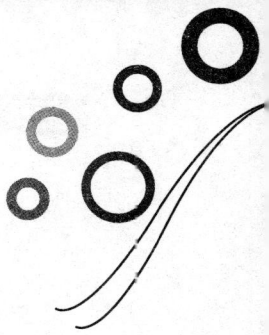

目录

第一章 微博传播形态解读

一、微博的本质：节点共享的即时信息网络 1
1. 微博历史沿革：从肇始到现状 1
2. 微博核心概念："节点"(Humannode) 3
3. 微博属性：节点共享的即时信息网络 5
4. 微博功能：核心功能、延伸功能与附加功能 8

二、微博传播模式与传播形态分析 12
1. 以聚合为特征的信息传播模式：核心-边缘模式 12
2. 微博传播优势：节点间的"弱连带"和信息"圈子化"传播 19

三、微博影响力分析 24
1. 微博影响力本质：信息资源的凝聚力和整合力 24
2. 微博的影响空间：话语释放；群体联通；经营环境优化 25

第二章 微博的国际经验：Twitter个案研究

一、Twitter关键事件史 29
1. 2006/07–2007/03：起步期简洁而稳定的用户体验 31
2. 2007/04–2008/02：SXSW音乐节打响第一枪 33
3. 2008/03–2008/12：Twitter的政治年 35

    4. 2009/01–2009/04：腾飞期 37
    5. 2009/05–今：平台期的到来？ 39
  二 微博发展理念：Twitter核心服务框架 41
    1. Twitter的发展理念：基于微内容整合的增值服务 42
    2. Twitter的商业拓展：提升内容及渠道价值 44
    3. Twitter成功的致效因子 52
  三 微博的商业应用：Twitter营销创新实践 53
    1. Twitter的营销特质 54
    2. 企业营销类型及案例 58
  四 微博竞争趋势：Twitter竞争对手分析 72
    1. 来自Jaiku的竞争 76
    2. 来自Facebook的竞争 79

第三章 微博的中国本土化实践

  一 微博市场环境扫描 85
    1. 高替代性的初级市场：微博本土化竞争环境 86
    2. 差异化竞争：本土微博的市场表现 91
    3. 中国国内微博与Twitter发展模式对比 94
    4. 微博本土应用的推动力 102
  二 微博用户需求与体验分析 106
    1. Twitter用户特征与使用体验 107
    2. 新浪微博用户的特征与使用体验 110

3. 兼用用户的特征与使用体验 112
　　4. 企业用户的使用需求与体验分析 112
三　微博的战略构想与策略性建议 114
　　1. 微博本土发展的关键问题与影响因素 114
　　2. 微博的战略构想：嵌入生活圈的综合信息服务平台 118
　　3. 微博本土化发展的策略性建议 119

第四章　微博市场调研报告

一　微博用户深度访谈 124
　　1. 研究基本情况介绍 124
　　2. 微博用户使用动机、体验与评价分析 126
二　新浪微博用户满意度问卷调查 142
　　第一部分　本次调查的基本情况 142
　　第二部分　本次调查的主要发现和基本结论 147
　　第三部分　重度、中度、轻度用户对比分析 179

附录一　Twitter大事年表

　　1. 宏观运营 189
　　2. 活动营销 192
　　3. 竞争合作 194
　　4. 特殊用户 198

5. 外界评价 200

6. 系统故障与安全问题 202

7. 自身功能 204

附录二 Twitter第三方软件范例

1. Twitter应用程序的类型 211

2. Twitter十大第三方应用程序 217

附录三 微博用户深度访谈报告

第一节 新浪微博用户访谈总报告 223

新浪用户1号受访者访谈报告 230

新浪用户2号受访者访谈报告 237

新浪用户3号受访者访谈报告 241

新浪用户4号受访者访谈报告 245

第二节 微博兼用用户访谈总报告 252

微博兼用用户1号受访者访谈报告 259

微博兼用用户2号受访者访谈报告 265

微博兼用用户3号受访者访谈报告 272

第三节 企业用户访谈总报告摘要 279

凡客诚品访谈报告摘要 285

福特访谈报告摘要 293

第一章 微博传播形态解读

一、微博的本质：节点共享的即时信息网络

① 微博历史沿革：从肇始到现状

微博即微型博客（micro-blogging），是基于有线和无线互联网终端发布精短信息供其他网友共享的即时信息网络，由于用户每次用于更新的信息通常限定于140个字符以内，故此得名。

微博创始于美国，最早的微博网站是美国的Twitter，于2006年7月面向公众开放，2007年4月开始独立运营，截至到2010年11月份，Twitter注册用户数量已达1.75亿。美国总统奥巴马、美国白宫、FBI、Google、HTC、Dell、福布斯、通用汽车等很多国际知名个人和组织在Twitter上与用户进行交互。

Twitter始于一个由广播公司Odeo的董事会成员组织的"全日智囊团"，这个小组试图打破公司创造力低下的状况，在一次会议上，Jack Dorsey提出了一个个人使用手机短信来与小组进行交流沟通的设想，这个设想有一部分来自于短信息群组服务TXTMob所带来的灵感。这个提议受到了大家的认可，开始为Odeo公司雇员提供内部服务，并且在2006年7月向公众开放。2006年10月，Biz Stone、Evan Williams、Dorsey和其他来自Odeo公司的成员一起成立了Obvious公司并且获得了Odeo公司及其所有资产——包括Odeo.com和来自投资者和其他股东的Twitter.com。2007年4月，Twitter从原来的公司独立出来并成立了独立运营的公司。

微博—一种新传播形态的考察
影响力模型和社会性应用

  微博产品独特的理念和良好发展态势,不但让Twitter赢得了来自世界各地的用户,而且引来了众多的模仿者。除了美国本土的identi.ca、Jaiku、Qaiku、MySay、Emotionr等直接模仿者外,世界各地类似的网站纷纷涌现。中国的微博网站创始于2007年,饭否网的上线带动了多个同类网站的发展,如随心微博、叽歪网、嘀咕网等。依托庞大用户群的腾讯网也于2007年8月推出了腾讯滔滔。到2009年,国内微博又掀起了一股热潮,继同学网转型微博客网站、聚友网推出微博网站9911网、中国移动凭借手机运营商的先天优势推出139说客后,在中国互联网行业最具影响力的新浪网也于2009年8月开始进行新浪微博内部测试,10月份正式面向公众开放。至此,经过多个网站的先期预热后,微博正式进入广大公众的视野。

  近邻印度的微博业务也得到了迅猛的发展,目前最大的微博网站SMS GupShup用户总量已经达到2600万,这主要得益于印度庞大的手机用户数量。印度目前拥有5.5亿手机用户,远高于互联网网民的数量(5000万)。SMS GupShup的微博用户主要通过短信来使用该服务,这就使得短信服务成为印度最受欢迎的通信平台,SMS GupShup的大幅增长正是源于这一环境,而SMS GupShup每月处理的短信约为4.8亿条,约占全印度短信总量的5%。未来该公司拓展的方向是印度尼西亚、泰国和菲律宾等东南亚市场。

  尽管微博的即时、便捷、进入门槛低的特点为用户带来了巨大的沟通价值,进入微博领域的同类网站前赴后继、络绎不绝,但与此形成鲜明对照的是,包括Twitter在内的诸多网站不但尚未盈利,而且连盈利模式都不明朗,目前还处于积累用户、探索盈利途径的成长期。对于此类网站前景的乐观预期构成了这一领域的主流气候,这一乐观情绪让人们相信微博一定会拥有长远发展的未来。

第一章 微博传播形态解读

② 微博核心概念："节点"(Humannode)

"节点"（Node）作为一个技术词汇，是指"任何连在网络上且能与其他网络设备通信的设备"（《英汉双解网络词典》），在数字媒介传播的研究视野里，这一词汇被赋予了新的含义。美国学者直接创造出了一个新词Humanode，来界定在互联网媒介环境下以人为传播主体的节点，即"human"（人）和"node"（节点）的组合。这种对以人为主体的技术网络的重新命名直击网络传播的本质，即在双向传播的网络世界里，在人本主义和技术主义之间寻求平衡是最基本的理念。

在数字媒介环境下，"节点"具有双重含义。首先，节点是通过数字互动媒介接受和发送信息的媒介用户，具体是指在网状结构的媒介平台上，每一个使用这一媒介并利用媒介本身的互动、联结功能的网络用户，他既是网络媒介信息的传播者，也是信息的接收者和再次传播者，能够按照自己的信息组织、处理和发布方式，遵循网络媒体的技术规则和传播规律参与网络媒介的内容生产过程。以节点为传播主体的传播形式就是节点传播。在这种传播形态下，传播者和受传者具有平等的地位，二者之间的转换极为容易，集传播者和受传者身份于一体，这是网络环境下传播节点最为重要的特点。

其次，节点是参与信息互动的用户及其呈现给其他用户的相关信息的结合体。在基于互联网这类可以实现双向传播的技术媒介里，每一个用户既是节点的实体，用户以自己的自主性和创造性激活每一个节点；同时又是节点信息的重要组成部分，通过与其他节点的互动生产新的信息，因为在麦克卢汉主义看来，人在互联网上发布信息的同时，自己也变成了互联网的内容。在以互联网主导的数字互动媒介语境下，"节点"既用来指称参与信息互动的用户，还用来指称与用户捆绑在一起的一体化的信息。

微博——一种新传播形态的考察
影响力模型和社会性应用

　　从节点传播现象存在的网络环境看，尽管Web1.0时代以互联网运营商为信息发布主体时就已经出现，如用户对于自己感兴趣的内容可以通过复制文本或链接的方式转发给其他人甚至对讯息做出评论，但这种以门户网站为代表的网络环境下用户的自由度和传播空间受到很大限制，真正让节点传播以规模化的形式呈现其在传播方式上的特点的则是在Web2.0时代，对这种传播形态的典型描述就是"用户生产内容"（UGC，user generated contents）或"用户创造内容"（UCC, user created contents），即用户自发生产或创造的内容，或者是基于网络媒体既有内容而生产或创造的新内容。论坛、维基百科、博客等是几种比较典型的节点传播形式：每个用户都可以发言，都可以发表评论，都可以成为关注者和被关注者。在信息的纽带作用下，信息网络不断地扩大和延展，显示了这种传播方式的无穷生命力。博客以博客页面为载体，以博主的个性化表达和博文的群体化传播很好地诠释了节点传播的意义和价值，是实践节点传播理念的典型产品。经过垂直类网站和门户网站的合力推动，博客在今天依然呈现上升的良好发展势头。它的对于传播主体观点的完整化表达和围绕博主观点讨论文本的结构化呈现，以及若干作为补充功能可任意添加的插件，都使其具有了微型网站的架构，博客因此而被称为是个人网站。这种结构化的信息组织和呈现方式带来的问题就是，呈现在博客页面上的讯息不便于"搬运"，这在一定程度上阻碍了节点传播的频率和再传播的效率。如果把信息的流动和传播速率作为节点传播效果的重要标准的话，博客依然存在一定的局限性。相比之下，文字量更少（一般限定为140个字符之内）、文本呈现方式更灵活、生成方式更多样化（可以通过PC和手机终端传输）的微博客，则代表了节点传播的最新发展方向。

　　博客的用户无疑属于节点范畴，但相比之下，微博用户作为数字互动媒介的节点有其独特的优势。微博用户享用数字媒介的门槛更低，接入微博平台的方式更为灵活多样，按照微博的成功实践者Twitter所做的探索，

第一章 微博传播形态解读

通过手机终端、即时通讯工具、电脑桌面、邮件、博客等网络产品都可以发送甚至接收微博信息，上述的优势无疑会大大激发节点的活力和创造性，促进节点之间的交互程度，加速网络媒介上信息的流动。一句话，微博为节点价值的释放提供了无可比拟的便利条件，开启了人类信息传播的一个新时代。

③ 微博属性：节点共享的即时信息网络

微博是由Twitter率先提出产品构想并成功实践的，微博的想法最初始于美国的一个由广播公司Odeo的董事会成员组织的"全日智囊团"，这个小组试图打破公司创造力低下的现状，于是提出了个人使用手机短信来与小组进行交流沟通的大胆设想。也就是说，每个小组成员以便捷的设备向一个平台上发送供所有成员阅读的讯息，这是微博最为核心的理念。随着Twitter产品的不断完善，越来越多的功能整合进微博之中，但所有的功能都是基于这一核心理念：信息的即时性、共享性以及基于即时、共享信息形成的动态信息传播网络。

首先是信息的即时性。互联网上存在着各类信息，包括Web1.0的结构化、完整性的信息、Web2.0的众多碎片化、零散化的信息。在以海量信息为特征的互联网上，最不缺少的就是信息，各类信息几乎都可以在网络上找到，但这些信息基本上都与当前时间有一定距离，而且越是结构化、越是完整的信息，这种距离就越远。相比之下，即时信息却是微博所能提供的最为独特的信息类型，微博用户以最短的字符随时随地发送自己的所见、所闻、所感的内容，而发送的设备除了手机这种随身媒体外，互联网上的诸多客户端都可以成为上传微博内容的端口，内容和媒体形式的便捷性能最大程度保证微博用户页面上信息的即时性，在这种意义上说，微博

微博—一种新传播形态的考察
影响力模型和社会性应用

可以称为是"随时、随地、随性"的媒体,而微博用户所吸引的关注者也因为微博内容的即时性更新而持续关注。对于关注者来说,只要订阅了关注的对象,被关注对象更新的信息就会同步刷新,从而关注者可以在第一时间获得最新信息,这要比任何媒体都更为高效、便捷。

其次是信息的共享性。微博是一个开放的信息平台,微博用户在个人页面上发布的任何信息都可以随时查阅,对于互联网用户而言没有任何信息接入的门槛可言。不但用户在微博上的信息是完全开放的,用户与其他用户之间的互动也能够方便地看到。不但如此,借助一定的网络工具,一个用户被其他用户关注的程度、微博用户普遍关注的热点话题、对于同一社会事件的倾向性态度等,都可以通过相关渠道获得,Twitter开放API接纳的大量第三方软件就提供类似的服务。借助微博的技术支持,每一个有表达欲或暴露欲的用户都可以成为扩大某一信息传播范围的个人化媒体,以个性化的角度呈现大千世界的某个侧面。对于想获取更多信息的用户来说,进入微博这个共享的世界,就可以获得若干可以直接提供对自己而言有价值的信息的信源,在最短的时间内减少自己所关注事物的不确定性。对于信息索取型的用户而言,经过不断筛选之后确定下来的重点关注用户,就成为该用户获取信息的固定而便捷的渠道,通过"加关注"的设置,这些被关注的用户会源源不断地将共享信息随时推送给该用户,成为稳定而高效的信源。

再次是动态信息传播网络。微博作为开放平台的最大优势,就是允许用户将任一用户添加为自己的好友,通过"加关注"功能的简单设置,这些被关注的用户(微博主)就变成了寻找信息用户的固定信源。每一个关注其他微博用户的网民都有自己的信息选择偏好和标准,以此为筛选依据,每一个用户都会形成一个以自己为中心的信息网络,每一个微博主都是这张网络上的一个节点,只要节点上的信息有更新,信息网络就会改变原来的状态,作为网络中心的用户会根据信息的变化情况做出回应,从而改变信息传播网络的状态。同样，微博主因被其他用户关注，也会以其为中心形成信息网络，影响着微博主对于自己所发布信息的价值的认知，其他用户的行为和态度也会引起微博主的反应，在与其他节点的互动中改变着微博主信息网络的状态。正是这种关注者与被关注者之间互为节点的互动，让微博平台上信息的流动状态变得复杂起来。也就是说，这个信息网络是根据信息节点的变化而实时地发生变化，正是这些由不同用户所编织的信息网络的动态变化加速了互联网上的信息流动状态，突显出微博的独特价值。

国外的调查数据也印证了微博作为节点共享的即时信息网络的属性。Pear Analytics调查公司抽取两周的2000条tweets（用户在Twitter网站上发布的信息）进行分析，信息的内容如下：

信息类型	所占比例	信息类型	所占比例
新闻	3.6%	无意义话语	40.55%
兜售信息	3.75%	对话	37.55%
自我推广	5.85%	分享信息	8.7%

从表中的统计数据可以看出，绝大多数信息是出于单向发布的目的，真正以互动为诉求的信息只占一小部分，而所有这些信息的基本走向都属于"共享"的范畴。

总之，在微博的平台上，每一个用户都是既可以发布信息同时又接受其他用户信息的节点，他们之间的互动又会增加新的信息，改变信息的传播路径和状态，所有这些信息都是全面开放共享的，每一个用户无论是微博主还是微博信息的索取者，都会以自己为中心形成规模各异的信息传播网络。也就是说，微博用户使用微博的最直接动机是发布和获取信息以及基于这些即时信息引发的人际互动，这就决定了微博既不同于传统的Web1.0产品，也不同于Web2.0的诸多产品，如博客、SNS。用户之所以信赖微博,是因为用户对为自己提供信息的微博主以某种方式做了筛选,确定这些微博主能够为自己提供有价值的、值得关注的信息,并且这些信息是以稳定、即时的方式自动推送给自己的。微博改变了人类信息传播和获取的方式,是一种独特的信息渠道,这是微博强大的生命力所在。美国现任总统奥巴马恰恰是因为认识到了微博Twitter的独特价值并大胆尝试,使得Twitter成为让广大选民实时跟踪奥巴马行踪和言论的最佳渠道,他的胜出让全世界认识到了微博的独特价值。这只是Twitter在政治领域的一种极端表现,它在其他领域的更大价值尚待进一步挖掘。

④ 微博功能:核心功能、延伸功能与附加功能

互联网上有许多产品在设计之初是围绕某一核心功能推出的,随着产品的发展,一些以核心功能为基础的延伸功能以及某些附加功能也被开发出来,使得网络产品的功能越来越完善,这样的产品往往都有较强的生命力,其巨大的张力往往超出这一产品的设计者当初的构想。微博就是这样的产品,尽管出现的时间很短,但目前呈现的发展态势已经证明了这一产品的无限张力。

(1)核心功能:即时信息的发布与获取

对于微博来说,其最为核心的功能就是信息的发布与获取,这两种应用分别对应的是微博信息的发布者(微博主)和索取者。通过网络发布信息,微博客绝不是唯一的渠道,BBS、论坛、博客等都可以发布信息,但微博客对于微博主的好处在于其便捷性和交互性。微博主不受时间、地点、写作格式的限制,只要有发布的终端设备,日常生活中的所见、所闻、所思和所感都可以随意点染、上传到自己的微博页面上,或者只是作为自己生活的点滴记录,或者满足自己粉丝的沟通愿望,这种率性而为

的信息呈现形式非常适合现代都市人群碎片化的情感表达方式和奔波忙碌的生活状态。一些微博主上传的文字或者照片就是当事人参加某次会议或某个聚会的空当时间完成的，还有就是在等车或登机、转机的无聊时间发布的，比如李开复就经常利用坐飞机的候机时间上传了好多微博文章，尽管都是生活中的一些小插曲，但对于关注他的人来说，总会从他的简短的陈述中了解他的行程、他的生活状态以及他对某些事情的真实评价。对于那些不太喜欢发布信息的信息索取者而言，众多在微博上发言的用户总有与自己的兴趣点或关注点吻合的信息提供者，也就是说，无限丰富的信息总会对信息的传、受者形成聚类，用户总会从某个或某些微博主那里找到自己需要的信息。而目前微博产品使用的准实名的规则又在一定程度上保证了信息本身的可信性，如果信息索取者对某个或某些微博主感兴趣，经过一段时间的筛选和比较，总会对微博主提供的信息价值有大致的判断，在此基础上决定是继续关注还是放弃关注。一旦某个微博主得到信任，他就会成为用户锁定的信息提供源，免费为用户选择某类信息。如果用户能够科学合理地找到满足自己不同类型需求的微博主，将会大大提高该用户的信息处理和利用效率。这种借助即时信息构筑起来的信息系统，是要比其他的信息渠道更有价值。这就是为什么公众一方面在批评微博信息的碎片化程度太高，另一方面却依然对此投以较大热情的原因。当传统的信息渠道无法有效满足用户的需求，而微博这一渠道却能在一定程度上给以满足，微博的渠道价值自然就显现出来。在微博平台上，一方能够提供有价值的即时信息，另一方能从这些信息中筛选出对自己有价值的内容，这是微博得以发展的最重要的原因。

（2）延伸功能：人际网络的构建与维护

如果说人际网络的维护是SNS网站的核心功能的话，这对于微博网站来说只能算得上是延伸功能。在微博上，人际网络的构建来自于两个方面：一方面是既有的人际网络在微博网站上的延续，即网络用户之间的好友关系是

微博—一种新传播形态的考察
影响力模型和社会性应用

在使用微博之前就存在的,微博只是提供了好友之间继续交流和沟通的空间,微博的即时信息共享的特色功能进一步满足了好友交往的需求;另一方面是基于共享信息形成的比较稳定的"关注-被关注"关系,即微博主和自己的粉丝之间以信息为纽带建立了一种比较松散的契约关系,一方有展示信息的欲望,另一方有索取信息的需求,双方会有不同程度的互动,并都能在这种"关注-被关注"的状态下获得一定程度的满足。当微博主展示的信息有较高的质量并形成一定的风格后,很可能以微博主为中心形成一个松散的网络。由于这个网络内的成员有相对同质化的兴趣,微博主的"粉丝"之间也会产生一定程度的互动,于是会形成以微博主命名的某个圈子,比如喜欢演员姚晨的粉丝会形成姚晨的微博圈子,目前的粉丝人数已达746010人(截至2010年1月6日)。但这类以名人为中心、以追星为动机的圈子只是少数,绝大多数圈子还很难形成一定的规模。说到底,微博用户关注的核心内容是微博主的信息(前提是对微博主身份的认同),"粉丝"之间的互动也是以信息为中心的。当微博主与"粉丝"以及"粉丝"与"粉丝"之间的互动达到一定程度后,不排除他们之间会形成较为密切的人际网络的可能性,但前提依然是他们有共同感兴趣的信息。如果这样的圈子发展到不以信息为中心而是纯粹以人际关系的维护为核心,这个圈子恐怕就走到了微博的反面,很可能他们会离开微博,进入SNS网站去延续这种圈子文化。

(3)附加功能:多样化的网络应用

随着微博被接受程度的加深,微博对用户的粘性越来越大,为满足用户对网络应用的多层次需求,更多的附加功能可能被开发出来,从而不断提升用户的体验。比如,Twitter随着产品的逐步完善,利用各类插件开发出了以下几种特色功能:一是Twitter Badges,用户可以通过它将自己的"心情"放在自己的博客中;二是Twitteroo,允许用户在不登录Twitter的情况下向自己的帐号中发送信息;三是TwitterMap,用户可以用这个软件进行地理位置的搜索,并显示出用户公开的

Twitter留言以及地理位置等相关信息;四是TwitterBar,能将当前浏览的网站地址收藏到自己的Twitter帐号中,这样好友就可以看到用户当前访问网站的相关信息。

更为重要的是为便于用户查找有用信息而完善的搜索功能,这主要体现在Twitter Search上。这是Twitter所提供的官方搜索服务,通过它,网站能实时显示最新的Twitter信息,用户可以通过输入关键词进行搜索,该关键词会在Tweet信息里高亮显示。Twittersearch是Twitter最有潜力的应用之一,对即时信息的汇总是Twitter发挥更大价值的真正力量所在,能够将更多信息有效激活。Twittersearch不仅能够搜索到那些发布在Twitter上的内容,未来还将搜索到那些发布在Twitter上的所有链接内容。与Google不同的是,Twittersearch不会收录海量的网页,只会收录用户推荐的部分,从而使搜索到的信息更为有效,从而形成自身独特的优势。其他备受用户欢迎的以第三方开发接入为主的应用软件如Tweetdeck、Twitterfeed、Wefollow、Twitpic、Twittervision、Tweetmeme等大大拓展了Twitter的功能,优化了用户的体验,Twitter的探索和尝试为微博产品的功能拓展提供了可资借鉴的方向。

从中国互联网十几年的发展历程中可以看到,互联网在产品开发方面的竞争在很大程度上是对用户上网入口的竞争,在成功吸引用户对某一产品的注意力后,会将这种注意力向更深层次延伸,从而千方百计地增加用户对当下产品及相关产品的使用时间。随着微博知名度的提高,更多的用户会尝试使用微博,并由于其独特的价值而对用户产生更大的吸引力。当用户对产品有了一定程度的依赖后,以核心功能为基础,在其他领域的延伸自然在情理之中。从Twitter目前的延伸方向看,除了Twitter自己开发一些相关的软件和功能外,备受称道的开放API的做法吸引了大量第三方应用软件的开发和接入,许多功能软件已经受到用户的追捧。以开放平台为基础,在第三方力量的共同推动下,附加功能的增加是必然的,也是符合互联网发展趋势的。而微博的基础性技术功能结合不同应用主体的需求,会延伸出更多的应用形式。通过下图所展示的Twitter的功能应用，一定会激发对于微博产品功能开发空间的更多联想。

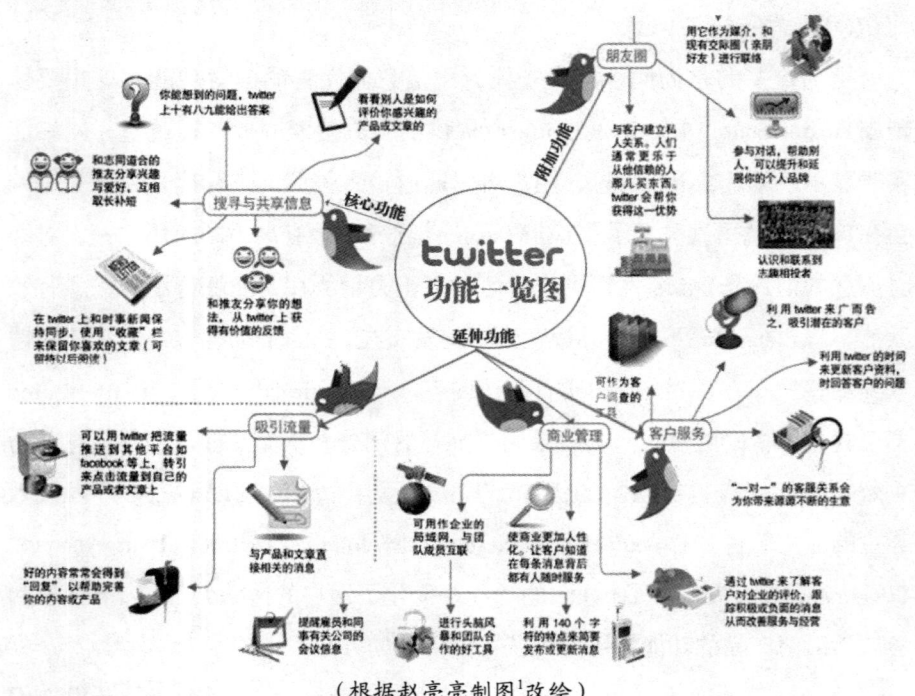

（根据赵亮亮制图[1]改绘）

二、微博传播模式与传播形态分析

❶ 以聚合为特征的信息传播模式：核心-边缘模式

微型博客真正成功的实践要归功于2006年上线的Twitter，它让全世界看到了在尺幅之地呈现的即时性信息的价值，并进而激发了中国追随者大

---

[1]参见《"我知道你在做什么"——欢迎来到twitter时代》，邓郁、杨潇，《南方人物周刊》，2009年26期，第64-68页

第一章 微博传播形态解读

胆尝试的热情。它的低门槛和低成本鼓舞了无数有表达意愿的用户，让他们愿意投身于即时性书写的队伍，激活了节点传播的网络。

微博节点类型划分

要想清楚地了解微博节点信息的传播模式，首先需要了解由不同的微博用户以节点传播的方式进行信息传播的典型路径是什么样子，即节点传播网络图的大致轮廓。根据一般微博用户的信息发布和接收情况，以节点传播观念为指导，我们尝试绘制了微博信息传播路径的简单图示，这是勾画微博用户行为路径、探讨微博信息传播模式的基础。

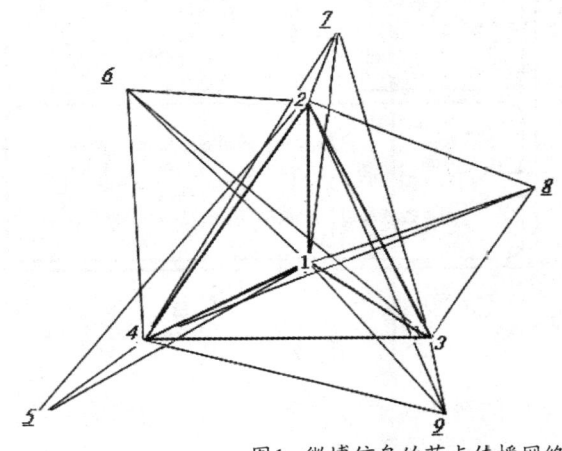

核心节点：1
桥 节 点：2 3 4
长尾节点：5 6 7 8 9

图1 微博信息的节点传播网络图

上图是根据一般节点的传播行为所抽绎出来的模拟图，既适用于以微博主为中心的微博信息传播过程（描述信息由生成到向外扩散的过程），也适合于对微博看客的信息获取过程的描述（微博看客如何获取其他节点上的信息），还适合于节点信息的多次传播的过程描述（微博信息转发的情况）。在上图中，每一个数字代表一个微博用户，也就是网络媒体中的节点，不同节点之间的链条代表的是有价值信息的流动路线（称为"连带"或"连接"），通常这个链条都是双向的，即信息可以沿着不同的向度双向流动，节点之间的互动无处不在。信息在不同节点之间传播，就会形成连贯的运行轨迹，上图所描绘的就是信息进行节点传播的典型轨迹。

由于每个用户在节点传播网络中的活跃度和影响力都有差异，根据其在这一网络中所起的作用和扮演的角色，节点可以分为三种类型：核心节点、桥节点和长尾节点，如下图所示：

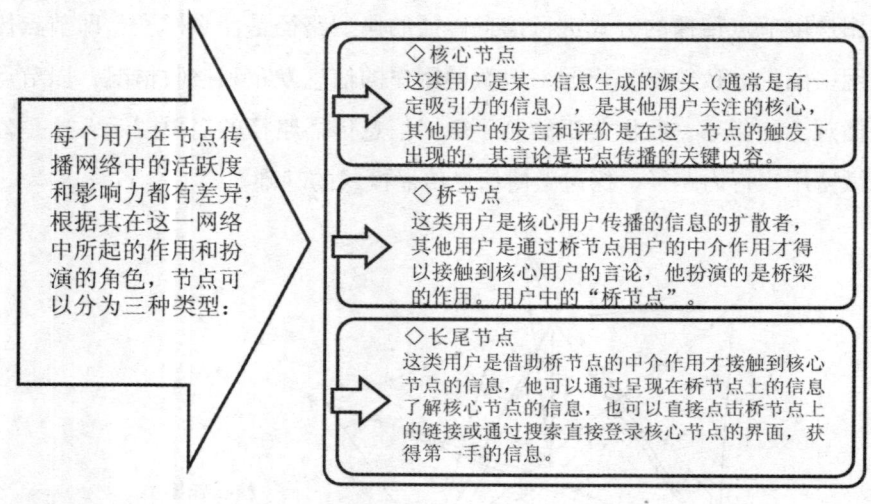

具体来说，

◇ 核心节点

这类用户是某一信息生成的源头（通常是有一定吸引力的信息），是其他用户关注的核心，其他用户的发言和评价是在这一节点的触发下出现的，其言论是节点传播的关键内容。图1中的用户"1"就是节点传播网络里的"核心节点"。

◇ 桥节点

这类用户是核心用户传播的信息的扩散者，该用户不仅接收到核心用户的言论，而且对该言论作出评价，或者将核心用户的言论推荐给其他用户（即使用户不做评价也可以，但推荐行为也可以看做是一种评价）。也就是说，其他用户是通过桥节点用户的中介作用才得以接触到核心用户的言论，他扮演的是桥梁的作用。图中的用户"2"、"3"、"4"都属于桥节点，他们往往是核心节点的忠实用户，在促进核心节点的信息传播上扮演了非常重要的角色。按照社会网络分析理论的观点，"若一个人拥有很多弱连带，尤其是拥有'桥'，那么他在信息获取上会有极大的优势，在信息传递上也常常居于关键地位。"[1]这里所说的"桥"，就是微博用户中的"桥节点"。

◇ 长尾节点

这类用户是借助桥节点的中介作用才接触到核心节点的信息，他可以通过呈现在桥节点上的信息了解核心节点的信息，也可以直接点击桥节点上的链接或通过搜索直接登录核心节点的界面，获得第一手的信息。这些用户广泛分布在网络世界中，其数量的多少取决于核心节点传播的信息价值及桥节点辅助传播的程度，相比于核心节点和桥节点这类数量较少的短头角色而言，更像是单体力量微薄但聚集起来规模巨大的长尾。图中的用户"5"、"6"、"7"、"8"、"9"都属于这一类型，他们属于"沉默的大多数"，较少发言或发言的影响力甚小，但他们的集合却能发挥巨大的能量，并成为衡量核心节点和桥节点在节点传播网络中价值的尺度。

以上这三类节点被关注的程度随节点传播网络扩散的方向而降低，核心节点受关注的程度最高，长尾节点受关注程度最低，桥节点居中。当然，上述的三类用户或者说三种节点类型并不是一成不变的，他们的身份会随着信息内容的变化而转换，没有永远的核心节点，也没有永远的桥节点和长尾节点。衡量的标准不一样，用户的身份也会不同。

微博信息的"核心-边缘"传播模式

从信息传播的方向看，节点传播网络适用于对不同传播行为的描述：以微博主（传者）为中心和以微博看客（受者）为中心，尽管信息在节点传播的方向上是不同的，但都可以用节点传播网络来解释，因为在微博信息的

---

[1]《镶嵌：社会网与经济行动》，[美]马克·格兰诺维特著，罗家德译，社会科学文献出版社，2007年7月第1版，第13页（译者序）

传播网络中，信息在网络技术的支持下，都可以实现以用户为中心聚合其他节点，也就是说，对于其他节点所承载信息的聚合是微博信息传播的基本特征，由聚合而形成的"核心-边缘"模式是微博信息传播的基本模式。微博产品单位信息（即每一条微博的信息容量，目前大部分微博允许用户发布的上限是140个字符）容量小的特点使得用户可以方便地通过"加关注"将其他节点纳入自己的信息网络中，或成为其他核心用户网络中的一个节点，以即时性的聚合主动或被动地构建自己的信息网络，具体阐述如下。

◇ 以微博主为中心的传播模式

以微博主为中心的节点信息传播模式解释的是被关注者——微博主信息传播的路径，如图2所示：

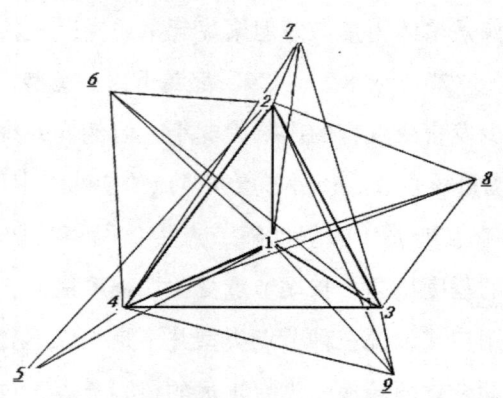

图2 以被关注者为核心的微博信息传播网络图

在图2中，用户"1"是核心节点，是微博看客的关注核心，他们往往是某一个话题的制造者，在实际的传播实践中，一些在各个领域比较知名的人物以意见领袖的身份发言，吸引其他用户的关注。这样的用户通常在现实生活中有一定的影响力，普通人对其身份比较熟悉，对其观点比较感兴趣，他们在微博上发布的信息更容易引起其他用户的兴趣。这些用户按照对于核心节点信息的关注程度，又可以分为两种类型：一种类型是高关注度用户（节

第一章 微博传播形态解读

点"2"、"3"、"4"），他们就是俗称的"粉丝"（Fans），对核心节点具有一定的忠诚度，易于受到核心节点的影响，并愿意向其他用户传播核心节点的信息，是沟通核心节点与长尾节点的重要角色。信息由用户"1"向用户"2"、"3"、"4"的传播属于一级传播，在这一传播过程中，用户"1"发布的信息通常并不是原封不动地被"2"、"3"、"4"转载，通常这些用户都会对其发表评论，生产新的节点"2"、"3"、"4"。由节点"1"、"2"、"3"、"4"共同构成的节点传播网络为核心层，他们在节点"1"的界面上形成一个信息互动的场域，节点在这一核心层的互动程度对于后续的二级传播的广度和深度都有很大的影响。因为互动程度意味着人气的高低，人气高的节点界面对于那些不了解核心节点的长尾节点来说有更大的吸附力。在这里，核心节点的信息传播分为两种情况，一是直接传播，信息由核心节点直接传递到桥节点；二是间接性的二级传播，信息通过桥节点传播至长尾节点。从信息流动的方向上看节点传播网络，这是一个向外发散的网络；从影响力扩散的角度看，以被关注者或者说核心节点为中心，是一个典型的影响流聚合的过程。

◇ 以微博看客为中心的传播模式

以微博看客为中心的节点信息传播网络解释的是追随者——微博看客的信息接受路径，如图3所示：

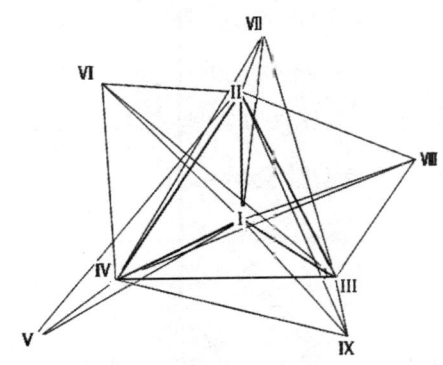

图3 以微博看客为核心的微博信息传播网络图

微博看客是指那些不主动发表言论但关心微博主及其他用户传播的信息的追随者,即那些桥节点和长尾节点。由于每个用户都有自己的兴趣点和关注重点,在微博这一庞杂的信息网络中,每个用户都能找到值得关注的对象,而微博产品添加被关注对象的按钮(通常以"加关注"字样呈现)极为便捷,追随者总是能从若干发布信息的用户中选择若干为自己提供信息、筛选信息的用户,成为这些核心节点的追随者。从图3可以看出,追随者(Ⅰ)以自己的兴趣和偏好为中心,通过便捷的网络工具聚合若干有可能为自己不定期提供新观点、新信息的节点(Ⅱ、Ⅲ、Ⅳ),而这些节点(Ⅱ、Ⅲ、Ⅳ)也有可能有自己感兴趣的用户,追随者(Ⅰ)因此会接触到他们所关注的节点(Ⅴ、Ⅵ、Ⅶ、Ⅷ、Ⅸ)及其呈现的信息。对于追随者来说,他所关注的节点既包括直接节点,也包括间接节点,而微博产品在功能上的设置往往很容易将间接节点变成直接节点(点击链接即可),他们所传播的信息在技术的帮助下,以追随者为核心推送过来,形成信息流的聚合网络。

借助一定的分析工具,通过对微博用户的实际传播行为的研究,可以印证上述微博信息的一般传播模式。

中国人民大学舆论研究所从新浪微博"周热话题榜"中抽取"农夫山泉 砒霜门"这一议题进行为期一个月的跟踪,时间段为2009年11月5日至12月5日。从参与原创的204人采用乱数表随机抽样的方法,按比例抽取了20个样本,分别从"关注与被关注"、"转发与被转发"维度进行分析,并借助社会网络分析软件绘制了议题流程图(见图4):

第一章 微博传播形态解读

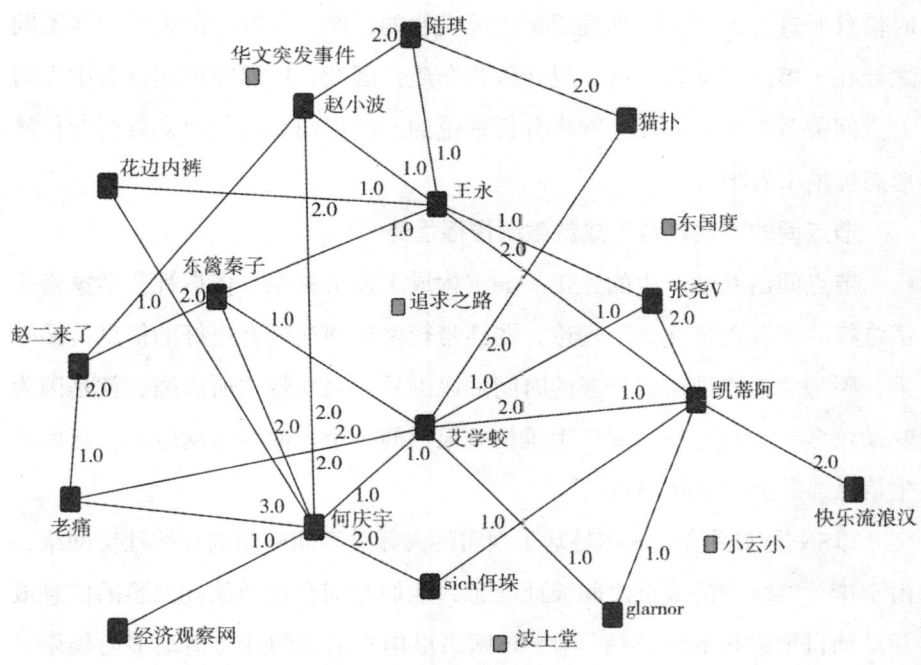

图4 新浪微博"农夫山泉 砒霜门"议题流程图

（注：图中线条的粗细表示关系的紧密程度，线的方向表示关系的指向；灰色色块的样本表示其为孤立的散点，与其他样本不存在关系）

在"农夫山泉 砒霜门"这一话题的传播上，上图中"何庆宇"、"艾学蛟"、"凯蒂阿"是典型的核心节点，围绕这几个节点有许多桥节点和长尾节点。

❷ 微博传播优势：节点间的"弱连带"和信息"圈子化"传播

从上述的微博信息节点传播模式可以看出，微博这种基于即时信息传播技术的网络产品在传播形态上既不同于传统媒体，也与绝大多数的数字互动媒介存在差异，借助以往的传播研究范式很难清晰地描述出其独特的传播形态和优势，这就需要在研究角度上有所调整。微博用户之间基于即时信息所进行的互动说到底属于人际交往的范畴，与现实的人际交往不同之处在于借助了互联网这一媒介作为介质，因此，以研究现实社会中人与人之间关系为核心的社会网络分析理论的一些视角为我们研究微博的传播形态提供了着眼点。

节点间的"弱连带"成就微博传播优势

节点间由互动产生的连接（tie）构成了连带关系。依据社会学家格拉诺维特的"弱连带优势"理论，弱连带较之于强连带有更好的信息传播效果，因为"强连带需要较多的时间加以维系（强连带之所以强，就是因为互动较多），对社交时间产生排挤效果，使一个人的关系网较小，从而产生信息通路上的重叠浪费。"[1]

以SNS网站为例，SNS是基于现实的人际关系而构建的在线社交网络，由于这一网络中的成员之间彼此熟悉，他们之间会选择彼此熟悉的信息或互动项目增强彼此的感情，在SNS网络里用户从事的社交活动多与娱乐、游戏有关，如开心网、人人网广受欢迎的是"种菜"、"偷菜"、"买房子"等虚拟游戏，虽然也会有新信息的交流，但相比于在线社交的核心诉求而言，这不是主要的功能，因为出于社交目的的人际互动需要较多的时间加以维系，在这种情况下信息交换的诉求无法兼得。图5就是一个典型的SNS人际互动模型图，在这一在线社会网络中，几乎所有人都相互熟悉，理论上每个用户都可以与其他用户互动。这个关系紧密的圈子虽然互动充分，但节点与节点之间流动的更多是情感，而不是信息。

正是在这个意义上，格拉诺维特认为，"强连带往往形成小圈圈，弱连带却会连成一张大网络"。[2]

---

[1]《镶嵌：社会网与经济行动》，[美]马克·格兰诺维特著，罗家德译，社会科学文献出版社，2007年7月第1版，第13页（译者序）

[2]《镶嵌：社会网与经济行动》，[美]马克·格兰诺维特著，罗家德译，社会科学文献出版社，2007年7月第1版，第13页（译者序）

而微博节点之间多为"弱连带"关系。中国人民大学舆论研究所做的问卷调查和深度访谈显示,微博主最感兴趣和愿意关注的对象是同自己有相似兴趣爱好的网友或者各行业的名人,而非生活中的人际关系网络。在日常生活中接触密切的社会成员(家庭成员、亲密朋友、同事等)构成的圈子里,彼此从对方获得的信息容易变得"陈旧",往往是其他人已经获得的信息,正是通过不经常接触的一些弱连带才更有可能接触到新的异质化的信息。对于一个社会人来说,通过直接联系人获得信息的数量是极为有限的,需要借助他人的中介作用找到更多拥有信息的渠道,微博网络中的大量桥节点就是这样的中介者。也就是说,在寻找有价值信息上,微博能够为用户提供达到此类信息的最短接触路径,信息交换因此会变得更为频繁和有效。

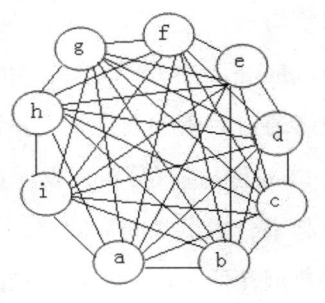

图5 SNS网络中的人际互动模式

信息"圈子化"传播:用户群的嵌套与勾连

微博信息传递的另一个特征是,信息通过不同用户圈的嵌套和勾连,进行大范围的传播。

一般来说,只要核心节点制造的话题引发了其他用户的关注同时产生互动行为,形成事实上的依托微博平台的社群互动,这样的话题就具有聚合性,以话题为核心的圈子即告形成,区别只在于圈子的大小及互动的强弱。对于极特殊的话题往往只有三四个人的圈子,而公众普遍感兴趣的话题则可以形成外延无穷大的圈子。

已有的实证研究表明:几乎任何一个话题都能让微博用户形成圈子(或称社群)。例如,在Twitter用户中,通常与儿童图书、休闲音乐、继父母、律师国家政治活动、重大城市事件等有关的话题更容易形成用户圈子群体。圈子的密度越高,用户感兴趣的话题越特定。

国外的一项范围更大的研究项目结果更为清楚地展示了这种传

微博—一种新传播形态的考察
影响力模型和社会性应用

播形态。在文献Why We Twitter: Understanding Microblogging Usage and Communities中，研究者采用一种双层框架分析Twitter用户的使用意图。研究者通过对由58名友情关系型（friendship-wise relationship）用户组成的Twitter社群进行分析，发现这些社群往往基于热门话题或者共同的兴趣建立起来，成员之间彼此熟识。在这一利用Twitter进行密切交流的用户组成的典型社群，他们经常讨论的话题主要是工作、Xbox、游戏和比赛，看上去像是一群对游戏感兴趣并愿意聚集起来分享游戏经验、新产品信息的用户。通过调查研究者发现，这些用户会在自己的主页上分享个人情感、日常生活体验以及与游戏相关的评论。正是这些话题将他们聚合起来，并以社群化的方式进行信息互动。[1]

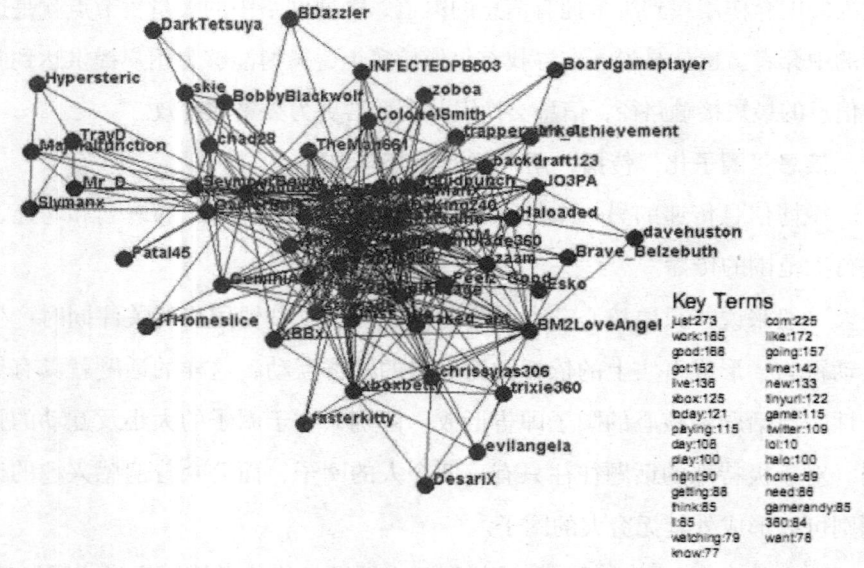

图6 Twitter上的"游戏"圈

---

[1] Akshay Java, et al, Why We Twitter: Understanding Microblogging Usage and Communities, http://ebiquity.umbc.edu/paper/html/id/367/Why-We-Twitter-Understanding-Microblogging-Usage-and-Communities

第一章 微博传播形态解读

同时，微博的用户圈子并不是封闭的，圈子与圈子之间凭借中介节点得以勾连。这种传播形态保证了微博平台上信息得以大范围传播和扩散。国外学者以计算机软件对Twitter用户数据进行挖掘，得出如下关系结构图：[1]

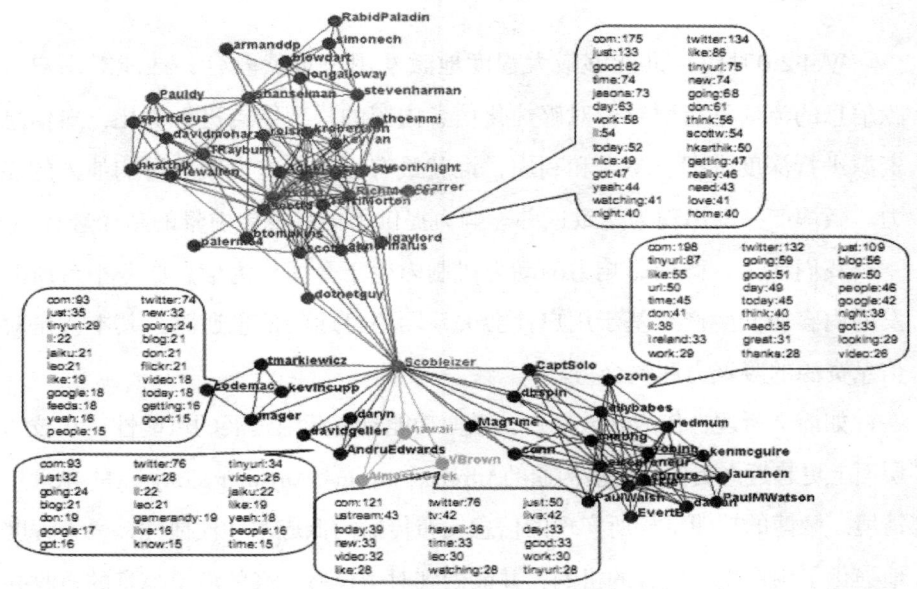

图7 Twitter的信息圈子化传播和勾连

从图中可见，Twitter用户Scobleizer是一个科技奇客（Tech geek blogger），不同圈子中的成员和Scobleizer分享着不同的兴趣。例如，Scobleizer最左边由tmarklewicz、mager、kevincupp等用户构成的用户圈同Scobleizer分享关于视频的相关新闻，Scobleizer最右边由CaptSolo、ozone、MagTime等用户构成的用户圈对语义网感兴趣。通过Scobleizer，连接起来了五个Twitter用户圈。任何一个圈子中所传播的信息，都可以通过Scobleizer的微博传递到另外四个圈子中去。

---

[1] Akshay Java, et al, Why We Twitter: Understanding Microblogging Usage and Communities, http://ebiquity.umbc.edu/paper/html/id/367/Why–We–Twitter–Understanding–Microblogging–Usage–and–Communities

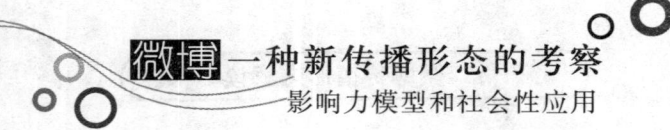

三、微博影响力分析

1 微博影响力本质：信息资源的凝聚力和整合力

Web2.0时代，谁能够最大程度地激发用户贡献内容，谁能对用户贡献信息的流向进行引导，对碎片化信息内容的呈现结构进行优化，对信息资源进行深度发掘、整合和利用，谁就最有可能获取说服和影响他人的能力。微博产品的出现为达致这种影响力提供了极具发展前景的路径选择。

我们认为，微博影响力的动力机制内生于微博作为信息服务平台所激发的内容协同生产及基于用户社会关系网络打通的信息通路，其本质是对信息资源的凝聚力和整合力。

如前文所述，作为开放平台，微博功能具有无限延展的可能性，从技术层面上更趋近人类信息传播沟通的Anyone, Anytime, Anywhere, Anyway的4A理想情境。微博的功能结构所实现的信息发布传播的低成本和便捷性，最大程度地强化了用户生产内容的机制，并能做到对用户所带来的海量信息的兼收并蓄。从理论上说，依靠一定数量的、作为独立信息传播节点同时又置于传播网络中的微博用户，对信息的搜索、整理、加工、发布和推广，可以将微博构建为整个互联网生态结构内信息指向和发出的核心信源。Hitwise 有关英国Twitter用户的数据显示，Twitter已经变成娱乐站点，社交网络，和新闻媒体站点的一个重要流量来源，在英国，一个典型网站的350次访问中就有一个来自Twitter。也就是说，用户是通过Twitter这个节点的链接通往其他信息的。随着微博的发展，微博将在整个社会的信息传播生态中起到更为重要的作用。

同时，微博用户的信息生产和传播模式，同微博用户的社会网络关系建构互相影响与深化。对用户而言，最有意义和价值的内容确实更多地产生于与其密切相关的人群之中——但微博用户的密切关系未必是对现实生活中真实人际关系的网络复制，它更有可能发轫于用户基于对话题的共同关注、信息的交

第一章 微博传播形态解读

流和共享所带来的价值和身份认同。关注/被关注——价值/身份认同——任务协作，这是信息在微博用户传播、聚合、分享的过程中，对用户关系构建的进阶性影响。这意味着，不但某一信息可以通过微博用户的节点传播模式得以迅速传递和扩散，微博用户间的社会网络关系，也可能影响、规定他们对某一信息的获取、解读，甚至界定和塑造其对现实的理解，达成群体共识，进而促成具有较高组织程度的群体行为。从社会动员的角度看，这让个体得以拥有前所未有的资源调动能力和行为能力，将动员诉求进行跨越时空和地域的传播，以极小的成本将动员信息达致大众，让互不相识、互不协调的群体基于对某种事实的认识，进行协调和合作，实现"微力量"的聚合。

换言之，集IM、BBS、SNS社区某些特征于一体的微博产品形态，以其对关系型内容和内容型关系的双向构建提供了实现从网络资源到现实资源调动的更多可能性。

现代社会的组成和改革，都依靠它的传播手段；传播手段的变化，可以指明更加广阔的社会变化。传播学者尼尔·波兹曼认为，"一种信息传播的新方式所带来的社会变迁，绝不止于它所传递的内容，其更大的意义在于，它本身定义了某种信息的象征方式、传播速度、信息的来源、传播数量以及信息存在的语境"，从而在更深刻的层面上影响着特定时空中的社会关系、结构与文化。尽管微博作为互联网Web2.0时代的最新近应用，处于亟待完善的成长期，但其凭借对信息传播模式的变革，必将成为最具影响力的互联网产品。

❷ 微博的影响空间：话语释放；群体联通；经营环境优化

微博的广泛影响首先体现在对社会话语空间的释放。个人信息获取和发布能力的提高，推动了信息的自由流通，进一步消弭了前互联网社会话语权和信息传播权的中心化状态。

微博 一种新传播形态的考察
影响力模型和社会性应用

带有鲜明"自媒体(We Media)"特征的微博进一步改写了传统新闻业的新闻产制标准。新闻报道已经从记者编辑所从事的专门职业行为转向社会公众借助微博等自媒体共同参与的公共活动。传统上，新闻媒介被誉为社会的神经系统，作为信息流通过程中的"把关人"掌握着信息报道权和解释权，只有符合把关人价值标准的信息内容才能进入传播渠道；而自媒体是"普通大众经由数字科技强化、与全球知识体系相连之后，一种开始理解普通大众如何提供与分享他们本身的事实、他们本身的新闻的途径"；[1]自媒体是"所有人面向所有人"的传播，在新闻事实报道速度、新闻背景的立体化呈现、新闻报道的在场感与互动性等方面与传统媒体相比有着独特优势。使用微博发布信息的低成本和易得性，以及微博节点传播的特性，则进一步推进了新闻信息发布和扩散速度，尤其是对突发性事件的报道方面，微博蕴藏着巨大的能量。以5·12汶川地震为例，地震发生后，Twitter上第一条关于地震的消息是在北京时间下午2点35分35秒发布的，比彭博新闻社快了22秒。美国航空2009年元月的空难、印度孟买的连续恐怖攻击，Twitter使用者传出的目击照片和讯息，都是最即时的信息。在伊朗大选动乱中，Twitter不仅是实时新闻的来源，更扮演了通讯的媒介。把它置于更广阔的社会背景中，这将意味着每个人都有可能成为影响信息传播和流动的关键节点，信息封锁和监控的成本加大，基于信息自由流通、言论自由传播的民主潮流不可阻挡。

从我国近期发生的事件来看，微博通过信息传递所引发的社会关注，已经介入、影响、甚至改变某些社会事件的进程。2010年9月10日，江西抚州宜黄县发生一起因拆迁引发的自焚事件，户主钟如奎的妹妹钟如琴、母亲罗志凤、大伯叶忠诚被烧成重伤。[2] 16日上午钟家九妹钟如九和她的

---

[1] Shayne Bowman, Chris Willis: We Media: How audiences are shaping the future of news and information, Published online in PDF and HTML formats, July 2003, http://www.hypergene.net/wemedia/

[2] 据宜黄县人民政府办公室发布的声明称，伤者并非自焚而是不慎将自己点燃。

第一章 微博传播形态解读

四姐钟如翠准备赴京反映情况,但在南昌昌北机场遭到县委书记邱建国率官员40余人围截,几次被抓住又逃脱,最后姐妹俩只得躲进女厕所,并用手机向媒体求救。[1] 现场的情况被微博博友传到新浪微博上后,引起了众多知名人士、新闻记者以及普通民众的关注,传统媒体跟进报道,为事件漩涡中钟家人的命运大声疾呼。17日晚,抚州市委对宜黄县"9·10"拆迁事件相关责任人作出处理,负有重要领导责任的当地领导人受到就地立案调查、就地免职的处罚。以微博为代表的新媒体在聚集网络民意、设置社会议程方面的能量不可小觑。

微博信息的共享和交流有益于群体共识的达成,有助于构建社会成员间互有勾连的圈子,消解群体极化现象。根据里德定律(Reed's law),"随着联网人数的增长,旨在创建群体的网络的价值呈指数级增加"。信息的交流与共享是人们使用微博的基本传播行为,主动"关注(follow)"他人,即是出于某种原因建构自己的信息来源和关系网络。不同的人共同关注、了解某一话题,并且还知道谁在共同了解,这种共识能够产生群体间的认同和归属感——同样的兴趣爱好、相近的职业背景,或者相似的价值观、生活方式等等为这种互动提供长久的动力。Twitter的实践证明,几乎任何一个话题都能形成社群(圈子)。由于微博中弱连接的普遍存在,各个圈子群体之间不是封闭的,而是互有连接的小世界网络状态。微博的传播形态,既有助于不同兴趣圈、生活圈、消费圈的形成,又让这些圈子之间互相联通,微博本身将成为进入圈子群体的"接触-嵌入"点位。在微博网络世界里,大量"桥"节点的存在为用户提供在不同圈子跳入跳出的机会,从而加速了信息的流动和观念的传播,这会在总体上扩大全体社会成员的共通的意义空间,消解人与人之间沟通和交流的障碍。

---

[1] 参见相关新闻,《江西宜黄拆迁自焚事件 钟如九微博控诉遭软禁抢尸》http://news.enorth.com.cn/system/2010/09/19/005120457.shtml

对社会经济而言，利用微博对信息资源的聚合和整合，能够优化企业经营环境。Twitter的创意来源即是对公司内部管理沟通的改善。从微博诞生起，这一传播形态就紧密地嵌入到商业管理的各个方面。微博信息的社群化传播，可以让企业推送的信息更加精准地投向特定用户群体；微博内容的实时性监测，可以实现与客户的及时互动，实现顾客关系管理的创新；微博的分享性，让企业及时触摸到消费者心理、产品感受和最新需求，是企业获取市场动态和预测公关危机的工具；微博的开放性，可以在技术上保持不断创新，为企业营销应用提供定制化的服务。随着微博不断增长的用户规模和影响力和更加完善的功能，其商业价值将得到更多的关注和肯定。[1]

---

[1] 详见第二章第四部分：微博的商业应用：Twitter营销创新实践

第二章 微博的国际经验：Twitter个案研究

作为Web2.0背景下的一种新型传播媒介，微博客的出现也如众多以往的新媒介类似，有其从创意萌发到技术实现乃至商业应用的过程。从使用与满足理论的角度来看，新的媒介样式会提供新的功能、服务和体验，这些功能、服务和体验背后是新的使用动机和需求，乃至某种趋势性的社会心理，因此对新媒体的研究应该从技术的、用户的、社会的多个维度加以认识。微博客技术和服务的最早实现肇始于美国的Twitter，本章将聚焦于Twitter的发展经验，通过梳理其关键事件史，全面呈现微博的发展历程和面临的机遇及挑战，为中国微博客的发展提供一个参照系。[*]

一、Twitter关键事件史

Twitter始于一个由广播公司Odeo的董事会成员组织的"全日智囊团"，这个小组试图打破公司当前的低下的创造力。会议上Jack Dorsey提出了一个个人使用手机短信来与小组进行交流沟通的设想，这个设想有一部分来自于短信息群组服务TXTMob所带来的灵感。这个提议受到了大家的认可，开始为Odeo公司雇员提供内部服务，并且在2006年7月向公众开放。2006年10月，Biz Stone、Evan Williams、Dorsey和其他来自Odeo公司的成员一起成立了Obvious公司并且获得了Oceo公司及其所有资产——包括Odeo.com和来自投资者和其他股东的Twitter.com。2007年4月，Twitter从原

---

[*] 本部分有关twitter的数据资料如无特别标注，均来源于twitter官方博客，http://blog.twitter.com/

来的公司独立出来并成立了独立运营的公司。

我们选取了从2006年7月到2009年11月这41个月的关键事件（具体关键事件见附录）。依据Twitter用户的变化情况，具体是从用户注册量、独立访问数量、用户搜索量等指标作为划分的节点，并参考外界对Twitter的发展评价，将其发展历程分为五个阶段：

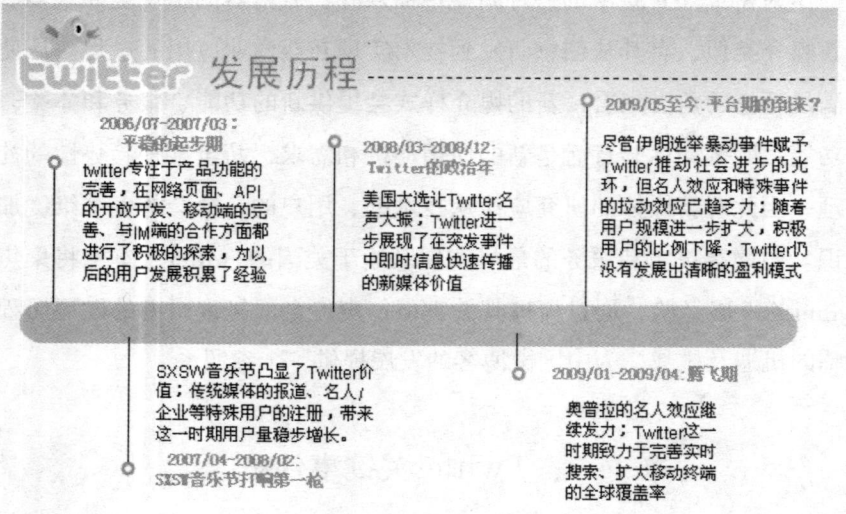

根据传播学者麦奎尔提出的"媒体组织面临的需求与制约"模式（见图1），并结合Twitter的具体情况，在每个发展阶段，我们试从战略运营、市场营销、竞争合作、产品功能完善、系统故障与安全问题、特殊用户使用、社会评价等7个维度对推动或阻碍Twitter发展的关键因素进行分析。

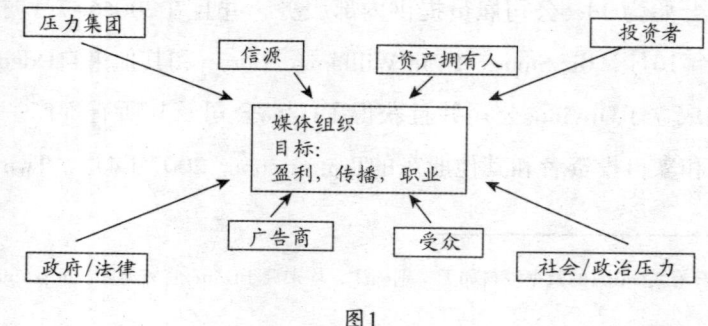

图1

第二章 微博的国际经验：Twitter个案研究

1. 2006/07-2007/03：起步期简洁而稳定的用户体验

起初，Odeo的软件工程师Jack Dorsey提出了一个新奇的想法，建立一个平台让朋友之间互相交流自己都在干些什么，他想试验一下这个想法是不是能够带来某种不一样的新式玩意儿。2006年3月份的时候，Twitter在内部测试，当时的Twitter叫Twttr。

宏观运营方面，这个时期的Twitter比较稳定，2006年7月份，Twitter服务向社会公开，Twitter的官方博客在这个时候也正式建立，几乎每天都要发布一些自己的各种进展。

在参与活动方面，2006年11月，SMITHMagazine和Twitter合作举行的一个"Six-WordMemoirContest"，用户可以发布六个词语的信息，如同中国的俗语，谁做的句子比较巧妙就可以获奖。另外还鼓励用户参与奥斯卡颁奖礼的传播。直到2007年3月的上半月，这半个月Twitter都在策划在SXSW（一个每年都在美国德克萨斯州举办的可能是世界上规模最大的音乐盛会）上的活动营销。这次营销被普遍认为带来了Twitter用户独立访问量的第一次飞跃。

竞争方面，这时的Twitter还很不出名，几乎没有刻意与之竞争的网站。合作方面的小动作倒是很不少，大多是丰富一些页面功能、与其他的一些较有名的网站进行信息同步等。值得注意的是，刚刚起步的Twitter就很注意和IM类应用软件合作，扩展自己的信息接入点。

特殊的用户，即企业与明星用户方面，这一时期的不是很多，除了Twitter那几位联合创始人外。但是一旦出现，Twitter就会在自己的官方博客上宣传。我们统计关注度排名前100的账户的注册时间发现，有11个注册于这一时期，远远大于全部用户的注册比例（见图2）。根据创新扩散理论，这一定意义上说明了这部分人是最初的尝试者，后来更多的用户增

微博——一种新传播形态的考察
影响力模型和社会性应用

长一定程度上是因为这些特殊用户的带动。

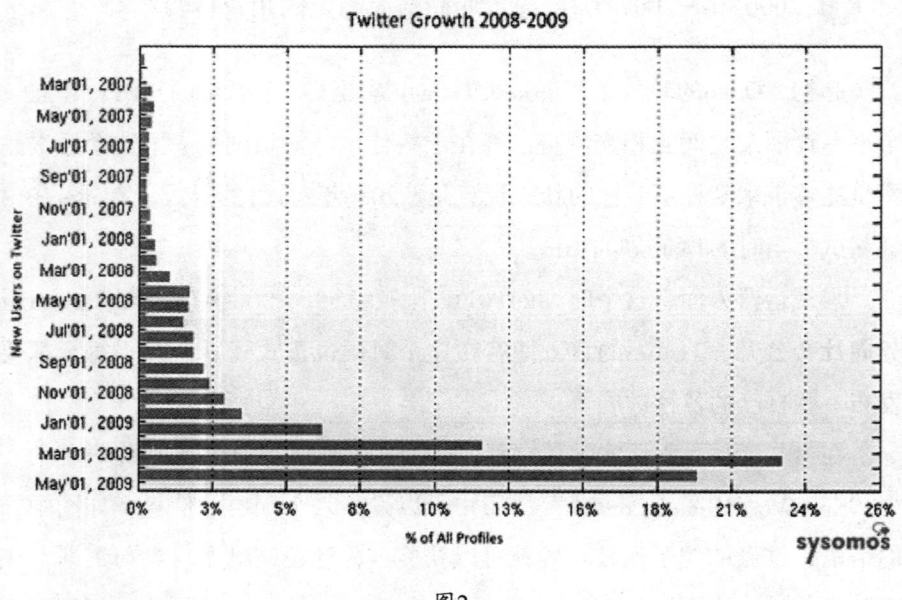

图2

这一时期外界的评价并不多，或者已经湮灭在2009年全球对Twitter的关注热潮中了，我们找到一对典型的评价，2006年7月，TechCrunch创始人迈克尔·阿灵顿(MichaelArrington)在报道中对Twitter服务的"创新性和对一个简单创意良好的执行力表示赞赏"。而分析师贾斯廷(Justin)则指出，"我认为这是有史以来最愚蠢的创意，没有人会将自己的信息放到一个网站上供所有人阅读。"从谷歌的资讯提及量上看：

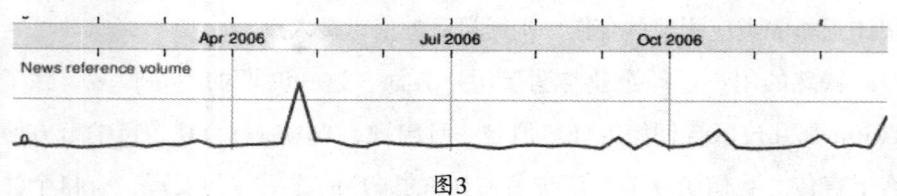

图3

除了中间Twitter刚刚成立时外界有一点报道之外，这一时期的新闻提及量都可以忽略不计，直到2007年3月份。

第二章 微博的国际经验：Twitter个案研究

在系统的稳定性方面，这一时期做得还是比较好的，可能是由于用户不怎么多的原因。2007年3月那场活动营销后，由于用户独立访问量的增多，Twitter的互联网端曾出现了速度变慢的情况。

相对于其他方面的相对冷清，这一时期Twitter的经营者们就明确了目标：一个简洁而稳定的用户体验。在这几个月的起步期里，Twitter进行了自身功能的修炼，在网络页面、API的开放开发、移动端的完善、与IM端的合作方面都进行了积极的探索，为以后的用户发展积累了经验。

纵观Twitter三年多的发展，它对自身功能的完善从来没有懈怠，这种完善于是也成为了我们关键事件中最多最繁杂的一类。

❷ 2007/04-2008/02：SXSW音乐节打响第一枪

这第一枪是在SXSW音乐节上打响的，但影响力的累加当然不能完全依靠几次活动。

宏观运营方面，这一时期Twitter脱离Obvious建立了自己独立的公司，又成立了自己的手机网站，还进行了第一轮的融资，这与它在SXSW音乐节上引来的关注度和媒体报道是分不开的。在这一时期，Twitter真正走到了大众的面前，表现出了自己不可替代的价值。

活动营销一直是Twitter的拿手好戏，这一个时期也不例外。但是与之前不同的是，随着美国大选年的来临，Twitter嗅到了机会，开始往政治集会里凑。不仅建立了新的集中选举信息的网站——Politweets，还和谷歌地图合作，在美国大选初选这一天，鼓励人们发送信息发表自己的状态和意见，Twitter又经历了一次流量暴增。

竞争合作方面。Twitter这一时期与上一阶段差不多，还是寻求与一些著名网站建立信息同步和用户连接，伹是明显比上一时期的合作数量

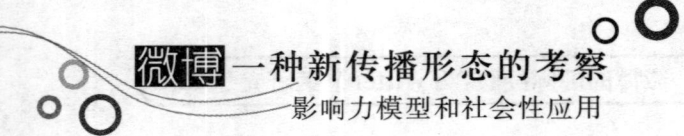

多了。虽然Twitter有了一点名气，但是同样的应用还是不多。值得一提的是，芬兰的一家微博网站Jaiku于2007年被谷歌收购，2007年下半年对Twitter用户独立访问量造成了一定的冲击，但是未成气候。

特殊用户也在这一时期增多，包括一些名人、企业组织、政府部门等。关注度前100的账户里有23个在这一时期注册。他们的注册，自然也吸引到了一大批的追随者。

由于有了SXSW活动的出色表现，2007年3月份很多主流报纸刊登了有关Twitter的文章，包括《芝加哥论坛报》、《金融时报》等。时代杂志每年都会遴选出50家优质的网站予以表彰，2007年Twitter榜上有名。另外在这一时期Twitter还获得了两个奖项。从谷歌的资讯提及量上看（见图4、5），这一时期的资讯提及量在高端波动，但是稳定。这一时期用户量稳步增长，与外界的报道有很大关系。

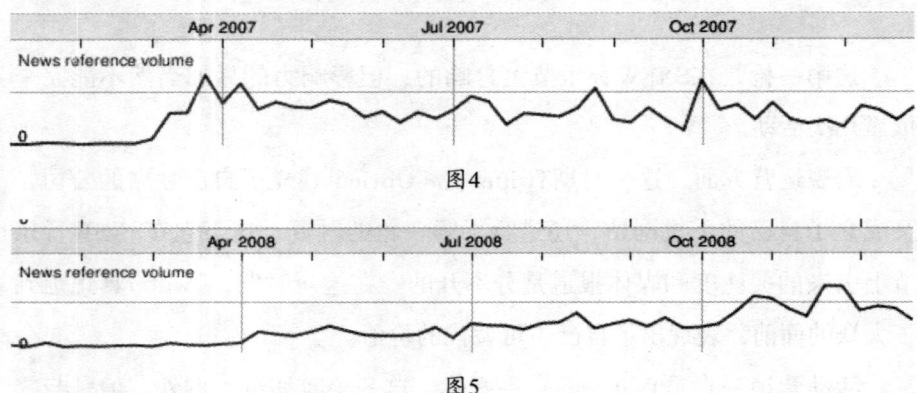

图4

图5

不过这一时期的系统故障也十分频繁，尤其是在有大的信息流量的时候，Twitter往往都会经历速度缓慢或者停机维护。不仅网络端有故障，移动端也出现了一些问题。Twitter的技术人员每天忙于修补各种漏洞，进行系统升级。图6是一个统计：

同样地，这一时期Twitter自身功能也进行了很大完善，比较关键的事件就是开启了印度、英国的短信接入，给Twitter带来了巨大的移动市场。

第二章 微博的国际经验：Twitter个案研究

Twitter.com downtime in 2007		
Month	Uptime (%)	Downtime (d, h, m)
December 2007	97.51%	10 hours, 59 mins
November 2007	98.74%	9 hours, 4 mins
October 2007	99.02%	7 hours, 19 mins
September 2007	99.06%	6 hours, 44 mins
August 2007	98.47%	11 hours, 22 mins
July 2007	99.59%	3 hours, 2 mins
June 2007	99.08%	6 hours, 37 mins
May 2007	97.67%	17 hours, 9 mins
April 2007	99.11%	6 hours, 15 mins
March 2007	92.09%	2 day, 10 hours, 3 mins
February 2007	98.21%	6 hours, 22 mins
TOTAL	98.06%	5 days, 23 hours, 0 mi

图6

③ 2008/03—2008/12：Twitter的政治年

宏观运营方面，这是繁忙和变革的一年。这一年推出日本版是Twitter用户独立访问量增加的一个推手。随着用户的增加，Twitter逐渐开始重视自己的服务条款（terms of service）。在2008年，Twitter收购了两家公司，都是为了能在技术和产品上形成特色。其中收购搜索引擎服务商Summize完善实时搜索功能，为以后各大巨头的担忧埋下了定时炸弹。Twitter在这一年获得了第二轮1500万美元的风投，而且拒绝了Facebook顶着金融危机压力开出的5亿美元收购价。最后，值得注意的是船长的更替，2008年10月，Twitter联合创始人多尔西2008年10月辞任CEO，任董事会主席，另

微博 一种新传播形态的考察
影响力模型和社会性应用

外一名联合创始人埃文·威廉斯（Evan Williams）出任CEO。业内分析师称，多尔西下课的原因可能与Twitter没有盈利有关。与此相呼应的是，Twitter在不久之后就宣布要开始开发盈利性产品。Twitter之前的方向只有一个，提供稳定广泛的服务，2008年是准备转航的一年。

说这是Twitter的政治年一点不为过，美国的总统大选给了Twitter太多表现自己的机会。2008年2月初连着的两次大事件，美国橄榄球超级杯大赛的信息传播和美国大选初选的民众参与对于Twitter是有一石激起千层浪的作用的。在Twitter的官方博客上，不时地就有几个图表以表彰大选给Twitter带来的庞大的信息流量和用户增长。2008年9月25日，Twitter在自己搜索和趋势功能的基础上建立了"Twitter Election 2008"网站，上面有政治候选人的Twitter实时更新，用户用Twitter账户就可以在上面发布自己对于选举和政治的意见和见闻，Twitter自己还说自己开辟了一条民主参与的新路。2008年11月4日，美国大选选举日，Twitter鼓励大家把投票过程中的一些意见发布上来。这一天的流量也产生了暴增的现象。相对于以往的星期二，这一天的信息更新量增加了46%，注册量比以往增加了40.3%。

竞争合作方面，这一时期可说的地方并不多。除了Twitter把与Summize的合作关系变成了人民内部矛盾之外，Twitter也逐渐引起了一些大企业的注意。Facebook不仅开价收购，还在之前推出了名为Live Feed的新功能，这对Twitter等微博网站构成了进一步的威胁。2008年12月，谷歌宣布在其Friend Connect服务中集成Twitter的服务后，这家微型博客网站就成为了博客界的热门话题。

特殊的注册用户方面，最显眼的就应该是奥巴马和他的竞选团队了。2008年11月5，奥巴马宣布大选获胜，Twitter说他可能是第一个有官方Twitter账户的美国总统。关注度排名前100位的账户中，有接近一半，也就是46个账户在2008年3月到12月这一时期注册，一定程度上说明了这几个月Twitter的瞩目度达到了前所未有的高峰。当然地，这些高关注度的用户

第二章 微博的国际经验：Twitter个案研究

为2008年这一时期的用户持续增长贡献了动力。

外界的评价方面。从图3可以看出，这一时期的谷歌资讯对于"Twitter"的提及量大体上呈现一个稳步上升的趋势。

和去年差不多的是，2008年上半年，Twitter的系统依然很不稳定，停机频发。但是值得注意的是，这一时期出现了账户安全问题，比如Twitter发现用户更新信息却显示在别人的页面上，从此Twitter提高了对安全问题的重视程度。还有一点是应对宕机取得的成绩，8月份之后，美国大选逐渐热起来，Twitter的系统故障却减少了，2008年11月4日，美国大选选举日，相对于以往的星期二，这一天的信息更新量增加了46%，注册量比以往增加了40.3%，Twitter很欣慰由于自己的努力这一天没有发生系统瘫痪。日后看来，2008年下半年对美国总统选举的参与对Twitter的发展有决定意义，这一时期的系统相对稳定帮了很大的忙。

在自身应用方面，这一个时期的更新依然很多，值得注意的有两点。一点是增加了很多维护账户安全和清理垃圾邮件的功能，这点应该是由于用户独立访问量的增多所致；另一点有关移动终端，2008年8月13日，由于费用问题，Twitter不再支持英国的双向短信服务，只能发信息不能接收信息，之后这种限制又逐渐蔓延到除美国外的所有地方，但是，Twitter稳健的全球移动终端策略就此展开。最后，前面说到的收购Summize增强了Twitter的实时搜索功能，这种功能日后催生了几大互联网巨头对Twitter的恐惧。

④ 2009/01-2009/04：腾飞期

宏观运营方面。2009年1月13日，Twitter设立了第一个商业开发职位，重视的是移动数据服务的商业运作。这一时期的Twitter进行了第三轮3500万美元的融资，并且和谷歌进行收购谈判，要价明显上涨。这一切不仅使得Twitter的社会关注度急剧上升，而且也让Twitter的经营者们对他们未来的发展信心大增。

2009年1月9日，Twitter总结到因为自己的覆盖率和规模越来越大，一些以前能使流量大增的一般性事件已经不能有特别明显的效果了。代替这种效果的是一些全球性的事件，如在2008年美国大选期间，每秒的信息发布量形成了10倍于平时的规模。这样看来，2009年上半年的用户激增有很大程度上可能是由于2008年Twitter罗织的影响力的后继效果。Twitter似乎也意识到，这种活动营销的效果已经到了一个天花板，依靠它产生的短暂的规模增加在以后恐怕难以仿效。

这期间Twitter和谷歌一度被传出在为合作产品而进行洽谈，Twitter的实时搜索产品逐渐被各大巨头重视。另外，也许是意识到互联网的瓶颈，Twitter这一时期积极和移动运营商合作，争取在移动终端开疆拓土。

2009年上半年，Twitter的特殊用户有了长足的增加。关注度排名前100位的账户中，有20位在2009年前4个月内注册，其密度也是史无前例。一大批特殊用户进入到媒体和普通用户的视野。2009年4月16日，美国电视脱口秀天后奥普拉·温弗瑞(Oprah Winfrey)成为Twitter注册用户，"奥普拉"效应2009年4月开始在Twitter显现，流量出现大幅增长，不到1天时间里已有5万多名网站用户订阅了她的微博客。

在这四个月里，Twitter接待了旧金山市长的来访，Twitter保证如果Twitter继续发展的话，将不会把总部迁出旧金山。从这一段时间内Twitter的资讯提及量上看，如图7，Twitter在2008年的基础上提及量激增，基本和用户独立访问量的趋势吻合。

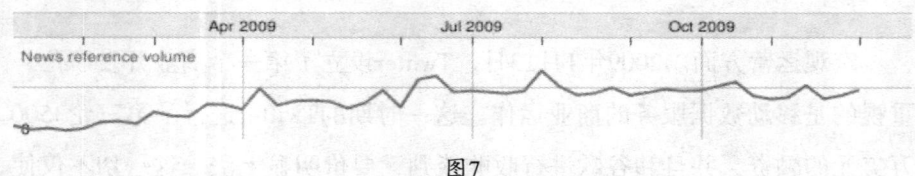

图7

第二章 微博的国际经验：Twitter个案研究

这一时期Twitter的系统故障变得多样化起来，不仅有系统繁忙，还有病毒入侵、黑客攻击等，随着用户数的增加，安全问题对Twitter来讲愈加棘手。

自身功能方面，这一时期突出的特点就是完善了实时搜索、扩大了移动终端的全球覆盖率。前者是为了吸引用户，更是为了利用手中的数据，以图将来的盈利。后者是为了开发盈利产品做准备，也是为了开发比网民用户多得多的移动终端用户。

⑤ 2009/05—今：平台期的到来？

相对于以往，Twitter的宏观决策者们愈发忙了起来，先是确立服务条款"Terms of Service"，后又有各种的收购传言，进行了两轮融资，又对自己的盈利前景进行了一系列准备和探索。2010年又是Twitter一个急剧转型的年份，外界对各种可能性也是不置可否，是扭亏为盈，是期待被收购，还是继续开发多语种版本、开辟移动终端的市场覆盖？确定的是，这一时期Twitter的网站独立访问量进入了一个平台期，但是随着多语种Twitter的开发，谁也不能说这种平台期就是Twitter的宿命。

2009年下半年后，Twitter就很少再叫嚷自己又参加了哪个事件的全球传播，也许Twitter和用户们都习以为常了，也许Twitter早已放弃了这种鼓吹人气的策略。6月16日Twitter的那个140字符大会，与会者要缴纳高额的会费，而会议是要探讨Twitter对美国科技、社会及时事等领域所产生的重大影响。这次活动似乎也已经失去了宣传自己的意味，倒像是利用已有影响力的一场学术沙龙，Twitter功成名就之后开始为自己寻找社会价值方面的升华。

微博——一种新传播形态的考察
影响力模型和社会性应用

相对于活动宣传方面的冷清，Twitter最近几个月在与外界的竞争合作方面搞得风风火火。先来看合作，最引人注目的恐怕还是两方面，一是移动终端的，这一时期成功开通双向的有英国、加拿大、印度、新西兰等等地方；二是实时搜索这一Twitter全球瞩目的优势，三大搜索引擎为此争风吃醋。2009年10月21日，微软的必应搜索引擎中提供Twitter消息，增强其实时搜索功能。而谷歌也在同一天声称已与Twitter达成协议，将在几个月内提供这种实时搜索功能。雅虎也表示，正同Twitter合作，将在雅虎搜索结果中整合Twitter信息。

竞争方面，在这一时期达到巅峰，雅虎、脸谱都开发了类似Twitter的功能。而最令外界担心的竞争对手不是别人，正是Twitter自己与自己的竞争。很多评论都认为，Twitter向微软和谷歌开放自己的实时搜索将会被证明是一个愚蠢的行为。被人分割去最在行的实时搜索功能也对Twitter用户这一时期的发展产生了一定影响。

特殊用户方面，这一时期并不多，关注度排名前100位的账户中没有一位是在这几个月注册的。

2009年5月5日，Twitter获得了被视为互联网界"奥斯卡奖"的"威比奖"中的"脱颖而出奖"，此前，YouTube、MySpace和Flickr都曾获得该项殊荣。6月15日，Twitter登上了时代杂志封面。美国政府还将Twitter视为重要的工具影响国际事件，可见Twitter的影响力已成气候。这一时期的对于"Twitter"的资讯提及量并没有大的上升，但是好在维持在一个比较高的水平，人们对于Twitter的关注仍在继续。

最近几个月Twitter的系统故障与安全问题依然没有太大改善，而且还出现了自己员工账户被黑，自己重要文件被盗继而被非法公布的现象，这些文件透露的信息至今仍能在互联网上搜索到。Twitter那条说了三年多的"稳定而广泛的服务"任重道远。

第二章 微博的国际经验：Twitter个案研究

自身功能的完善也在继续，除了上面提到的移动终端的扩大，对待垃圾账户的办法在增多，"list"、"retweet"、"Geotagging"等各项核心功能在紧密实验和推出。按照Twitter现有的系统状况，想要等到可以上传图片和视频的那一天恐怕要很久，但是可以看出，Twitter一直没有忘记自身用户体验的修炼，单从这个方面看，我们应该相信Twitter后劲十足。

二、微博发展理念：Twitter核心服务框架

作为微博应用的"老大哥"，Twitter应用成形于2006年3月，向公众开放使用是在2006年7月。到2010年11月份，Twitter已经运行了四年多。在这四年多的时间里，从一个附属产品到一家独立公司，Twitter的功能不断丰富，用户量逐年增加，与外界的合作竞争也越来越频繁。不少大事件的迅速传播都能看见Twitter的身影，比如它在SXSW音乐节上的优质表现，对最近一届美国总统大选的积极参与，以及参与一些体育大赛——Twitter也利用这些大事件迅速做出了影响。

然而这四年多的路程并非波澜不惊，不断出现的系统瘫痪事件、外界纷繁的收购邀约、用户对垃圾信息和安全性的抱怨，以及因为迟迟没有盈利而带来的外界质疑让很多学界及业界专家对Twitter的发展前景产生怀疑。但是这些挫折和怀疑似乎代替不了无数媒体对Twitter的阵阵惊叹，也代替不了谷歌、微软、雅虎、Facebook等一系列互联网大腕或者新贵们内心的担忧。

穿越一系列的疑虑、猜测、惊奇，看尽如山的数字、事件，我们总会对Twitter的很多行为感到似曾相识，网站的颜色与装饰、按钮的位置发生的变化、各种使用技巧、各种应用小软件、用户的一点有意思的回复都会被主人不厌其烦地公布在自己的官方博客上。也许，这些似曾相识的小东

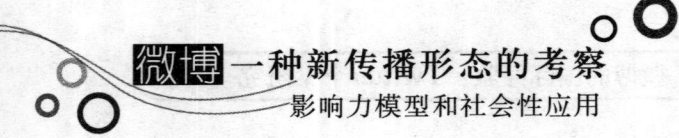
微博—一种新传播形态的考察
——影响力模型和社会性应用

西才是Twitter成果奥秘的蕴涵所在。

全球语言监测机构(Global Language Monitor)在2009年11月30日公布数据显示，微型博客"Twitter"成为了2009年最热门的英语单词。Twitter的联合创始人之一比兹斯通(Biz Stone)也在2009年11月24日说，Twitter将在2010年开始盈利，"我们没有制定实现盈亏相抵的日期表，我们有充足的时间。"经过几年的探索，Twitter已经根据市场反馈和试错，初步建立了基于微博客传播特性的一系列核心服务，这些核心诉求组合后构成的功能序列已经超越了单一的某种传播特性，成为微博产品的存在理由和市场利基（niche）。

Twitter有自己的官方博客，都会随时更新有关自身的各种信息，众多的科技杂志和博客也会对微博这种新生事物倍加用心。所以，对于Twitter的发展，我们集合了多种数据资源和媒体报道来归纳其发展理念。

❶ Twitter的发展理念：基于微内容整合的增值服务

Twitter的风靡让投资者等一直热盼Twitter能发挥潜力，打破行规，从其数以百万的用户身上获取利润，但直到现在，Twitter仍没有发展出清晰的盈利模式。Twitter希望从广告和运营商分成上面获取利润来源。2008年4月，Twitter发布日语版本，在网站首页右上角推出了面向所有日本用户的大横幅广告。但在Twitter的官方博客上，其一直在强调自身绝不会陷入以横幅广告作为主要盈利模式的局面，而是努力开发商业客户与用户的关联潜力，从而在为商业用户的服务中获取利益。这在Twitter专门开辟版面介绍商业用户如何利用Twitter这点可以推测。

微博未来的价值究竟为何，它应该如何利用已有的用户群优势？

第二章 微博的国际经验：Twitter个案研究

Twitter的经验表明，微博作为一种媒介，它的传播机制最大程度地聚集了较为丰富的微内容、微用户、微关系，这些微力量正是目前新媒体生态中最活跃但最难以进入现有商业开发模式的部分。微博的商业理念就是基于这些微力量的整合，提供增值服务。微力量的关键点仍在于人。Twitter集聚的用户与信息作为一个源头仍然是最需要挖掘的东西。

第一，挖掘数据的价值。如果一个事物流行，人们必定会更关注它，于是人们会搜索它。从而可以得出一个流行趋势。在Twitter的流行话题里我们可以很清晰地看出最近在流行什么。针对流行话题，Twitter可以制作相关趋势图。这是对数据最浅显的应用。

第二，挖掘搜索的价值。很多人强调，Twitter的价值在于搜索，如果把问题看深一点，价值还是在数据上。但是，如何将搜索和数据结合起来不是一件容易的事。在现在的Twittersearch里面，搜索是按照时间排序的，这样的结果或许可以帮助我们了解Gmail是否宕机了，却可能无法获得更有价值的信息。

举例来说，CCTV大火，我们希望从Twitter里搜索出关于伤亡、损失等信息，但是Twitter提供的却是最新的信息，你看到的结果可能是："1. CCTV大火了，真好。2. 听说CCTV大火了哦。3. CCTV大火的新闻在哪里看……"而你想寻找的结果可能是："1. CCTV大火烧伤一个消防员。2. CCTV大火没有平民伤亡。"

因此，Twitter要实现它的搜索价值，必须改变算法，需要依据用户的followers数量、信息的逝去时间、发布者地区属性、信息被Retweet了多少次、语义分析信息的相似性，从而给出解决问题的方法。

第三，信息推送的收费模式。如果说Twitter要对用户进行收费，付费者可以获得更多的服务，那么信息推送服务是个不错的想法。所谓的信息推送，和RSS有点相似，不一样的是，RSS是主动寻找订阅信息，信息推送是Twitter给用户推送有价值的信息。

针对企业，比如戴尔，这个社会化营销的受益者，它可能希望在Twitter庞大的数据里找到用户对戴尔做了什么评价、在哪些方面做得不好、哪些Twitter用户购买了戴尔的产品……在丰饶经济时代，消费者与其说是购买商品和服务的功能，不如说是在选择体验。"这款洗发水去屑功能一般，养护效果倒是不错。""新无糖饮料的口味怎么像中药？""汽车上周刚做的保养，怎么加速还不是很顺畅？"下意识的用户体验在微博客上会大量积累，为商家了解产品和服务期望的定位和用户体验的差距，迅速调整和改进提供了依据。

而针对个人用户，我们可能非常关注某只股票的动态、专业人员的分析，也可能非常想知道最近当地的天气等等。这些信息都是可以用Twitter来推送给用户的信息服务。Twitter的日本合作商数字车库（Digital Garage）计划在2010年1月推出一个微支付系统，允许Twitter用户向访问自己的tweet的用户进行收费。用户可以隐藏图片、外部链接和文本，只有缴纳月费或按条缴纳费用之后，其他用户才能访问这些内容；这一盈利模式效果如何，尚待进一步的观察。

但不论怎样，Twitter所体现出的集形式简短、多平台、数据可利用、多@和DM、实时以及非同步对话流于一体全新模式特征，有理由让人们对其未来发展充满期待。

❷ Twitter的商业拓展：提升内容及渠道价值

基于上述的发展逻辑，Twitter主要在以下四个领域进行了拓展，以提升Twitter作为信息平台所提供的内容以及渠道本身的价值，为未来发展打下深厚基础。

第二章 微博的国际经验：Twitter个案研究

1 开发实时搜索：信息资源深度挖掘
传统搜索是"导航式"和"资讯式"的，导航式搜索（20%）意味着用户试图寻找特定的站点，资讯式搜索（40%）意图在于寻找特定的信息。搜索市场另外40%的搜索需求是要发现关于搜索主题的最新信息。Twitter与Google、Microfost的Bing搜索引擎、合作，将Twitter的实时更新植入搜索结果中。

2 广泛对接Web2.0产品：提升Twitter近用性
WEB2.0时代，众多拥有良好参与性的媒介产品已经依赖丰富的UGC聚集了丰盛的人气。与这些媒介产品对接，可以把WEB2.0产品的用户粘性和用户规模有效迁移到微博产品，实现新媒介样式的借力发展。

3 与媒体合作：强化内容权威性
Twitte与CNN、英国卫报、MTV网站、西班牙网络媒体ADN.es合作报，谋求即时性新闻报道与其他媒体品牌和专业化工作机制的强强联合。

4 与运营商合作：架构未来商业平台
Twitter用户超过50%的信息更新由基于手机和网络的工具完成，而不是通过登陆Twitter.com完成。与运营商合作，不仅意味着改善用户访问的通路和提升系统技术保障，更意味着Twitter卷入日趋成熟的电信增值服务领域，分享电信基础服务平台提供的商机。

——开发实时搜索：信息资源深度挖掘

在搜索领域，以Google为代表的搜索引擎和Twitter是完全不一样的，这是因为它们对搜索结果相关性的判断不一样，搜索引擎更看重链接和反向链接，而Twitter更看重"时间"，也就是对即时态信息的搜索。Google和其他搜索引擎的重要之处在于，从它们的数据库可以了解人们在寻找什么，想要什么，想学什么，但是如果想知道人们正在做什么，正在想什么，这些传统的搜索引擎无法做到。Twitter为提供了一个现在人们正在做什么，想什么的数据库，而Twitter中的搜索，即搜索现在的一个搜索引擎则能方便人们利用开发这个数据库。这个数据库随着Twitter的流行会越来越大也越来越有价值，从而这个实时搜索也会显得越来越有价值。

目前Twitter的实时搜索还不是很完善，它的搜索结果只是按照时间倒序把含有那个关键词的结果列了出来，没有经过过滤和分类整理。如果Twitter想要更好地利用这个数据库的话，应该很好地区分有用的搜索结果和噪音（这也是Summize曾计划要做的），比如根据Follower的数量，retweets的数量或者其他进行一定的过滤整理，而Google等搜索公司在搜索方面拥有强大的技术，那么二者的合作就是一个优势互补、实现双赢的过程。Twitter与Google、微软、Yahoo开展的具体合作如下：

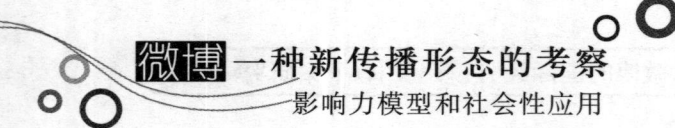
影响力模型和社会性应用

◇ 与Google合作

Twitter与谷歌的合作开始地较早。2006年9月14日，如果用户把你所在地的经度和纬度附带在信息里，那么用一个API小应用（和Google地图合作）就可以看到世界上所有的更新和地理位置。

2006年11月17日，Twitter与Gmail合作，让自己的或者别的用户的信息更新能够及时显示在Gmail页面上。让用户在收发邮件的同时也能浏览及时更新的tweets。

2007年8月25日，Twitter和Gmail合作，用户可以在Gmail上看见通讯录里哪些人也在Twitter上注册了，这样就可以找到新的想关注的人。

2008年2月5日，和谷歌地图合作，在美国大选初选这一天，鼓励人们发送信息发表自己的状态和意见，Twitter又经历了一次流量暴增。

2008年12月14日，Twitter与Google达成协议，正式加入到Google Friend Connect服务中。谷歌推出了Friend Connect服务，允许其他网站接受Open Social用户名及密码登录其网站。更重要的是，它允许这些网站访问用户的社交信息，如好友列表、个人介绍、feed信息、评论和评级等。对于用户而言，可以利用Twitter账号登录第三方网站，并导入Twitter信息。而对于Twitter而言，无疑是公众形象的一种提升。

2009年谷歌与Twitter达成一项搜索合作协议，Twitter网站的更新将包含在谷歌的搜索结果中。12月9日，Google发布与Twitter合作的成果，在其搜索结果内提供即时的网络内容。Google不只是按照时间整理结果，关联性是这项产品的基础。Google将在一般的搜索结果页，建立一个根据Twitter等内容来源自动更新的最新结果区。除了在面向普通网民的搜索引擎中整合来自Twitter的最新短信息之外，Google也意识到了Twitter对于商业用户的重要性，目前也开始在其企业搜索服务器中整合Twitter结果。企业搜索服务器是Google唯一一款硬件产品，搜索服务器的主要功能是抓取企业内部网络的文件，之前Google开始整合外部互联网网页搜索结果，并在

第二章 微博的国际经验：Twitter个案研究

此基础上囊括了Twitter信息。

◇ 与微软合作

Twitter与微软新推的必应搜索引擎达成合作，必应成为首家在搜索结果里显示实时Tweets的搜索引擎。Twitter网站的信息结合到其新的互联网搜索引擎Bing中，用户可以通过Bing.Com/Twitter访问这个功能。

2009年7月，微软联手联合媒体（Federated Media）和Twitter，推出了自己的Twitter搜索引擎BingTweets，与Bing不同，BingTweets是一个独立的网站。该引擎对Twitter即时搜索和Bing搜索进行了混合搭配处理。Bing的搜索结果显示在中央，Twitter搜索结果显示在左侧。

2009年10月4日，MSN加了Twitter和Facebook。在改版后的MSN主页右边，微软列出了Hotmail电邮服务和Facebook、Twitter以及微软WindowsLive服务用户的状态更新信息。微软在Xbox360里引入Twitter和Facebook功能，美国地区在10月15日至31日之间推出测试版，英国则要等到11月中旬。

2009年12月17日，微软在10月份在Twitter开设帐号提供客户服务，用户可以在Twitter信息中包含"@microsofthelps"以提出问题，寻求微软的帮助，有7名全职微软员工负责解答Twitter上用户提出的问题，或引导用户访问有着更详细信息的网页。

◇ 与Yahoo合作

2009年12月11日，雅虎周四开始在搜索结果中收录更多Twitter信息，用户现在通过雅虎搜索热门话题时，将能够在搜索结果页面中直接看到相关的Twitter信息。雅虎依靠免费工具来寻找Twitter信息，从而匹配用户的搜索请求，然后在搜索结果中显示出相关Twitter信息的链接。

◇ 与其他公司合作

实际上，由于实时搜索是搜索技术发展的一个热点，除了Twitter与搜索巨擘的合作，其他公司也在不断开发针对Twitter的实时搜索引擎。例如，与Twitter同属一家资本公司SparkCapital投资的OneRiot近来发布了一款

新的Twitter搜索引擎。OneRiot可以直接获取Twitter最新的信息，而不需透过第三方。这项新引擎在比对Twitter与网页上的内容后，会自行过滤一些垃圾信息，并利用自身的运算法则，找出其中最热门的事物，提供网友这个关键词的相关连结。当中不仅提供特定账户的搜索结果，还有其他人最感兴趣的影片、新闻报道和部落格的内容，如"今日最多共享"、"今日最热门影片"等热门功能。

此外，Twazzup、Collecta、Scoopler是三款可以对Twitter进行实时搜索的产品：

Twazzup是一个非常有用，且灵活的Twitter搜索工具，它几乎提供所有Twitter自家搜索的服务，而且还添加了一些由演算生成的结果，如某主题最有影响力的楼主、相关的照片，以及根据你的搜索结果所列出的一系列关键字列表，以优化你的查询。但Twazzup的搜索结果太多了，不利于阅读，而且只在Twitter站内搜索。

Collecta既搜索Twitter站内的信息，也搜索许多其他来源的信息，包括主流媒体网站（有线电视新闻网等）和博客。它的最大特点就是其超干净和简单的界面，而且它可以一次运行多个搜索，所以用户可以一天之内对多个主题进行监测。

但是Collecta缺乏高级的查询生成器。

Scoopler：Scoopler是另一款简单的实时搜索产品。和Twazzup一样，结合原始顺序和一些算法，按受欢迎程度将结果排序。这项服务无法充分获得Twitter的数据，除了Twitter搜索API提供的内容，它还使用其他方法来获得更多的内容，特别是包含链接的内容。Scoopler允许用户随时将三个查询词的搜索结果转至用户的页面中（虽然它的运行方式与Collecta不一样）。

——广泛对接Web2.0产品：提升Twitter近用性

微博的即时性和互动性是最具特色的媒介特性，但由于其发布字数的受限，也影响了对部分用户人群的吸引。在Web2.0时代，众多拥有良好

第二章 微博的国际经验：Twitter个案研究

参与性的媒介产品已经依赖丰富的用户自制内容（UGC）聚集了丰盛的人气。与这些媒介产品对接，可以把Web2.0产品的用户粘性和用户规模有效迁移到微博产品，实现新媒介样式的借力发展。这包括与IM、门户网站、社交网站、视频分享网站等互联网产品的双赢合作。

◇ 与IM（即时通讯软件）合作

2006年10月26日，与Jabber合作，用户用IM也可以更新Twitter。

2006年12月5日，与AIM合作，用户用AIM这种即时通讯软件也可以更新Twitter。

◇ 与移动终端合作

2007年10月30日，和apple合作，在iphone上添加Twitter应用。

2008年8月20日，与Chumby合作，在电子产品Chumby上安装Twitter的应用。

◇ 与SNS网站实现同步更新

2007年5月25日，Twitter和Facebook合作，Facebook的用户可以在页面上安装应用Twitter工具。官方Blog消息，Facebook已经正式推出了TwitterApp，该功能允许用户在更新FacebookPage时与Twitter同步。Facebook表示："当用户更新FacebookPage时，可以选择是否与其Twitter关注者(Follwer)共享更新，用户也可以对更新的内容类型进行选择，包括状态更新、链接、留言以及活动等等。如果用户有多个页面，也可以将这些页面分别与不同的Twitter帐号链接。此项最新功能只将Facebook专页链接至Twitter，不会将个人资料(Profile)链接至Twitter"。

2009年6月30日，雅虎旗下图片共享服务网站Flickr表示，已增加了能够在美国微博客网站Twitter同步发布图片的服务，即用户在向Flickr上传图片的同时，相应图片信息也同步发布到Twitter当中。

2009年9月21日，Twitter与MySpace合作，二者账户可以同步起来，其中一方更新的信息可以同时给另一个同步的账户更新。MySpace网站的

微博——一种新传播形态的考察
——影响力模型和社会性应用

用户可以即时更新他们的MySpace数据，并将更新数据加入Twitter数据流中，同时Twitter数据的更新也可以显示在MySpace用户的"状态和心情"栏目中。MySpace的用户可以任意选择一种，也可以两种同时使用。当用户在MySpace上更新了数据后，在Twitter网站的帐号也同步得到更新，同时Twitter网站将数据更新状态链接到MySpace用户的"让评论更容易"的文件夹里面。

◇ 与其他网站相互链接

2006年12月18日，和vodpod（视频网）合作，用户可以把两个账户链接，用户在vodpod上的评价也可以出现在Twitter上。

2006年12月20日，和30Boxes（在线日历行事工具）网站合作，用户可以在30Boxes网站上更新，信息会出现在自己的Twitter账户上。

2007年4月16日，和Socializr（社群网站）合作，用户可以把自己的两个账户链接起来，在其中一个上面可以给另外一个账户更新信息。

2007年5月30日，和netvibes（聚合类网站）合作，用户可以通过登录netvibes来链接Twitter。

——与媒体合作：强化Twitter内容权威性

微博的传播特性决定了其内容呈现是一种碎片化的话语，正如Twitter本身"叽叽喳喳"的寓意，对生活态的话语进行提升和整合是开发微博内容的重要方式。传统媒体基于长期的新闻理念形成了流畅的内容生产体系和稳健的内容呈现风格，经其报道的信息可以增强权威性、可信性，这些信息也就更容易被人们的生活工作决策所参考。微博与其他媒体合作报道新闻正是利用了传统媒体的品牌和专业化工作机制，确保信息的权威性。

2007年8月21日，Twitter与MTV达成合作，MTV在其网站安装Twitter插件，同步更新信息。9月9日，直播录像带音乐大奖，MTV在Twitter上建立了一个帐户VMA "Moon Man" mascot VMA Twitter page。MTV在其主页上安装了Twitter插件，在这里可以看到颁奖典礼的最新消息。

第二章 微博的国际经验：Twitter个案研究

2008年2月25日，Twitter与西班牙网络媒体ADN.es合作报道西班牙大选。

2009年4月1日，英国卫报宣布在Twitter上发行，成为世界上首家在社交网站上发行的报纸，所有内容按照Twitter的格式量身定做，网络化语言，新闻限制在140字以内；还计划将1821年开始的报纸旧档案放到Twitter上，这是一项十分庞大的工程。已经完成修改的新闻稿有："1832年改革法案给了五分之一成年男性投票权，耶！！！""OMG，希特勒入侵波兰，盟军宣战。"

CNN不仅在新闻报道中整合了来自Twitter的消息，而且开播的一档名为"Rick Sanchez Direct"的节目，由Rich Sanchez主持，听众可以通过Twitter向Rick进行提问，而Rick则会在节目中回答问题。

——与运营商合作：架构未来商业平台

在微博发展过程中，开发用户所需的巨大投入和商业盈利的迫切愿望形成了较大的张力。2008年8月14日，Twitter实施了最大的成本削减措施，即除了美国、加拿大和印度市场以外，用户不得再通过短信向手机发送信息。在Twitter蓬勃发展、用户不断增长的今天，Twitter在接入通路和某些功能方面的滞后衔接成为一项战略威胁，也即有可能在黎明到来之前就被角逐出新媒体的游戏圈。

而且，由于Twitter声名鹊起，用户数量的激增为其服务器的运载增加了负担。截至2009年10月，用户利用Twitter发布的消息已经达到了50亿条。同时，它也成为了黑客们攻击的主要目标，成为网络犯罪新的温床，如何保护用户信息的安全受到了巨大的挑战。据Akamai在2009年3月发布的极度互联网报告中称，Twitter2008年比其他社交网络经历了更多次的停机，时间总计为84个小时，至少是其竞争对手的两倍。

解决Twitter上述两方面商业拓展的制约性问题，根本措施就是网站本身的技术升级，在财力投入有限的前提下，与运营商的合作是一种现实选择。加拿大社会化媒体分析公司Sysomos在对Twitter的1150万个样本用户进行了广泛而深入的研究之后，得出与Twitter用户的信息发布特征，超过50%的信息更新由基于手机和网络的工具完成,而不是通过Twitter.com完成。与运营商合作,不仅意味着改善用户访问的通路和提升系统技术保障,更意味着微博公司卷入日趋成熟的电信增值服务领域,分享电信基础服务平台提供的商机。

Twitter已经同加拿大BellMobility（手机）, Rogers, Fido, Telus, Virgin Mobile, Koodo Mobile合作,加拿大全境都支持了双向短信,加拿大用户可以享受双向的短信服务。

在英国,Twitter和英国Vodafone, O2, Orange UK合作,这些用户可以享受双向的短信服务。此外,同Orange UK合作,首次引入彩信支持,英国电信运营商Orange的用户可以通过彩信上传照片和视频。

Twitter在新西兰同Vodafone合作,这一部分用户可以享受双向的短信服务。

在印度,Twitter同BhartiAirtel合作,这一部分用户可以享受双向的短信服务。

在印尼,同AXIS合作,这一部分用户可以享受双向的短信服务。

此外,为增强自己系统的稳定性,2008年2月1日,Twitter与NTTAmerica建立了战略合作伙伴关系,后者为Twitter提供数据主机服务。

2009年9月18日,网络电话提供商Jajah,将向微博客网站Twitter提供电话拨打应用Jajah@call, Twitter用户将可通过该应用拨打电话。Twitter用户只需输入"@call@username"就可以直接通话,其中"username"为接听电话的Twitter用户ID。

③ Twitter成功的致效因子

Twitter成功的第一点得益于它的专注。虽然目前有数以万计的Twitter

应用扩展了Twitter的功能和价值,但它自身的核心功能仍然是描述你在干什么,字数不超过140个字符。这点尤为值得国内互联网企业管理者和产品设计者学习,盲目地做大、做全反而是下策。

Twitter成功的第二点得益于它在最初时找准了引爆点或者说是推动力。从营销角度看,Twitter需要特别的推动力才可以让社会网络媒体这个雪球滚到最够大,让每个人都关注它并希望注册加入。而它的引爆点则是SXSW大奖带来的宣传效果,以及此后大量blogger的自主口碑宣传和谈论。此后世界级的领袖人物、公司和政府组织使用Twitter,则将Twitter的知名度推向了一个世界级的高度。[1]

Twitter成功的第三点得益于它的开放平台。开放平台让Twitter的功能无限延伸,使用户可以便捷地通过Web界面、手机、IM等多种方式发布消息,真正体现Anytime、Anywhere的沟通分享理念。

Twitter成功的第四点得益于它在一个合适的时机来到了手机等移动设备上。Twitter的服务不是纯互联网的,是网络与短信的结合。如果按中国1亿台PC对比6亿部手机来算,移动互联网市场是PC互联网市场的六倍。

Twitter成功的第五点则得益于它的新媒体价值。传统社交网络的价值是人际关系,而Twitter则在此基础上加上信息广播的媒体价值。鉴于它的这种价值,名人、媒体、商家、机构纷纷介入,把它当作品牌推广和产品销售的工具。

三、微博的商业应用:Twitter营销创新实践

万博宣伟对世界排名前100名公司使用Twitter的习惯作了一次调查(见下图)。调查显示,已经有73%的100强大企业出现在了Twitter上。世界

---

[1] 详见附录Twitter大事记。

100强的企业在Twitter帐户的使用方法上各不相同，有26%仅仅通过RSS或者人工更新来同步发表企业新闻；另外有24%的大企业Twitter帐号也只是作为品牌展示之用。这说明，有一半的大企业，虽然在使用Twitter，但并没有充分利用Twitter的互动功能，而仅仅进行单向的信息传递。不过，能够更深入应用Twitter的100强大企业也不少。已经有16%的大企业Twitter帐号已经开始在利用Twitter促进销售。一些在互动营销方面更加前卫的大公司所属的Twitter帐号已经开始进行客户服务（9%）和建立权威（11%）等互动。

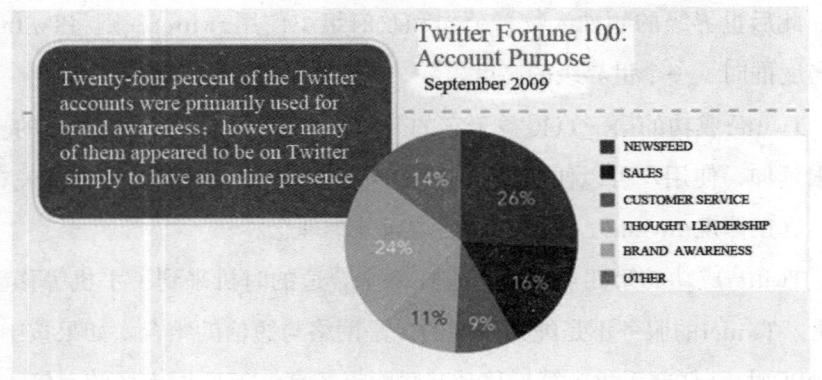

1. Twitter的营销特质

Twitter的独特之处在于广播式的即时信息流。这是它的本质核心，它可以把即时信息流瞬间广播出去，关注者可及时接收。利用Twitter进行企业营销，就要充分利用它的这个特点。首先它便捷。由于Twitter字符不能超过140个，信息含量简短而精巧，符合现代人的信息需求，太多的信息含量会造成信息压力，而Twitter的模式让人轻松，不管是信息发布者，还是接收者都不会有压力。其次是精准，由于信息的传递是在信息接受者允许下完成的，因而信息传递更加精准。对于企业营销来说，

第二章 微博的国际经验:Twitter个案研究

精准非常重要。再次,信息可以瞬时间传递到多个受众,它具有一对多的广播特征。

Twitter的到来,改变了信息传播的模式,也因此深刻改变了企业营销的模式。Twitter不断增长的用户规模和影响力,商业价值备受各企业关注;Twitter的分享性,让特定信息可以迅速传遍特定群体,并实现用户互动,抓住营销本质;Twitter的实时性,让企业实现和客户的及时互动,实现顾客关系营销的创新;Twitter在技术上保持不断创新,为企业营销应用提供支持。具体来看,Twitter为企业营销提供了下列可能性:

(1)所有的Twitter账户都有一个填URL的地方。可以在这里添加公司主页地址,也可以放一个能说明为什么你要上Twitter,你想在Twitter上做些什么的网页链接。比如,戴尔公司在Twitter页面里加的链接都指向了dell.com/Twitter,它会告诉人们戴尔在Twitter建立的各种页面的性质和目的——有的页面是纯粹用来宣传和推广的,有的则是用来建设社区和讨论戴尔产品的。

(2)可以在公司主页上安装插件来同步显示公司最新的Twitter消息。

(3)Twitter推出了线上指南,针对企业如何运用Twitter来经营客户关系,提供了最佳实务建议,也列出10个企业运用案例(101案例),例如戴尔如何通过Twitter提高300万美元业绩的经验。

（4）提供了简报档和可印成纸本的讲义，让企业用来进行内部训练。

（5）Twitter也提供了定制化的搜索工具，企业可以将特定关键字的即时搜寻结果嵌入自家网站中，作为监控之用。

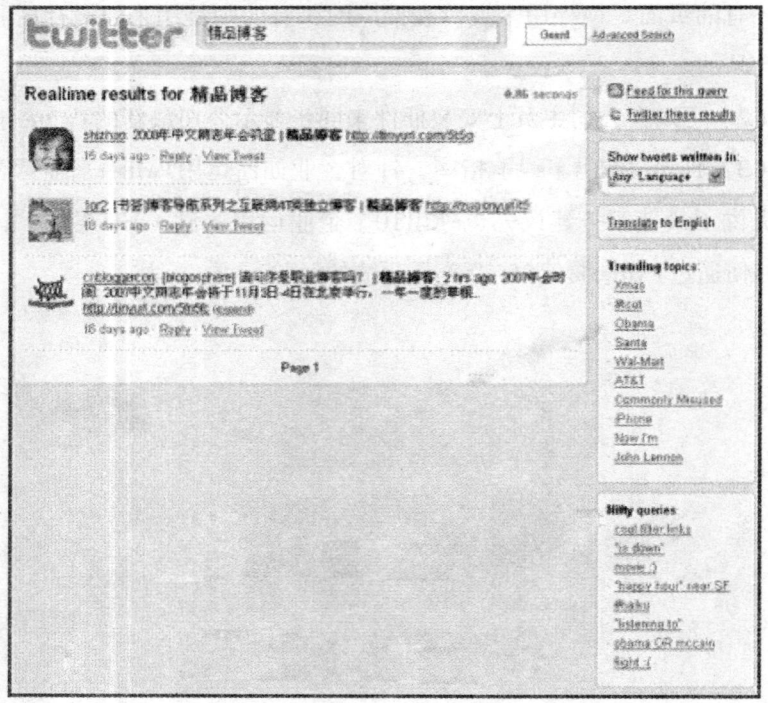

第二章 微博的国际经验:Twitter个案研究

(6)可以使用search.Twitter.com或TweetDeck等桌面程序,跟踪企业界对你品牌的评价,为每项营销举措——从会议到大型促销活动——都创建一个标签,鼓励消费者对此进行讨论,要利用好从这些营销手段中汲取到的经验。

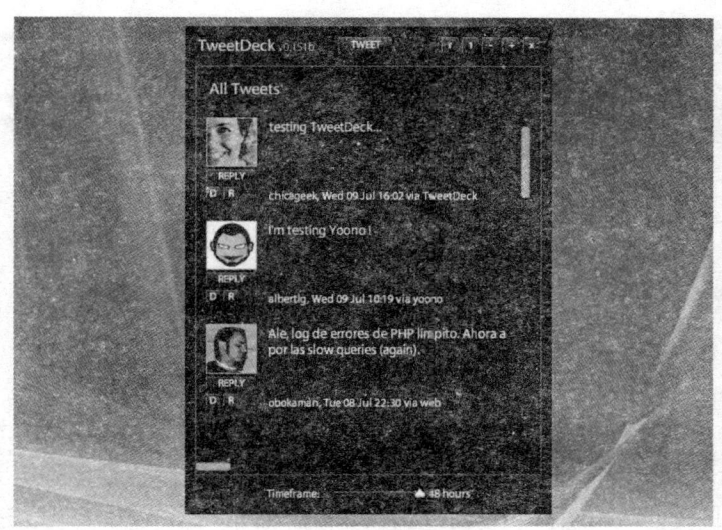

(7)Twitter开发了"品牌频道",企业可以在Twitter构建品牌页面,同时组建多种品牌小组,同一品牌的粉丝能够聚合在一起。而企业通过平台可以向用户发送各种新品、促销信息,Twitter的即时性和分享性让一个消息可以迅速遍布有相同兴趣爱好的小组。甚至用户之间也发生互动,他们也可能把信息转发给其他好友。

(8)Twitter测试新功能"贡献者"(contributors),该功能将允许企业账户管理多个"贡献者",帮助用户与更为可信的企业进行交流。该功

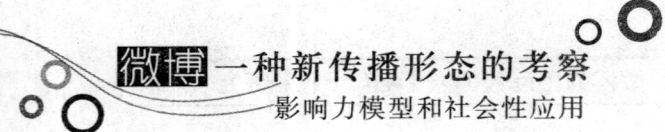

能将把"贡献者"的用户名自动加入到为Twitter信息发布者一栏中，使得企业与用户之间的交流更为个性化。例如，如果@Twitter邀请@Biz充当其Twitter信息的发布者，那么通过@Twitter所发布的Twitter信息都会以@Biz为署名，这样一来，用户就可以知道究竟是谁在代表该组织发布信息。如下图所示，这条信息来自@Twitter账户，但可以看出是由@Biz发出的。

此Twitter消息显示了作者的账户，更加人性化

 企业营销类型及案例

在线客户服务

企业还可以利用Twitter进行在线服务，这也是获得用户并增进用户情感，提高用户忠实度的重要方式。通过Twitter进行一对多的沟通，同时也通过切实解决用户的问题，赢得用户的信用。

Popeyes：美式快餐店，以服务生招呼客人的语气回应，用Twitter发布新品讯息及限时折扣。

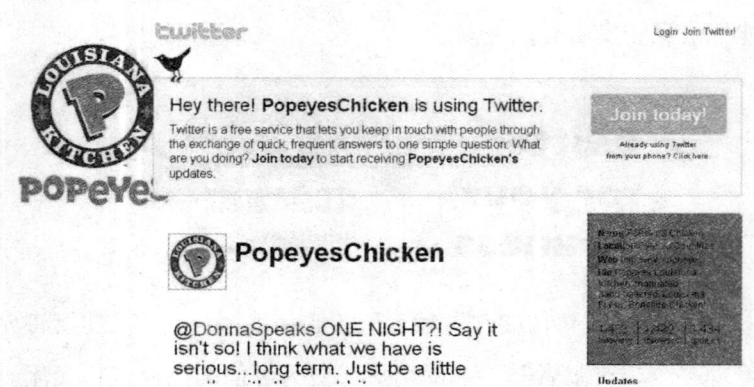

第二章 微博的国际经验：Twitter个案研究

ComCast：有专责11人的Twitter团队，用Twitter发现用户对服务的不满，在第一时间解决负评。

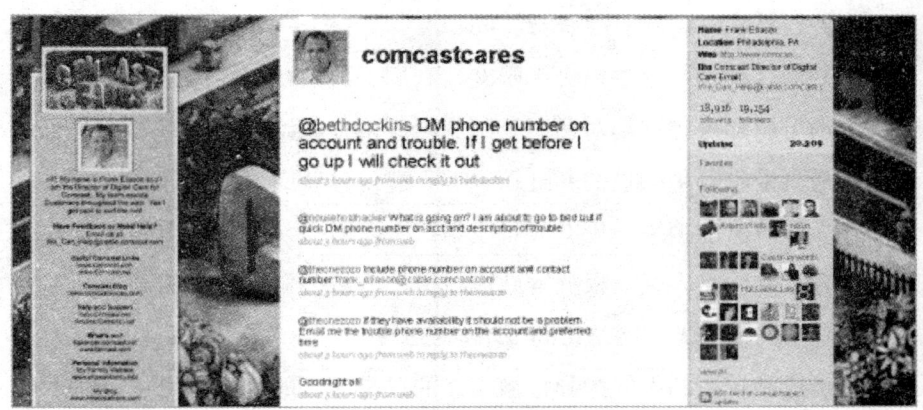

TheHomeDepot：美国最大的家居零售连锁店，用Twitter做24小时线上客户服务。

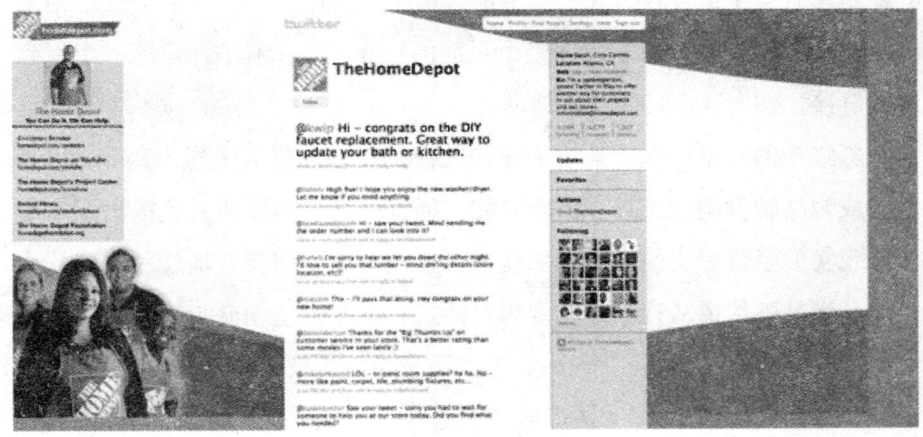

品牌传播

◇ 彩虹糖

2009年3月2日，彩虹糖关闭原有的品牌官网(www.skittles.com)，将品牌信息完全嫁接到Facebook、Wikipedia、YouTube、Twitter、Flickr等成熟的

社会化媒体上。彩虹糖官网首页上显示的是名为"与彩虹对话"的图标，点击图标访问者即转到搜索关键字为"Skittles"的Twitter页面，观看相关视频则转到YouTube，图片则转到Flickr。

彩虹糖这种大胆的举措最大限度地利用了成熟社交媒体原有的人气，每个人都可以加入到这场对话，官网的内容由大家说了算。有人在上面讨论自己最喜爱吃哪种颜色的彩虹糖，有人建议包装应该改成什么样或可以增加什么新口味的糖果，更有人自发组织大家聚会。这种自由的参与方式迅速提升了其网络人气。根据网站流量统计分析公司Hitwise的调查，彩虹糖关闭官网的第二天，网站访问量增加1332%。

但是这种较高的人气为彩虹糖带来的只是短暂的快乐，由于官网不在自己手上了，无法控制人们在社区网站上的言论，于是出现了部分参与者在网页上添加黄色或暴力网页的链接，或谈论与产品毫无关联的信息。彩虹糖不再有自主掌控权，无法引导品牌舆论。关闭官网两天后，彩虹糖不得不改变宣传策略，原来占据整个页面的Twitter图标缩小到角落一个不起眼的链接。初次试水只能仓促结束。

彩虹糖的壮举引起了业内人士的关注，很多业界人士指出Twitter很有潜力成为品牌营销的工具。但彩虹糖关闭官网这一事件向大家提出了一个非常现实但亟待解决的问题，那就是，企业应该如何有效地使用这些社交媒体。当品牌传播从独白式转变为对话式，企业由主动变为被动，企业如何制定可控的营销计划，Twitter在这方面又如何积极推进？

◇ American Apparel（美国服饰）

American Apparel（美国服饰）拥有将近四万Twitter关注者。作为全美最大服装生产商，American Apparel的一支平面广告的策划灵感就来源于自己的一位关注者。American Apparel某天收到了一条自由摄影师瑞安·马歇尔（Ryan Marshal）的直接留言。马歇尔每周都会拍摄身穿

第二章 微博的国际经验：Twitter个案研究

American Apparel的怀孕妻子的照片。American Apparel对这一系列照片非常喜爱，因此决定以它们为基础推出一期广告宣传，显示身着American Apparel的准妈妈们舒适惬意的可爱模样。与此同时，American Apparel还在马歇尔的博客中植入了一条宣传婴儿服装的特殊网幅图像广告(pacingthepanicroom.com)，从而使马歇尔的博客成为American Apparel点击率最高的在线广告。Twitter不但积极影响了American Apparel的产品宣传策略，而且还让American Apparel表现出极强的接近性，这都提升了American Apparel的品牌尊严。

◇ Zappos.com

Zappos.com的Twitter直接由公司CEO谢家华（TonyHsieh）负责。这家电子商务公司已经拥有将近120万个Twitter关注者。员工能和顾客一样直接通过Twitter与谢家华交流，谢家华也会用Twitter发布一些自己对Zappos品牌内涵的理解，如"优秀的企业知道如何持续增值，伟大的企业知道如何让价值成倍增长。""假如你的工作是真我的延伸，那这份工作是上帝赋予你的使命。"通过这样的交流方式，员工能更深入地了解Zappos的品牌内涵，从而更好地服务于顾客。通过品牌尊严及品牌认知的内部提升，Zappos使自己的品牌更强势也更具价值。

销售应用

◇ Dell

合作契机

Twitter一直以来都为建立一个网上营利性活动模式而努力，全球第二大电脑商Dell是一个以网络渠道销售见长的品牌，二者的结合成为Web2.0营销成功的新典范。全球网民对Twitter的关注成就了Dell的营销成功，Dell的营销案例又成为大家讨论Twitter的一个热门话题，这是一次双赢的公关胜利。

微博 一种新传播形态的考察
影响力模型和社会性应用

合作方式

Dell2007年6月在Twitter上设立销售帐户"@DellOutlet",每周发布6-10次产品信息,几乎每个信息都包括产品的促销优惠券及销售链接,很多优惠都是针对Twitter用户的独家优惠。目前该帐户跟随用户数量已超过60万,成为Twitter前50个跟随者最多的账户之一。

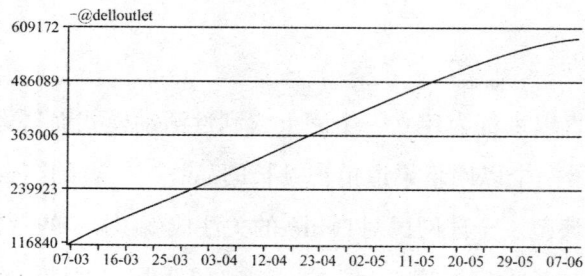

合作成效

Dell2007、2008两年在Twitter的销售额达到300万美元,这个数字相比

第二章 微博的国际经验：Twitter个案研究

Dell的一季度120亿美元的销售额来说也许微不足道，但是DELL是第一家通过Twitter获利的公司，这个数字已经引人注目。Dell网站上的DellOutlet专门以诱人低价出售翻新的二手产品，但是库存往往不稳定，顾客很难知道产品的供货情况，而通过Twitter建立帐户提供了极其方便的途径，让用户可以通过跟随方式及时了解折扣和新品信息，Dell.com/outlet，如果把这些连带销售收入也算进去，Twitter帐户对Dell的销售贡献绝对超过300万美元。

核心圈营销模式

Dell不仅是利用Twitter增加了一个相对廉价的广告信息传递途径，而是利用Twitter抓住目标消费群中最有影响力的群体，即意见领袖，进行"核心圈"营销。在购买决策中，意见领袖的作用非常重大，Dell在Twitter上发布的打折和新品信息，吸引有一定技术含量的电脑发烧友即"意见领袖"来Follow，通过不断更新互动，增加公开的口碑和评价，增加社区粘性，然后通过这些"意见领袖"带动其人际圈的其他人的购买意愿。Web2.0的营销核心就是核心圈营销，Web2.0的用户创造内容的哲学（UGC）将进一步演变为"用户来创造产品"。比如Dell可以利用Twitter平台，比如更多的物质利益激励"意见领袖"向他的人际圈推荐产品信息，能把Web2.0服务变成一个高效、低价的营销工具。

细分与整合

Dell还在Twitter上还设立了DellHomeOffers、DellSmBizOffcers等帐号，根据不同的产品定位和消费人群提供不同产品信息，Dell的产品线非常细分，在Twitter上针对不同人群的信息发布，是一种很好的营销工具。但过度细分容易让品牌印象变得分散，有一定的风险。所以Twitter帐户之间的相互链接变得非常重要，可以让用户同时了解同一品牌的其他产品或服务。但我们要注意到，这种静态的链接和普通的网站链接相比没有什么优

微博 一种新传播形态的考察
影响力模型和社会性应用

势。更何况,很多通过第三方客户端比如手机使用Twitter的用户,他们根本看不到这些链接。所以,通过一个Twitter帐户把Dell不同Twitter帐户中发布的信息有选择地整合起来,会是一个两全其美的办法。

互动比内容更重要

Dell在Twitter上的帐户TwitterFeed分为自动更新和人工更新两类,可以明显看出人工更新的帐户明显拥有更多的跟随者。简单发布和自动更新,就和一个FeedReader没有区别,失去了Web2.0的互动性,这一点让我们想起另外一个案例,2008年美国总统竞选,奥巴马和希拉里都在Twitter上建立了自己的博客,但最终奥巴马获得了15万follower的支持,而希拉里只有6000多;因为奥巴马的团队在跟踪10万人的消息并随时人工回复和更新,当有人支持奥巴马的时候,团队就通过Twitter向用户进行信息反馈,让支持者感受到奥巴马在跟我对话了!而希拉里这方只是把Twitter当成单方信息发布平台,没有关注那些关注她的人。

Twitter的营销核心就是跟你的客户对话,交互远比内容更重要,更有助于建立长期的营销互动关系,才能转化成巨大的市场回报。

◇ Kogi快餐店

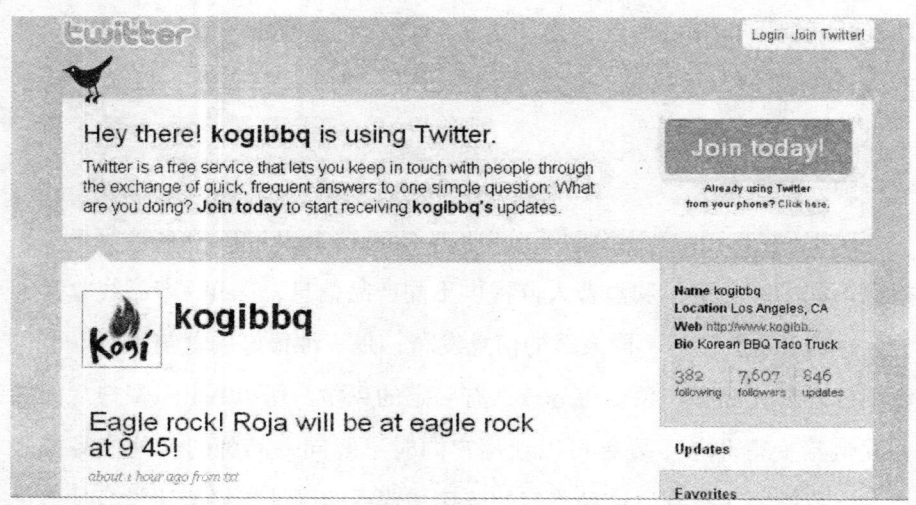

第二章 微博的国际经验：Twitter个案研究

美国洛杉矶的一家煎玉米卷流动快餐店Kogi利用Twitter，在短短三个月的时间里迅速蹿红，征服了无数洛杉矶人的胃，成为美国知名度最高的流动饭馆之一，甚至连BBC、《纽约时报》和《新闻周刊》都将它作为报道对象。

通常情况下，快餐车没有任何方式对下一站的销售进行宣传。但在Twitter的帮助下，Kogi可以实时通报餐车的方位。这显然是一个非常实用的策略，食客们得到消息后可以提前排好长队，等待美餐。煎玉米卷是一种极其普通的大众小吃，Kogi能够脱颖而出很大程度上是借助了Web2.0的力量——互动沟通。喜欢煎玉米卷的人越来越多，这些相同爱好者们通过网络接触和交流，逐渐形成一种文化现象。Kogi不用自己花费一分钱，让顾客成为活广告达到宣传的效果。很多新的食客在很大程度上就是受到Kogi在Twitter上的帖子诱惑。没有等级界定的活动就是广告，吸引更多的人去尝试。

在这里，一小部分人的声音能够很快被放大一百倍、一千倍甚至成百万上亿倍，口口相传实现了影响力最大化。Kogi的成功在于充分发挥了Twitter及时性和分享性的特点，让一条与产品有关的信息可以迅速遍布粉丝群，与食客互动有利于维持他们对产品的兴趣，同时增加吸引力，网罗更多潜在的消费者。

◇ NakedPizza

NakedPizza，是美国新奥尔良的一家比萨店，正在通过Twitter推销自己。4月23日这一天，通过Twitter带来的销量就占到总销量的15%。NakedPizza在Twitter上有2800个关注者，并且关注2200个其他用户。当然了，这些人都住在奥尔良地区，是NakedPizza的客户。

客户们通过Twitter向NakedPizza下订单、询问价格、报告地址；而NakedPizza通过Twitter向客户们播送打折信息、新品种的Pizza，报告Pizza

微博 一种新传播形态的考察
影响力模型和社会性应用

是否已经送出。当然，他们都已经混得很熟了，时不时会聊上两句，相互关心一下。之前，NakedPizza的店主跑到离自己店铺很远的马路上去张贴自己的Twitter账户，以便让过路的人能随手记下来。后来Twitter主动联系了他，请他帮助做一些地方生意的测试。

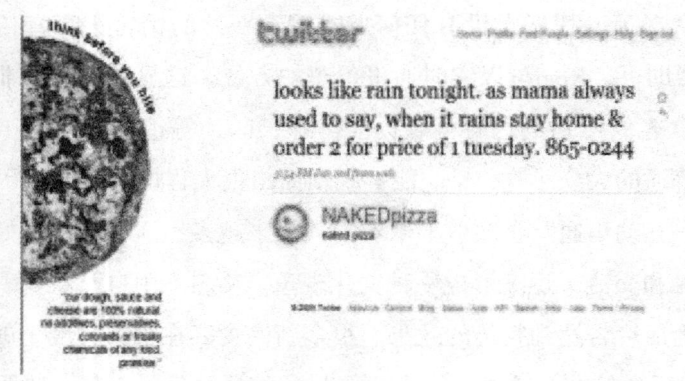

NakedPizza期望，能有一个工具来分析在一天或者一周中的什么时候在Twitter上发送促销信息最为有效。此前，NakedPizza每年会花费6万美金在直投广告、2万5千美金在电子邮件广告上。现在，他打算每个月都投入一定的预算来做Twitter广告。

接下来3个月，NakedPizza打算在Twitter上吸引5千个住在新奥尔良的关注者，而这5000个关注者，NakedPizza再不需要付出比如直投邮件这样的费用去与他们保持联系。因为，他们都在Twitter上。

客户关系管理

◇ 捷蓝航空(Jetblue)

捷蓝航空是美国一家廉价航空公司，2007年捷蓝航空的通信经理Morgan Johnston在Twitter上注册了个人帐户，然后建立捷蓝航空的Twitter页面Twitter.com/Jetblue，到2009年11月末Jetblue的跟随者将近150万人，2009年捷蓝航空又注册了一个新帐户Twitter.com/Jetbluecheeps，从2009年7月开始每周一早晨发布未来两周内的促销信息，为Twitter用户中的自发群

第二章 微博的国际经验：Twitter个案研究

体提供了最后时刻获得特价机票的机会。目前该帐户的跟随者也已将近4万人。同时，在捷蓝航空的Twitter页面上还介绍了当值客服的姓名，"值日"制度放在了公司的Twitter资料里。

捷蓝航空对客户关系的管理体现在解决客户问题，增强客户体验，并通过与客户的互动，发掘客户需求，调整公司的某些规定。无论是购买机票、咨询航线还是遇到任何相关问题，捷蓝航空的客户都不需要打电话给品牌在线的客服人员，给捷蓝航空发送一条Twitter消息就可以解决。比如，由于航班延误或取消而滞留机场的乘客，或者不知道在哪里寄存行李的乘客，可以给捷蓝航空发送一条Twitter消息，该公司将联系机场的工作人员或者向乘客指明解决方法。同时，Twitter为捷蓝航空提供用户追踪服务，缩短了对客户需求的响应时间，捷蓝航空通过Twitter的私人通道为客户提供服务，增强了客户的服务体验。

捷蓝航空在Twitter上与客户进行对话，询问其用户希望航空公司在Twitter上做些什么，同时在互动中发现客户需求。比如：在Twitter上有一些人说准备去美国的年度音乐节SouthbySouthwest，却没有赶上航班，于是捷蓝航空增加了航班。另外，捷蓝航空重视客户提出的问题，对相关规定和决策进行修改。比如：有一名乘客的自行车虽然可以放入一个标准大小的行李箱内（行李箱可免费托运），但却被加收了50美元的费用。于是他给捷蓝航空发了一条Twitter信息，对此抱怨，于是捷蓝航空修改了有关携带折叠式自行车的规定并通知了机场人员。

◇ WholeFoods

美国有名的有机食品连锁超市，用Twitter发布公司新闻、线上调查、推荐新商品及视讯。

◇ Zappos

美国最大的线上鞋店，与Twitter合作，有专页收集顾客的推讯，从CEOTony以下的400多名员工都用Twitter。

企业舆情监测

◇ 西南航空公司

2009年6月13日,西南航空公司从纳什维尔飞往巴尔的摩的一架航班在查尔斯顿进行了紧急降落。由六人组成的公司"紧急媒体小组"扫描了在Twitter,Facebook和其他网站上发布的乘客反应,并发现大部分内容都是积极的。西南航空迅速发表了Twitter信息"乘客和机组人员共同的成就",西南航空公司副总裁琳达-罗斯福德(LindaRutherford),表示如果乘客的反应比较消极,她可能进行不同的回应;罗斯福德负责公司传播和战略拓展业务。"我们仍会赞扬机组人员,但不会像现在这样对其进行强调"罗斯福德说道,她在去年暑期开始负责社交媒体业务。

◇ 可口可乐

2009年秋天,可口可乐的监测软件发现了一名沮丧的消费者发表的Twitter信息,消息称其无法兑现MyCoke回馈活动的奖品,随之这名消费者的跟随者急剧增加了一万多人。布朗立刻在Twitter上对这名消费者表示道歉,并愿意帮助解决这个问题。此消费者最终得到了奖品并将其Twitter头像更改成自己手拿一瓶可口可乐的照片。

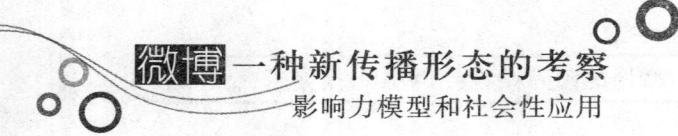

危机公关

Twitter有迅捷快速的特点，如果某家公司出现了糟糕的事情，那么关于此事的聊天会迅速蔓延，许多公司通过追踪它们上面的信息来确定消费者态度和化解潜在的公关问题。福特(Ford)和百事可乐(PepsiCo)等公司在Twitter社区发送简短信息，以求平息公关危机。

◇ 百事可乐

百事公司自2009年11月加强了对社交媒体的投入。公司员工在Twitter上看到一条值得百事注意的重要信息，某一德国贸易杂志刊登了一则百事健怡可乐的广告，此广告描绘了卡路里自杀的形象。一位亲属死于自杀的流行评论人质问："百事怎么能做这样的广告？"百事的一位发言人迅速在其私人Twitter上表示道歉，百事数码和社交媒体全球总监邦宁–波(Bonin Bough)也采取了同样的行动。

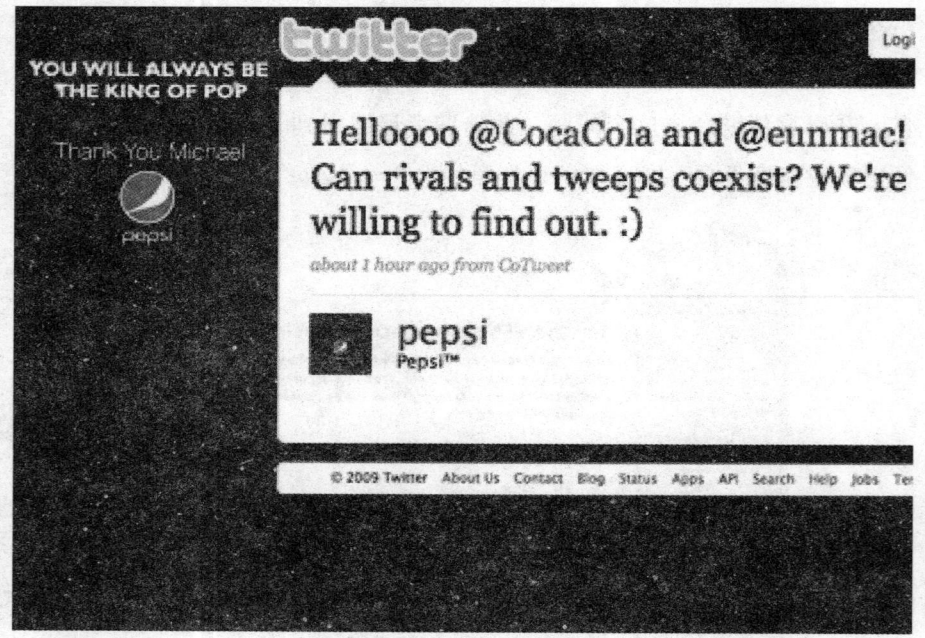

第二章 微博的国际经验：Twitter个案研究

◇ 福 特

去年12月的一个早上，福特社交媒体负责人斯科特-蒙蒂(ScottMonty)看到Twitter上批评福特正试图关闭其粉丝网站TheRangerStaion.com的消息，这立即引起了他的警觉。对此消息的争议使福特公司一夜间便收到了1000多封投诉电子邮件。事情发生后，蒙蒂立即了解事情的来龙去脉，并在他个人及福特的Twitter账户上发布信息，称其正在调查此事并及时更新相关状态。几小时之内，蒙蒂表示福特的律师认为TheRangerStaion网站存在销售标有福特Logo假冒商品的行为。蒙蒂说服了公司律师撤销关闭此网站的请求，因为关闭这个网站很有可能阻碍汽车的销售。在一天即将结束时，蒙蒂在Twitter上留言称问题已被解决。

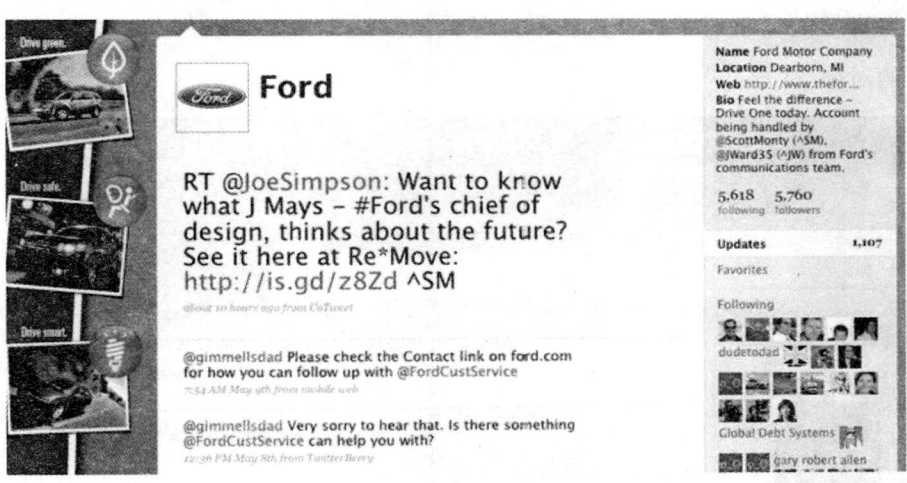

目前，在Twitter上最受欢迎的企业信息仍然是打折信息，其原因一是低价促销能迅速聚集人气，另一方面促销的时效性也暗合了Twitter传播的实时性。Twitter的经营者也在致力于让Twitter在未来可以成为品牌舆情的重要阵地：Twitter开发了品牌频道供企业开发品牌页面，聚集品牌粉丝，追踪用户对品牌的评价，监测舆论。Twitter上真实的声音让企业能够深度触摸到消费者心理、产品感受和最新需求，是企业获取市场动态和预测公

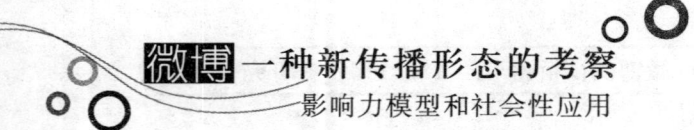

关危机的工具。Twitter反映了新社会化媒体在"消费者对品牌进行公开讨论"方面的力量,对品牌的真正话语权掌握转移到消费者手里。

四、微博竞争趋势：Twitter竞争对手分析

　　Twitter的竞争对手主要有两类：一类是微博类的网站,比如：identi.ca, Jaiku, Qaiku, Pownce Tumblr, MySay, Hictu, Moodmill, Frazr, IrateMyDay, Emotionr。一类是社区网站,如Facebook。就目前的发展态势、用户规模、影响力、知名度等而言,所有的微博类网站已与Twitter形成了巨大的差距,其中,Jaiku与Twitter的功能最为接近,是Twitter最为直接的竞争对手,而Facebook是社区网站中目前可以与Twitter相抗衡的对手。

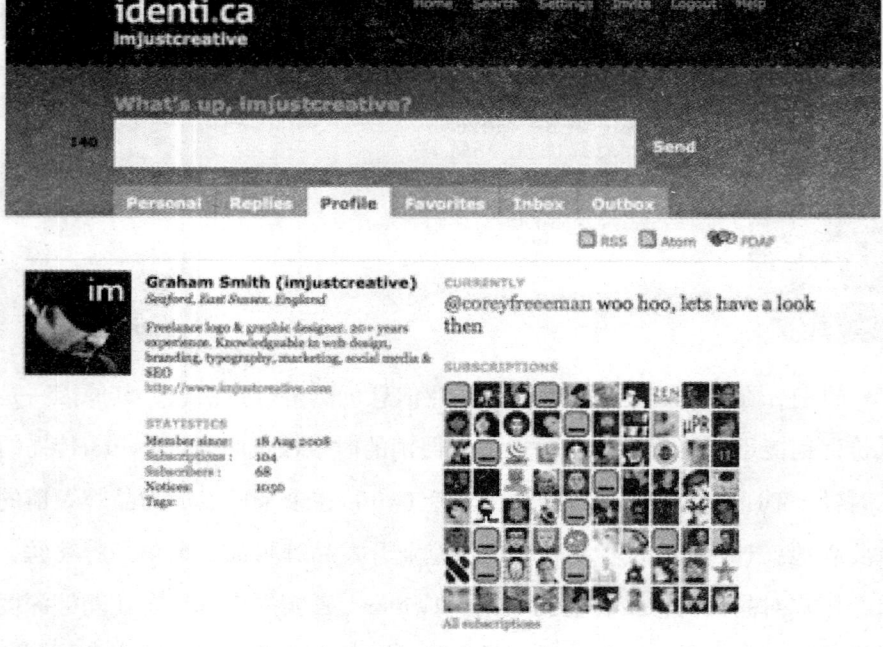

第二章 微博的国际经验：Twitter个案研究

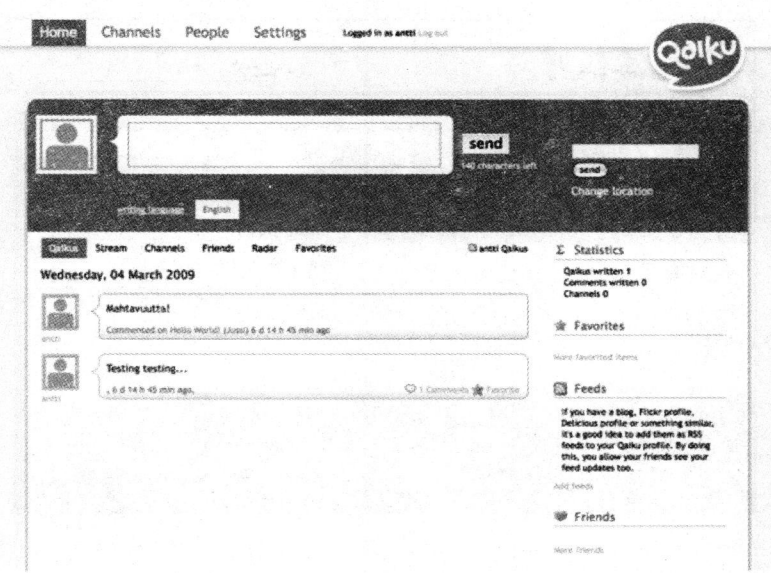

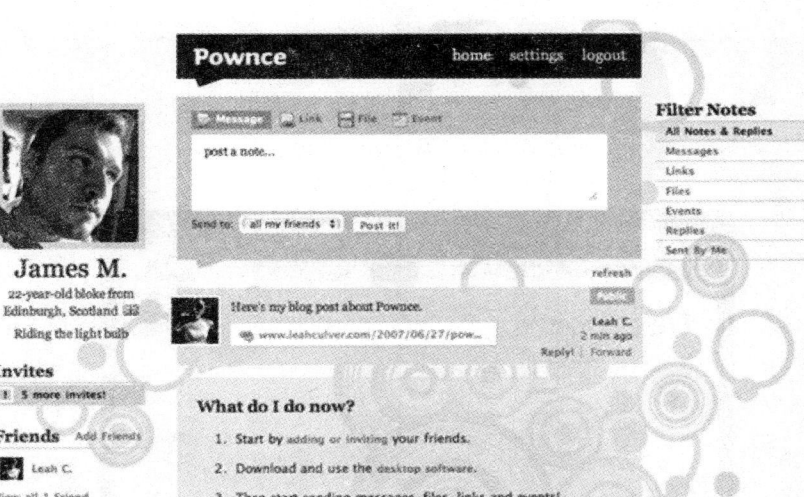

微博——一种新传播形态的考察
影响力模型和社会性应用

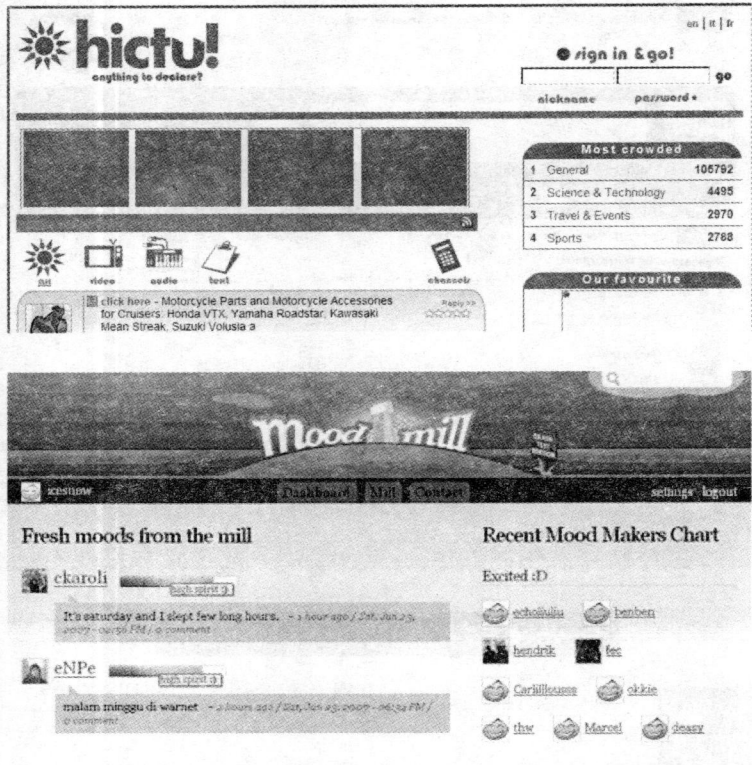

第二章 微博的国际经验：Twitter个案研究

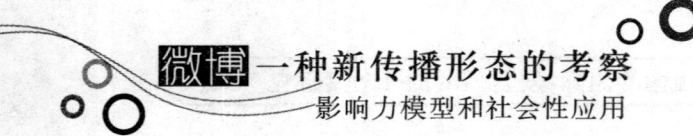

微博——一种新传播形态的考察

影响力模型和社会性应用

① 来自Jaiku的竞争

Jaiku是芬兰的一家微博网站，于2006年2月成立，7月推出官方平台，2007年被Google收购。它的功能和特点与Twitter非常相似，是Twitter最直接的竞争对手。

用户规模的比较

2007年Google收购Jaiku后，它对Twitter的用户造成了短暂的冲击，如下图所示：

第二章 微博的国际经验：Twitter个案研究

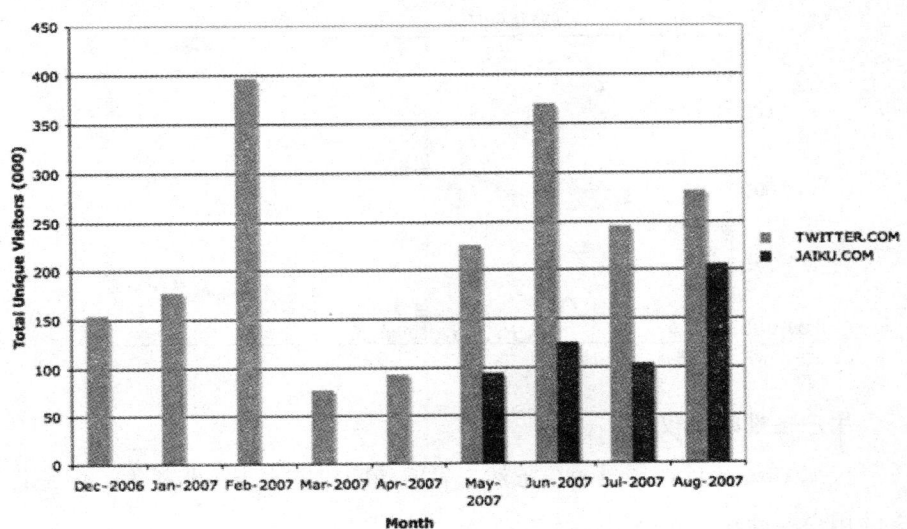

但是Jaiku之后的访问量却开始下降，2008年10月至2009年10月，Jaiku的月访问量从80K下降到了31K。而Twitter却保持了稳定的增长，如下图：

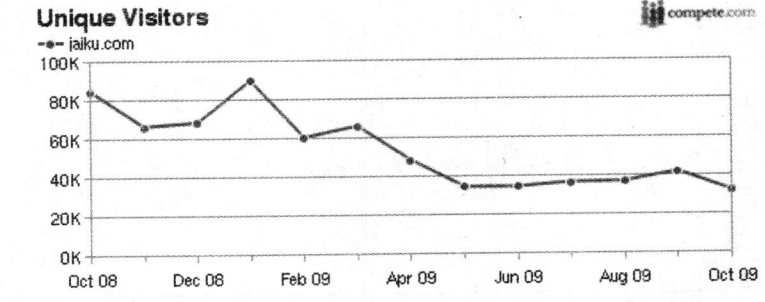

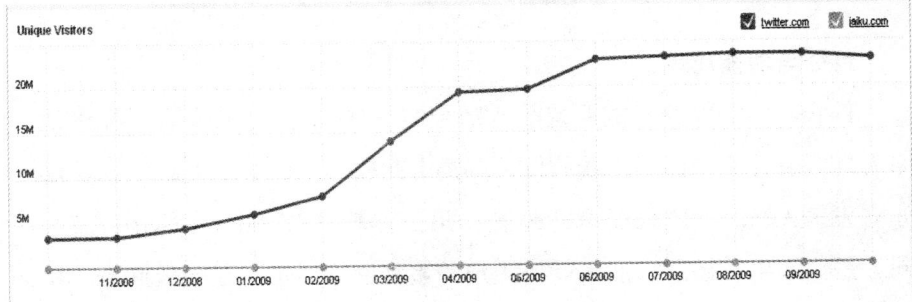

微博——一种新传播形态的考察
影响力模型和社会性应用

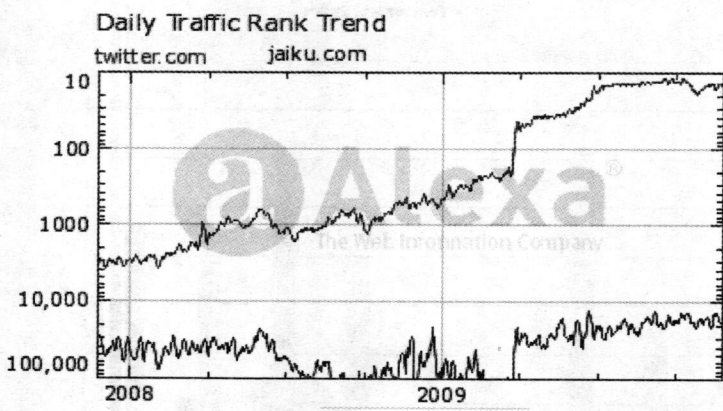

用户粘性的比较

根据Alexa统计数据显示，虽然二者的访问量差距进一步扩大，但是各自的用户粘性相差不是很大。

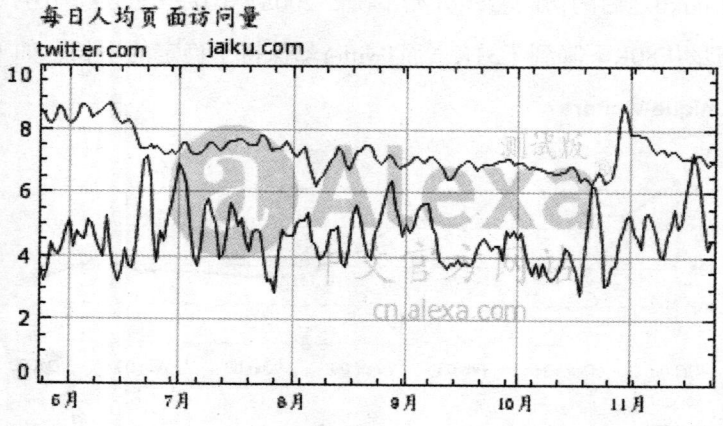

特征与功能比较

Twitter与Jaiku的功能及特征特别相似，Jaiku兼容S60平台手提电话，因为Jaiku有此平台的客户端软件，可经由此软件，以手机更新Jaiku。Jaiku亦有发表API，可供程序设计师制作第三方软件。Jaiku与Twitter最大不同，是"人生转播"功能，能将用户的多种网络活动纪录集成起来，例如

第二章 微博的国际经验：Twitter个案研究

Flickr的相片、Last.fm的音乐及手机更新的位置数据。

总之，目前Twitter在微博方面的竞争几乎没有可以与之匹敌的对手，不管是Jaiku，还是identi.ca、powmce等在用户规模与竞争力方面都相差甚远。

❷ 来自Facebook的竞争

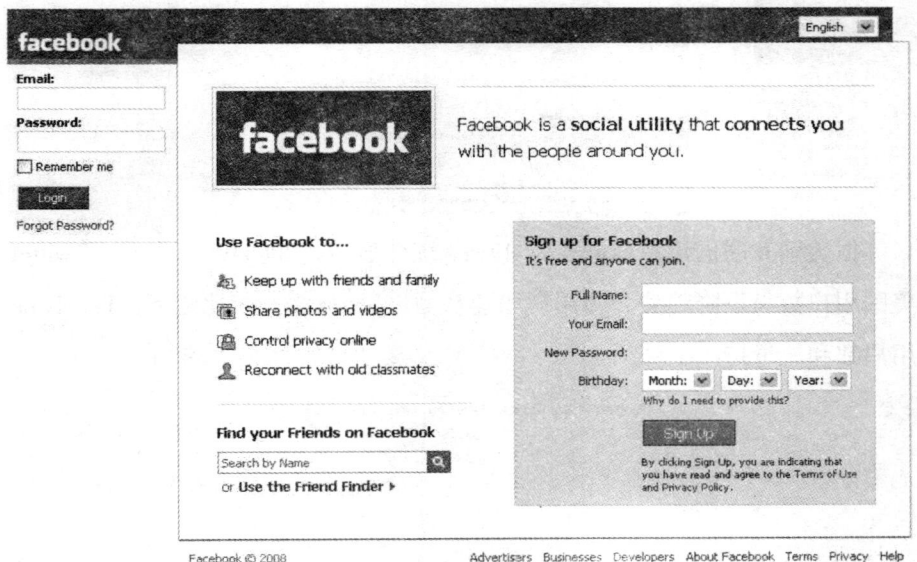

用户规模的比较

Twitter独立访问用户量1820万，比去年同期增长1500%，美国地区的月独立用户访问量仅为2500万；Facebook的用户总量超过2.5亿，去年同期增长190%，美国地区的月独立用户访问量就达到9000万；Twitter显然无法与Facebook抗衡。

微博——一种新传播形态的考察
影响力模型和社会性应用

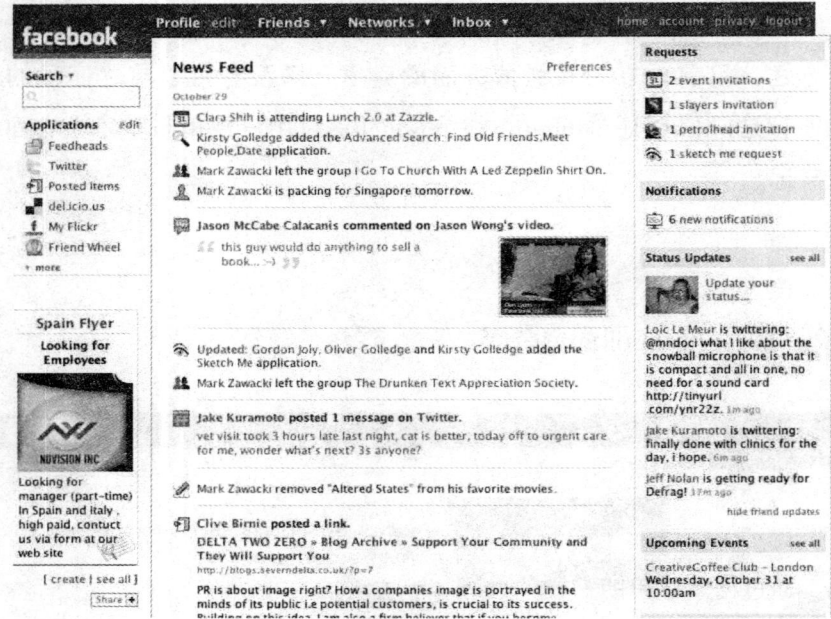

据美国互联网流量监测机构Hitwise统计显示，2009年7月以来，Twitter美国用户数呈下降趋势，新用户增速从4月开始放缓。相比之下，Facebook用户数和流量持续上涨。

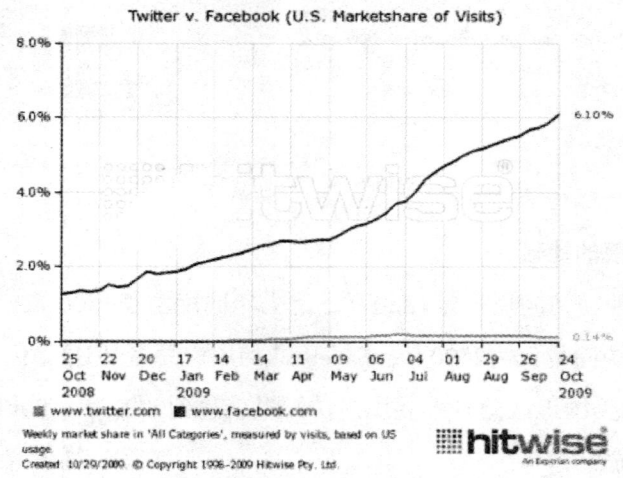

第二章 微博的国际经验：Twitter个案研究

用户粘性的比较

Twitter用户平均停留时间大幅延长，今年5月相比去年5月的6分19秒，延长到了17分21秒，但从增长率来看仅比今年4月增长1%。

Facebook给用户的感觉更安全，更容易使用，用户粘性更高，业界对Facebook更加肯定，期望值也颇高。

特征与功能比较

Twitter的价值很大程度上是通过其搜索功能体现的。2007年，Twitter收购了专注于Twitter信息的搜索引擎的公司Summize，推出了搜索引擎，实时搜索开始了爆炸式增长。

Twitter搜索及其带来的热门话题已经成为Twitter的一大标志。Twitter搜索也成为了解全球重大事件的首选工具之一。比如在伊朗最近的政治动乱期间，通过搜索"伊朗"或"大选"等关键词，互联网上的任何人都可以看到世界各地用户对此话题的评论。另一方面，Facebook也不在满足于简单的社交功能，近期也推出实时搜索功能与之抗衡。

Twitter已经确立实时搜索的领先者地位，突出表现在三大优势：

第一，先发优势：Twitter第一个进入实时搜索领域，而且已经在该领域确立了王者地位。Twitter搜索常规用户数百万。

第二，经验更多：Twitter在实时搜索领域拥有整整1年的经验，能比Facebook做出更快的反应。

第三，开放平台：几乎所有的Twitter用户都采用了公开账户，这就意味着这些用户所发布的信息都可以被检索到。这对搜索引擎而言是非常重要的因素，而Twitter搜索的出现也是Twitter能够迅速进入主流视野的原因所在。

Facebook的实时搜索更加多样：

第一，搜索范围更广，形式更多样，不仅可以搜索用户状态更新，还能在文本搜索之外检索图片、笔记、视频等内容；甚至能对搜索结果进行过滤，此外用户还可以利用搜索来了解自己好友或所有的Facebook公开内容。

第二，Facebook近期以5000万美金收购与Twitter功能类似的社交聚合服务网站FriendFeed，寻求更多优秀人才和实时搜索技术的突破。

第三，由于用户量更为庞大，在针对某一主题进行检索时，Facebook提供的结果将更为精准，也更具代表性。不仅如此，多数用户在Facebook上的好友也比Twitter上更多。

Twitter和Facebook在多种业务上有直接的竞争，而竞争机制的作用使两者在功能上越来越接近，而竞争也更加激烈。

Facebook推出"你正在做什么？"功能，该功能正是效仿了Twitter。

Facebook推出LiveFeed功能，它可以让用户及时了解好友的最新动态。如果好友在Facebook上有内容或状态的更新，这一消息会立刻显示在用户页面当中，这与Twitter的服务颇为类似。

Facebook还推出了一项改进版的即时搜索产品。用户可以通过新的Facebook Search搜索到好友个人页面的状态更新、照片、链接与视频。新版的Facebook Search可以搜索过去30天内好友的各种更新，也可以搜索用户加入的群组。该搜索引擎最重要的一项功能，就是可以在网站上搜索全部公开文章。Facebook的搜索引擎在很大程度上成为微博Twitter搜索的取代品。

Facebook让人们相互同意加入好友后才开始分享彼此的网上活动，而Twitter是一种"定向"社交网络：A追随B，但B不一定追随A。但是Facebook近期在测试一项功能，即当某个用户成为你Facebook档案页的"粉丝"时，会发邮件通知你。这不同于加你为好友，需要双向的确认，这只是关注你的Facebook档案页，而你不需要进行任何额外操作。

Facebook收购FriendFeed，得到了最想要的实时搜索技术。网络流量监测机构Hitwise近日发布的统计数据显示，FriendFeed的主要流量来源中包括了Twitter，在收购FriendFeed后，Facebook还可以借此从Twitter那里发展更多新用户。

Facebook出了精简版的FacebookLite网站，帮助用户聚合状态更新。FacebookLite本质上是类似于Twitter的更新流，虽然包括Twitter没有的照片和评论功能，但已经摒弃了传统Facebook的网页上复杂部分。FacebookLite本意是为互联网连接速度较慢地区的人们服务，或为想使用Facebook核心功能的新用户服务。但这也会吸引那些喜欢Twitter简便功能的Facebook老用户。

Facebook在用户状态更新信息中引入了"@"标签，在好友状态更新功能中，Facebook将会在好友的名字之前增加一个"@"，好友名字也将被链接到其个人页面。另外，只要用户敲入了"@"，系统将会通过一个下拉列表供用户选择好友名字。用户可以在发布状态更新时，为好友或企业添加"标签"，这项功能还可以帮助人们和企业监控别人在网上如何谈论他们，Facebook以前很难做到这一点，而这一直都是Twitter针对企业用户的重要卖点之一。

Twitter启动了一项网站翻译计划，邀请用户将其服务翻译成更多语种。目前Twitter只有英文和日文两个版本。Twitter在初步阶段的重点翻译语言为法语、意大利语、德语和西班牙语。Twitter的翻译团队目前只有有限的几名成员，但是用户可以申请加入该翻译团队。而在2008年初，Facebook也启动了一项类似的翻译活动，并为Facebook的国际化扩张作出了重要贡献。最近Facebook还将这种社会化翻译工具与FacebookConnect通用登陆服务结合起来，借助用户的力量帮助支持FacebookConnect的网站开展翻译工作。

Twitter至今还没有获得任何明显的收入，但已表示将推出新功能来帮助企业与客户进行互动。Facebook则为企业提供了专门的网页，企业还可以在Facebook上购买定向展示给用户的广告。

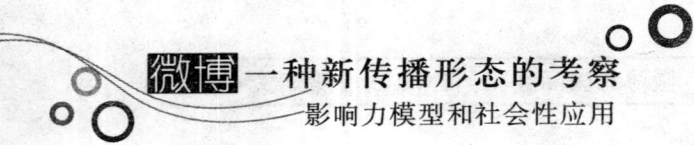

除了应对相互间的竞争，各自采取了一些措施外，二者还寻求一定的合作：

（1）Facebook让一些著名品牌和名人在无需直接访问Twitter网站的情况下直接发送状态更新至Twitter。而Twitter的用户也可以推送消息到Facebook。

（2）目前用户可以在Twitter最流行的应用TweetDeck中发现一个新功能，该功能允许用户建立一个Facebook的专栏，以实现在同一界面同时关注这两个社交网站的联系更新等状况。而允许用户管理其Facebook更新的TweetDeckv0.24.1目前已经在提供安装下载。

第三章　微博的中国本土化实践

一、微博市场环境扫描

在Web2.0时代，个人在作为互联网的使用者之外，同时还成为了互联网主动的传播者和生产者。中国互联网的用户已近4亿，如此庞大的用户群体必然在全球微博大军中拥有自己的一席之地，而根据iResearch推出的网民连续用户行为研究系统iUserTracker最新数据显示，2010年5月，微博服务的月度覆盖人数已达8065万余人，环比增长率达16.6%；从单个微博服务提供商月覆盖人数发展情况来看，从2010年3月到2010年6月，新浪、百度i贴吧、搜狐等几乎无一例外地呈现出较大的增长趋势（见图1）。足以见得中国微博的发展潜力巨大，其影响力也将与日俱增。

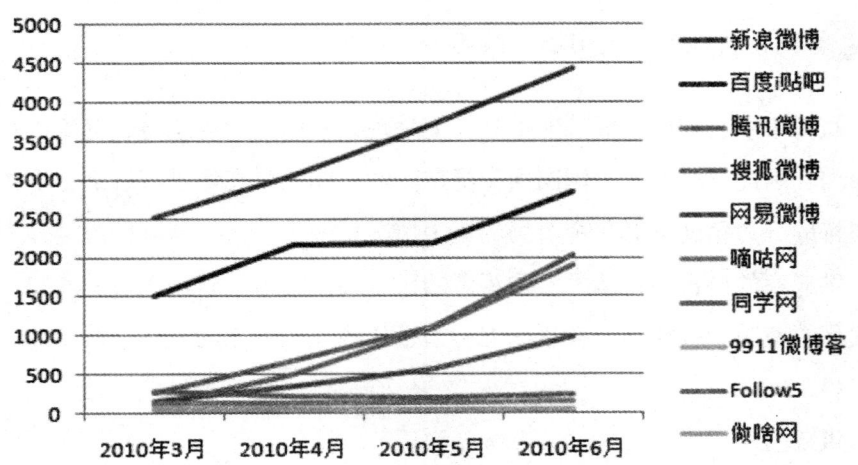

数据来源：艾瑞网络用户行为监测（IUT）

图1　各大微博月覆盖人数变化趋势

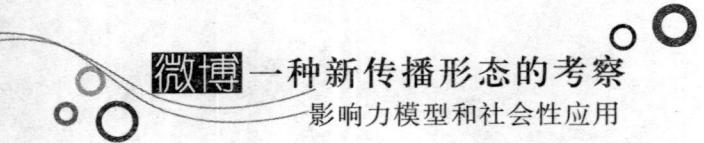

微博——一种新传播形态的考察
影响力模型和社会性应用

2007年5月,国内第一个广为人知的微博饭否创建。2008年,Twitter在奥巴马竞选过程中的风靡促使中国模仿Twitter的微博网站开始蓬勃推出。从2009年下半年开始,同学网微博、聚友网9911、139移动说客、新浪微博、人民网微博等相继进入微博市场,带动了微博用户市场的进一步开发;此后网易、腾讯、搜狐、凤凰等各大门户网站相继发力微博,至此国内微博竞争格局初见端倪,同时也加剧了微博市场的竞争态势。

目前,国内微博市场尚处于"跑马圈地"式的探索阶段,市场尚不成熟,属于高替代性的初级市场,谈规模化盈利更为时尚早。总体而言,各家微博网站依托本身优势,在发展战略选择、产品功能设计、运营方式等方面进行了本土化"改造",试图走出最能满足用户需求、适应中国市场的微博发展之路。

1 高替代性的初级市场:微博本土化竞争环境

微博市场目前虽然成熟度不高,但呈现出极剧发展的态势,竞争也日趋激烈,因此有必要对中国国内微博市场的整体竞争态势进行解剖。下文从波特的五力角度来对整个市场的竞争情况做一个分析。这五种力量分别是:供应商的讨价还价能力、购买者的讨价还价能力、新进入者的威胁、替代品的威胁和行业间的竞争,五种力量的相互作用制约着整个市场的竞争态势。

供应商

中国国内微博的供应商主要是电信网络拥有者:电信运营商。在中国主要是指中国移动、中国联通和中国电信。电信运营商为微博产品的运营提供传输载体和传输控制。电信运营商是微博产品的主要供应商,其他的供应商还有通信设备制造商和服务器提供商。下面我们主要讨论电信运营商对微博市场发展的影响。

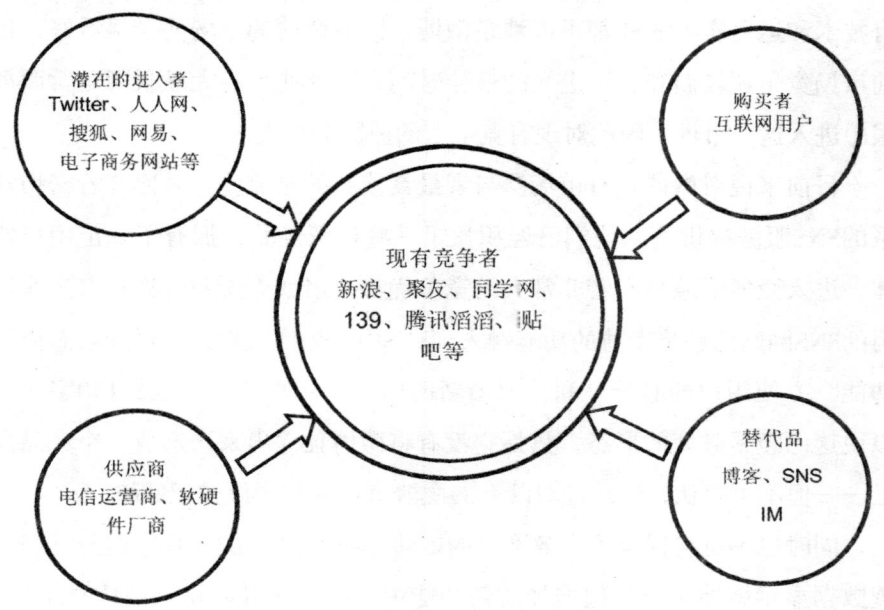

图2　微博市场的竞争格局

中国国内对微博有影响的电信运营商只有三家，中国移动，中国联通以及中国电信，因此供应商的集中化程度较高，在价格制定上占有优势，讨价还价能力较强。尤其是中国国内微博都开通了移动平台，在互联网"互联互通"精神的指导下，微博运营商也已经逐步开放API接口，电信运营商所起的作用也将更加突显，因此从这个角度来讲，微博运营商受电信运营商的制约有增大的趋向。同时因为微博运营商没有自己的传输网络和天然的计费平台，所以对电信运营商的依赖程度近一步加大。但就目前中国的形势来看，在国家政策的支持下，电信运营商不会恶意提高价格或降低服务质量来损害微博运营商的利益，因此供应商的讨价还价能力在较长一段时间内将维持稳定。

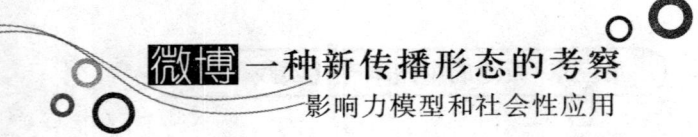
微博—一种新传播形态的考察
影响力模型和社会性应用

潜在的进入者

微博进入门槛并不高，技术难度较低，运营成本不高。因此任何一个有技术和运营实力的SP都可以涉足微博。同时微博的市场前景很看好，目前市场竞争还较温和，是进入的最佳时间，这就使得各大互联网运营商都很想进入这一市场，因此对现有竞争者的威胁会很大。

目前来说对微博现有市场参与者最具威胁的是那些与微博有着密切联系的SNS服务提供商。他们已经积累了一些运营经验，拥有了一定用户群体，进入微博领域是有着非常大的竞争优势。诸如人人网这样具有雄厚实力的SNS网站已经将微博的功能融入到SNS中，为广大用户提供的状态更新功能，方便用户即时分享和获取最新的信息，字数的上限也是140字，可以说这已经是微博的形态，只是它没有将微博独立出来，形成一个产品而已——但不可否认，这已经对既有的微博市场参与者形成了威胁。

同时也不可忽视电子商务网站的威胁。根据DCCI的2010微博与社区调查数据显示微博用户希望增加的新功能中，电子商务的比例高达36.1%，排在第三位。可见电子商务网站进军微博市场将会得到广泛的认可，已经具备了一定的用户基础。事实上，一些电子商务网站已经发展了较为成熟的社区，培育了一批较为忠诚的用户群体，并形成了各自独特的社区文化，用户粘性强。淘宝的淘江湖、网易的社区等都有类似发布即时信息的功能，如果能够有效结合电子商务这个平台可能可以开发出具有创新性的微博产品，同时能够植入更多的盈利模式，因此电子商务网站的威胁不可小觑。

可以看出，微博市场的潜在进入者类型较多，实力雄厚而且各具特色，并且有着独特的资源优势，具备一定开发差异化微博产品的实力，因此这些潜在的进入者威胁性是较大的；但是随着时间的推移，现有竞争者培育的微博市场逐步成熟，推出差异化微博产品，用户粘性得到进一步增强，在各自分众化领域形成一定优势，潜在进入者的威胁力有下降的趋势。

第三章 微博的中国本土化实践

购买者

中国国内微博的使用者主要是大学生群体和白领阶层,而目前来说微博都是免费使用,也就不存在购买者的讨价还价之论。中国微博用户年轻化、个性化、随意性等特征,增加了微博运营商满足其需求的难度,尤其是大学生这样年轻化的群体,有着自己特殊的喜好与需求,求新求时尚,对于新事物有着天然的追求,因此这个特殊的群体对于某一微博的忠诚度并不高,尤其是中国国内微博时值兴起之期,变化性较大,中国国内微博的市场结构并不稳定,因此满足这些特定群体的需求将是取胜之道,同时市场竞争也必将非常激烈。

替代品

微博的一大替代品是SNS社区。微博的功能可以轻易嵌入到SNS社区中,事实上中国一些知名的SNS社区已经在尝试这种方式了,诸如前文提到的人人网个人状态的即时更新。更多的SNS网站虽然没有明确提出微博的发展策略,但潜在的竞争威胁不可小觑。即时通信工具(Instant Massager)是微博另一个强有力的替代品,IM的心情或是个性签名与微博具有相同的特征;IM不仅拥有天然技术的平台,还有着庞大的稳定用户群体,这类软件同样可以满足用户随时随地分享、获取信息的需求。3G技术的逐步成熟也为替代品的衍生提供了技术便利,使得替代品更加切合微博即时发布的特性。因此这类的替代品具有很大的威胁性。

现有竞争者

目前中国国内主要的微博竞争者有新浪、网易等五大门户网站、聚友、同学网、139、i贴吧等。

门户网站发力微博有着得天独厚的优势:门户网站拥有雄厚的资金、巨大的用户量、丰富的资源、专业的技术研究团队、海量的内容等。微博已经成为互联网发展的一个战略高地,俨然成为门户网站不可或缺的标配。

微博—一种新传播形态的考察
影响力模型和社会性应用

新浪依旧沿袭着博客的名人路线，从推出微博之初就一直致力于将IT行业人士、演艺界名人、媒体、企业家等一批具有影响力与号召力的名人、名企网罗到新浪微博，以名人相关内容造成轰动效应，大量吸聚用户，目前新浪微博注册用户已经超过2000万；[1]凤凰走的是以SNS为核心，在媒体属性上加强更多服务的路线，通过特色功能的开发，增进用户的交互体验，引领微博用户需求，"同城"及"小组"功能就是相当具有代表性的功能。网易则致力于"让有价值的用户发布有价值的内容"，最大化实现用户、信息的互通。值得一提的是网易微博更加强调转发及信息的传递。他们认为微博的根本是有效信息的传递，因此没有做单条信息与评论的区分，这是一种非常有效的强调微博的设计，更加突显出用户与信息的互通。腾讯则通过无缝集成QQ即时通信平台，通过引导既有的大规模QQ用户，最大化地挖掘潜在微博用户。而搜狐微博正在尝试打通搜狐各产品线，如博客、社区、搜狐焦点、校友录等产品，试图进一步发挥搜狐的矩阵优势，将各部分内容联动，提升用户体验，最大化方便用户，从而形成自身对用户的独特吸聚力。[2]

中国国内微博的发展处于初期阶段，发展时间普通较短，并未形成一支独大或寡头垄断的局面。微博的市场呈现出百家争鸣的盛况。除了新进者——门户网站鏖战微博之外，其他市场先进入者也正凭借自身独特的优势，满足分众化的特殊需要，在市场上占据了一席之地。

2009年5月，聚友网决定在中国运营一个独立的微博客网站9911，走的是泛娱乐化战略，目前用户有70%在中国的一、二线城市，还有15%的

---

[1] 参见 新浪微博用户超2千万 35%内容来自手机发布，http://news.xinhuanet.com/eworld/2010-08/06/c_12417108.htm

[2] 凡晓芝，李华，门户微博不得不战，http://www.ccw.com.cn/weekly/news/hottopics/htm2010/20100426_858024.shtml

第三章 微博的中国本土化实践

用户来自海外,年纪大多在22~32岁,他们喜欢展示自我,习惯于分享旅行见闻和美食。[1] "139说客"是中国移动推出的服务型社会网络,它于5月20日在广东率先上线。2009年8月,"139说客"开始转型为微博客网站。据139移动互联内部人士透露,139说客在短短3个月的时间里用户数已迅速突破了1500万。[2] 139说客最大的用户群是原本拥有的海量移动客户,核心群体主要是大量年轻客户。2009年5月同学网宣布正式进军微博客领域,已有用户中60%为大学生,40%的用户是白领。

无论是门户网站还是聚友、同学网等,这些竞争者普遍实力雄厚,运营经验丰富,都有着其独特的优势,不过微博在中国国内刚刚起步,市场还不成熟,盈利模式仍然不清晰,已进入的竞争者仍处于探索阶段,还未形成自己的核心竞争力,目前还处于对用户的争夺、寻找合适的商业模式和努力打造自己的核心竞争力的阶段。然而市场培育过后,便是产品整合、创新及差异化服务的竞争,因此可以预计未来的竞争是相当激烈的。

通过以上分析可见供应商的讨价还价能力相对较弱,但有上升的趋势;而购买者讨价还价能力很低;将有大量潜在进入者进入微博领域,造成较大的威胁;替代品威胁较大;虽然目前现有竞争者之间竞争还较温和,但是激烈的行业竞争趋势清晰可见。

② 差异化竞争:本土微博的市场表现

我们选取目前中国微博市场上有代表性的4家微博:新浪微博、聚友

---

[1] 张晓洁,《IT经理世界杂志》,门户鏖战"围脖",http://www.chinavalue.net/Media/Article.aspx?ArticleId=48911&PageId=2

[2] 移动圈地互联网 139说客用户达1500万,http://www.pcpop.com/doc/0/474/474735.shtml

微博、同学网微博、139说客,以SWOT矩阵进行竞争态势分析。具体的分析指标如表1:

表1 微博SWOT分析因素及指标

SWOT分析因素		SWOT分析因素指标
内部因素		内容、用户、技术、营销、盈利、资本、人力
外部因素	共性因素	进入壁垒、技术平台、潜在进入威胁、用户需求、替代产品、市场情况、竞争程度
	差异因素	政策、最具威胁竞争者

微博主要竞争者SWOT矩阵分析如表2所示:

表2 微博主要竞争者SWOT矩阵分析

	优 势	劣 势	机 会	威 胁
新浪微博	1. 拥有海量的信息和用户 2. 内容监管经验丰富 3. 新浪对微博的资金、人力支持 4. 名人营销聚集了大量人气 5. 品牌优势突出	1. 海量信息分散用户注意力,弱化用户粘性 2. 明星用户关注度高而影响力小,发布的信息难以转换为有价值的内容 3. 发布内容的延伸与深度开发程度较低 4. 企业营销信息过多,引发用户抵触情绪 5. 活动营销较少	1. 微博市场不太成熟,竞争比较温和 2. 3G技术支持 3. 进入壁垒低 4. 用户需求旺盛	1. 中国国内微博大多采用名人明星路线争夺用户市场 2. 腾讯拥有大量粘性极强的用户,是新浪微博最具威胁竞争者 3. 实力雄厚门户网站的竞争压力及即时通讯工具和博客等的替代性
聚友微博	1. 娱乐音乐差异化的定位 2. 聚友SNS网站的成熟用户群体	1. 内容产品不够丰富,缺少增值业务的开发	1. 微博市场不太成熟,竞争比较温和	1. 即时通讯工具、博客等的替代性

第三章 微博的中国本土化实践

（续表）

	优 势	劣 势	机 会	威 胁
聚友微博	3．聚友SNS网站聚集了大量音乐人，为聚友微博的泛娱乐化及音乐定位提供基础 4．快女俱乐部的建立为其营销提供数据库和差异化营销 5．背靠新闻集团，资金方面较有保证 6．开放的API，可以与国内外知名微博互联互通	2．音乐信息覆盖有限的分众化群体，用户粘性弱 3．内容监管弱 4．盈利模式不清晰 5．知名度不足	2．3G技术支持 3．进入壁垒低	2．门户网站的威胁 3．贴有外资标签，受政府规制影响较大 4．中国国内微博大都采取娱乐现行的发展策略，对聚友微博的泛娱乐化战略形成冲击
同学网	1．庞大的用户基数，精准用户定位 2．社区运营的成功经验 3．管理团队构建合理，切合度高	1．高层管理者变动，原有特色营销渠道优势丧失 2．盈利模式不清晰 3．内容产品特色不足 4．资本后备不足	1．中国国内微博市场刚起步，不太成熟，竞争较温和 2．进入壁垒低 3．3G技术的成熟，为微博带来的更广阔的发展空间 4．实名制及娱乐路线，受政府监管弱	1．最具威胁者：人人网这类用户群体定位相似的网站 2．进入壁垒低，潜在竞争威胁大，可替代性强
139说客	1．依托移动的相关衍生产品 2．海量移动用户	1．违背了互联网互联互通的原则，是一个封闭的圈子。如何跳出框架，不把139说客做成另一个手机飞信	1．国企背景对政策性风险的抵御力强	1．同为运营商的联通与电信，有很多共同的优势，是其最具威胁竞争者

（续表）

	优 势	劣 势	机 会	威 胁
139说客	3．中国移动技术通道，电脑与手机的结合；移动3G技术支持；实名监管 4．中国移动强大资金后盾；低廉的短信费用优势 5．依托中国移动的强大品牌优势，进行事件和活动营销；手机用户通讯录关系营销，方便快捷 6．精准营销作为其盈利模式之一，高效利用微博资源 7．CEO有很强的从业背景	2．只支持中国移动用户，用户规模受限；用户定位不准确（到底是高端还是年轻人） 3．营销：名人路线过于单一，只有娱乐界人士参与 4．电子商务作为其赢利模式之一，实现难度较大	2．与门户网站基本无重合性，因此门户网站对其竞争威胁很低 3．中国国内微博市场刚起步，不太成熟，竞争较温和 4．进入壁垒低 5．3G技术的成熟，为微博带来的更广阔的发展空间	2．进入壁垒低，潜在竞争威胁大，可替代性强

 中国国内微博与Twitter发展模式对比

发展战略对比 （见表3）

表3 各微博的发展战略对比

	战略对比分析
新浪微博	综合性信息平台+泛名人路线
聚友网微博9911	打造垂直娱乐平台+泛娱乐化战略
同学网微博	即时社交网络+娱乐化、草根化
139说客	基于真实社会关系网络的即时沟通
Twitter	由全球用户支持的实时信息网络

第三章 微博的中国本土化实践

可以看出,各个微博的发展战略各有所侧重,也都是结合了自身的优势,力求做出差异化的微博产品,尽量避免同质化竞争。

新浪在成功运营博客的经验基础上,沿用了博客的名人战略,借助名人博客的高端用户资源来提升新浪微博的产品定位。近期随着新浪微博用户规模的扩大以及其他领域知名人士的加入,新浪微博开放之初话题偏向"娱乐休闲类"的单一呈现方式有所改变,话题更加多元和丰富,呈现出较为多样和深厚的社会关怀。同时,新浪作为新闻门户网站,在新闻信息的发布和引导上有着独特的内容优势。新浪通过向微博用户发布新闻短资讯提高用户的转载和评论,形成新浪内容产品的联动效应,发挥了新浪作为优势新闻门户网站的编辑团队优势和舆论影响力。长远来看,新浪微博完全有潜力发展成为综合性信息平台。

聚友网经历了高层人事变动之后,新任CEO魏来表示聚友网未来的发展方向是"打造垂直的娱乐平台",明确了聚友网的泛娱乐化战略。[1] 聚友网这一战略根植于MySpace在美国本土主打音乐娱乐的路线。聚友网微博9911也在泛娱乐化的发展战略下,借助其音乐产品的强大影响力,吸引了大批明星、音乐人的进驻。

同学网具有丰富的SNS社区运营经验,转型进入微博客领域后,走的是"即时社交网络和草根化、娱乐化"道路,将原有应用结构扩展为:即时信息+SNS模式。前期通过产品的引导与宣传策略培养草根意见领袖,放大化其影响力;并引入明星频道,通过娱乐化的媒体吸引更多的用户加入到消息更新和话题讨论中。在产品设计方面,同学网则将SNS网站中的内容产品移植到微博,除一般投票、礼物、停车大战、朋友买卖等校园SNS常有的功能外,推出了音乐、视频分享、秘密分享、同学抢沙发、姓名缘

---

[1] 赵妍,聚友网:行走在"泛娱乐"的大道上
http://news.ccw.com.cn/internet/htm2009/20091228_840380.shtml

微博——一种新传播形态的考察
影响力模型和社会性应用

分等与校园生活更为密切的组件功能；与《热血三国》、《明朝时代》等专业的游戏厂商合作，创造了网页游戏与SNS网站的新融合，突出了同学网的娱乐功能。

139拥有得天独厚的技术平台优势及丰富的移动用户群体，以微博为中介实现网络运营商与服务提供商二者的结合。139说客的战略核心是"真实互联，即时互动"。[1]用户以手机号码作为真实身份注册，将现实生活中真实的人际网络平移到网络上，实现微博即时通信和真人人际关系的维护。

相对于中国微博，微博的先行者Twitter的发展战略则更为简单专注。Twitter联合创始人比兹·斯通表示，Twitter致力于提供一个由全球各地的用户所支持的实时信息网络，以帮助用户挖掘并分享新闻。Twitter网站自身不提供过多的功能，其核心功能仍然是描述你在干什么，字数不超过140个字符（作为开放平台，Twitter通过超过5万个第三方应用软件实现对用户需求的满足）。简单专注，这似乎值得国内互联网企业管理者和产品设计者学习。

综合来看，虽然国内竞争者们采取了不同的发展战略，但是注重用户体验都是他们当前工作的重中之中，而各自的成败与否也将首先建立在用户对他们产品使用体验满意程度的基础上，之后将在各自差异化优势层面展开激烈的竞争；同时不可回避地都有走娱乐化路线的倾向，一方面是迎合这个时代用户对娱乐的需要，另一方面也有助于避免政策风险。

用户对比

根据RJMetrics的调查数据，到2009年底之前，Twitter的独立用户量达7500万，其中活跃用户数量约在1000万–15000万之间。而根据微博客网站

---

[1] 139说客：真实互联解决"真实问题"

http://www.enet.com.cn/article/2010/0528/A20100528661937.shtml

第三章 微博的中国本土化实践

Twitter高管埃文·威廉姆斯（Evan Williams）9月在微博中表示截止到2010年9月Twitter用户数已达1.45亿。[1]市场研究公司尼尔森Nielsen的调查显示，社交网站Twitter的用户主要来自年龄在20岁至50岁之间的上班族，并且普遍将其当作商业工具使用。comScore 2009年4月份调查结果显示，中年人是推动Twitter发展的主要动力，实际上是25-54岁这一人群推动Twitter的发展，更确切地说是45-54岁的人群，他们访问Twitter比平均数超过36%，是访问Twitter最高的一组人群。紧接的是25-34这一组，超过平均数30%。[2]

与Twitter的用户偏年长化相比，中国国内微博抓住的是年轻群体（见表4）。139说客首页右下角设有一个2009级大一新生专设入口，这个入口也反映了139社区的年轻用户定位。聚友的独特音乐平台吸引的受众也主要集中在22-32岁中间。同学网其目标受众是高校学生。

表4 各微博的用户对比

	开放时间	用户数量[3]	当前用户主要分布地区	当前主要用户人群	用户主要用途	是否实名
新浪	2009.8内测	5000万	发达城市	名人、草根（年轻）、公司机构	名人发布，草根转载与原创	部分实名（明星认证）
聚友	2009.5	100万左右	中国国内一、二线城市（70%），海外（15%）	名人、草根（22~32）、公司机构	分享、评论、创作音乐	否

---

[1] Twitter用户数达1.45亿，http://www.techweb.com.cn/news/2010-09-04/675563.shtml

[2] 另据Pew Research Center的研究数据，2009年第三季度以来，Twitter用户中，青年群体的数量有较快增长。

[3] 用户数量根据各微博运营商的最新公开资料统计。

微博 一种新传播形态的考察
影响力模型和社会性应用

（续表）

	开放时间	用户数量	当前用户主要分布地区	当前主要用户人群	用户主要用途	是否实名
同学网	2009.5	2000万	北上广三地（42%），其他省市（43%），海外15%	高校学生（61.3%），白领（39.7%）	同学沟通	是
139说客	2009.5	1500万，日均活跃用户50万	发达城市	中国移动用户（年轻客户），明星，少量公司机构	朋友联系	是
Twitter	2006年	1.45亿	海外一、二线城市	上班族（20~50岁）、公司机构、名人	实时交流与获得信息、业务接触	部分实名（明星认证）

技术管理对比

中国国内外微博在技术方面主要有两方面的区别：技术支持和审查机制。

在技术支持方面，区别其实是网站是否支持API。开放API（Open API）是SaaS（Software as a Service，软件即服务）模式下常见的一种应用，网站的服务商将自己的网站服务封装成一系列API（Application Programming Interface，应用编程接口）开放出去，供第三方开发者使用，这种行为就叫做开放网站的API，所开放的API就被称作Open API（开放API）。[1] 网站提供开放平台的API后，可以吸引一些第三方的开发人员在该平台上开发商业应用，可以为用户提供更多的功能性应用。

---

[1] Twitter和开放API，http://www.biodic.cn/class.asp?classid=100&p

第三章 微博的中国本土化实践

Twitter的经验表明，一个开放的平台能够不断满足用户对网络应用的多层次需求，从而不断提升用户的体验，增强用户粘性。目前，Twitter的各种应用软件已达5万个。国内除了新浪微博，大多数微博客均陆续开放API，开发了多种客户端。如聚友微博开发了9911客户端产品，用户可以用电脑、桌面客户端、手机、短信、MSN机器人等多种方式收发信息，近期开始提供Android版客户端下载，并增加了将9911微博同步到Twitter、Googlebuzz、Friendfeed、新浪、搜狐等国内外知名微博；同学网有同学精灵PC平台客户端、手机客户端，用户可以通过手机WAP、MSN、GTalk机器人进行访问；嘀咕网，开发了手机客户端嘀咕火兔，可通过MSN机器人、GTalk机器人访问，"滴神"插件允许用户通过QQ空间、新浪博客、SNS网站、火狐等其他网站同步嘀咕信息。

在审查机制方面，主要是基于中国国内外网络监管机制的不同，因此区别也较大，对中国国内微博来说，甚至关乎其生存与否。新浪微博的审查机制更是上升到战略地位，用户发布的信息会被监控，同学网微博和139说客均为实名制的，因此在内容方面的"过界"风险较匿名发表信息的微博网站为小。Twitter在内容审核方面比较宽泛，通常不会审查用户的信息，但对于散播广告的用户会进行删除。

此外，139说客由于与移动运营商的关联，在短信互动上有其独特的通道优势：在中国国内，其他互联网企业都不可能做到大规模的短信发送，原因主要是费用问题，按照业内群发短信每条5分钱计算，如果一个热门人员，follow他的用户是1000，那么他每发一条短信就是50元。这个费用任何一个网站都是承受不起的，而中国移动显然在资费结算方面具有优势。

营销路线对比

在扩大知名度、吸引用户的市场推广和营销方面，Twitter的起步之初就是借助了SXSW音乐节的事件营销，随后奥普拉、奥巴马等名人的推动作用也促成了Twitter用户规模的快速增加。由于中国国内外用户的网络产品使用习惯不同，中国国内微博在营销方式方面使用的途径方法更加丰富（见表5）：

表5 各微博的营销路线及营销方式对比

微博名称	营销路线		营销方式						
	名人路线	草根路线	事件营销	活动营销	游戏营销	产业协同营销	关系营销	品牌营销	数据库营销
新浪微博	✓		✓	✓		✓		✓	✓
9911微博	✓								✓
同学网微博	✓	✓	✓	✓			✓		
139说客	✓				✓		✓	✓	
Twitter			✓	✓	✓				

此处以聚友微博和139说客为例具体加以说明。

聚友微博主要通过活动策划，以及通过自己的娱乐平台所建立起来的明星网络，利用一些娱乐事件和明星进行营销。聚友网举办了"微小说"微博客大赛，加深用户同产品之间的体验；借势2009年快乐女生比赛，天娱传媒在9911上建立快女俱乐部，吸引了8万多独立注册用户，这部分用户中有至少1万个会员愿意缴纳会员费从而获得与偶像进行互动的机会。针对这部分忠实用户最有可能进一步开展数据库营销。

依托中国移动的强势品牌力量以及渠道、用户等资源，139说客也采取了多种营销策略：

首先在关系营销方面，139说客实行手机捆绑，建立强关联的实名网络关系。139充分利用中国移动的客户资源，采取独特的推广模式——即从用户手机通讯录导入好友，利用已有的客户号码资源将现实生活中的实体性社交网络平滑移植到互联网上。139说客实现了个人通讯网络和手机

第三章 微博的中国本土化实践

的捆绑，让个人的社交网络全面深入地与手机电话本结合在一起。用户只要一登录www.139.com，就会显示"你的好友，谁在139？"。139说客设有"关系雷达"，为用户提供快速寻找、建立和拓展联系人关系的有效工具，并为客户提供关系分析功能，通过雷达视图就可直接展示用户和联系人间的联系频密程度。[1]

在名人路线方面，开设与名人的互动专区，迅速聚集人气。139社区专门开辟了"人气说客"的专栏，里面包含了"张峻宁""吴克群""郭德纲"等明星的说客。

在游戏营销方面，139说客通过高粘度的娱乐应用，来提高用户的粘性。139说客的各类应用和Web game并不逊色。在游戏频道的推荐里，一色都是最流行的Web game：快乐农夫原型是"开心农场"、容光医院的原型是"主题医院"、超级争车位的原型是"抢车位"。9款游戏中，7款是第三方公司开发的，而"游戏中心"和"送礼物"两个游戏是139自主研发的。

在活动营销方面，依托中国移动的诸多品牌，比如动感地带、全球通等，139开展了一些活动营销。例如139说客和中国移动"动感地带"品牌，联合推出 "12.26 广州·潘玮柏歌友会助手招募活动"，活动的招募对象限在校学生、同时需是中国移动广东公司的动感地带客户，入选标准是在活动期间"说客发布条数＋说客被回复条数"最多的前5名用户。通过这种联合营销的活动，139说客不断壮大自己的客户群。此外，在139主页上还专门有一个"短彩"板块，为了扩大影响力，139短彩每周会发布至少一个短信征集任务，优胜者可获得最多500元的现金大奖。通过这种活动方式，一方面吸引了新的用户群，另一方面，也增加了用户的忠诚度。

在产业协同营销上，139说客发挥中国移动运营商的优势，与手机终

---

[1] "139说客"打造移动互联网家园，http://www.c114.net/news/552/a463555.html

端厂商进行协商,嵌入定制服务,这是产业协同的营销模式。139说客通过与手机终端进行合作,充分利用终端厂商的品牌优势,对于扩大139说客的影响力具有很大的促进作用。

目前,如何在尽可能短的时间内聚拢更多的人气是微博网站所关心的重点问题。各个微博网站都在依靠各自的优势来争取用户,争取在中国国内微博市场"跑马圈地"的时期占有最大的市场份额。

④ 微博本土应用的推动力

微博从2007年引入中国到现在才经历了三年的发展阶段,在这三年中,不断有新的进入者出现,但都处于复制和摸索阶段。DCCI互联网数据中心的研究报告《中美微博客现状对比与商业模式分析》根据Hype Cycle(炒作周期)模型预测,微博将经历从"起步阶段——市场预期快速膨胀——预期低谷——市场理性定位——稳步发展"的过程(见图3),这个过程伴随着产品的创新和推广应用。

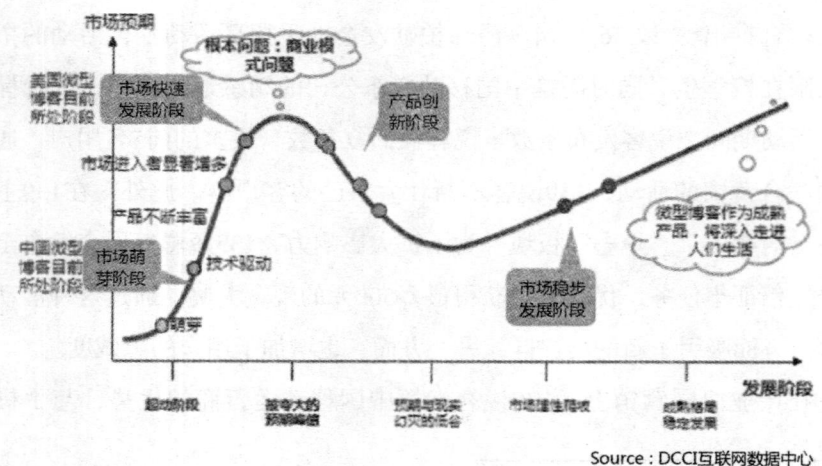

图3 微博发展周期

第三章 微博的中国本土化实践

根据中国微博目前的发展现状,尽管微博竞争者市场的集中度较低,市场进入门槛不高,并且微博用户中存在相当比例的微博兼用用户,但国内微博市场已经进入了一个快速发展的轨道,正在经历产品创新的本土化过程。对于未来的发展,虽然面临着微博作为新型Web2.0产品新鲜感的消退和微博市场推广事件营销、名人战略等拉动作用的日趋乏力,以及盈利模式和政策规制的不确定性等种种问题,但基于对如下推动力量的分析(见图4),我们认为,微博在中国会有较为广阔的发展前景。

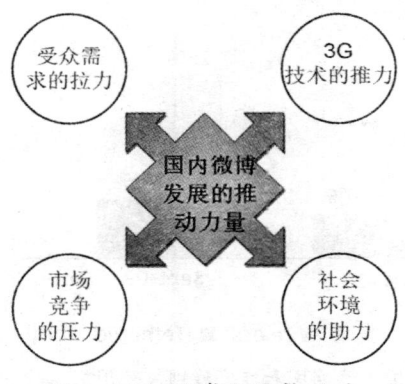

图4 国内微博发展推动力

受众需求的拉动

微博的产生,适应了人们现代化快节奏和碎片化的生活方式,降低了信息发布和获取的成本。互联网本质是逐步或者进一步降低用户进行沟通、分享、收集信息的门槛和成本,[1]而微博正是这一本质最好的诠释者。微博随时随地分享信息的特性,最大化地释放了用户随意发布信息的热情,满足了人们的表达欲和分享欲。强大的用户需求刺激了微博市场的迅速发展。可以说,微博是契合时代精神而生的媒介产品。微博用户可以

---

[1] 艾瑞 曹军波:微博是互联网发展新战略高地,htp://tech.qq.com/a/20100819/000424.htm

微博——一种新传播形态的考察
影响力模型和社会性应用

把所想、所感、所知用几句甚至一两句简短的话进行阐述。同时微博还完全具有论坛参与某一主题讨论、SNS与他人互动交流的特点等。对于那些懒得费脑子去写"长篇大论",那些时间很匆忙,那些想借一个平台发布消息的企业机构以及个人来说,微博无疑是一个最理想的平台。

3G技术的推力

微博的发展壮大要依赖于移动互联网的发展。Pew Research Center研究报告仍然发现:用无线上网的人群更倾向于使用Twitter。在美国,有25%的无线网民使用Twitter,较2008年同期增长了11%(见图5)。

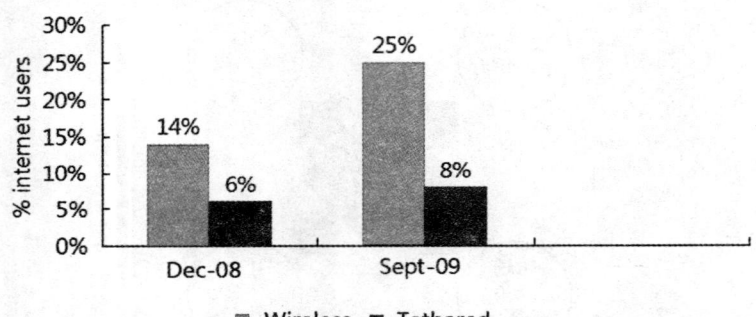

图5 美国无线网民和非无线网民使用微博的情况对比

而在2009年,移动Twitter用户的增长速度达到惊人的2800%,超过其他所有社交网站。[1] Twitter表示,将未来的增长寄希望于全球40亿手机客户。此外,微博客网站Twitter高管埃文·威廉姆斯透露,2010年4月Twitter首次发布iPhone和Android手机应用以来,Twitter移动用户数增长62%。

同样国内微博用户的增长也得益于移动3G的发展。曹国伟称,新浪微博有35%的内容来自手机发布,手机相关应用将是未来新浪微博盈利的

---

[1] 移动社交网站Facebook最流行Twitter发展最快,http://tech.qq.com/a/20100126/000467.htm

第三章 微博的中国本土化实践

主要来源。

截止2010年6月，中国使用手机上网的网民已达到2.33亿，电信全行业在网3G用户数已经达到2520万户，而工业和信息化部要求2011年3G用户数将要达到1.5亿，[1] 那么日益发展的3G技术以及快速增长的手机网民，无疑为微博的发展提供了良好的环境和充足的用户群。相关研究报告显示，随着中国国内二代网络手机在未来3-5年内进入更换的高峰期，3G手机会普遍应用，3G技术更趋完善，电信运营商对3G的运营也更细致入微。同时3G资费下调，移动互联网的快速发展，都将更有利于微博的发展。

市场竞争的压力

2009年一年，同学网、聚友、新浪等多家竞争者首先进入微博市场，此后搜狐、网易、凤凰网等实力雄厚的门户网站也相继发布微博。2010年国内微博最早的实践者饭否也重新进入市场。微博这一新兴产品是互联网发展新战略高地，正在改变着中国传播生态，没有人会忽视其日愈重要的战略地位，也成为角逐互联网市场竞争者争相抢夺的新领域。随着用户规模的不断开发和新技术的不断成熟，还会有更多的竞争者加入，共同培育微博市场，提供更加多元化、个性化的服务，在竞争中占据自己的一亩三分地。当市场竞争者显著增多之后，会促进微博进入快速发展的轨道。

社会环境的助力

随着社会的不断进步，民主化趋势增强，参与网络表达的人数会越来越多。而微博正是这样一种渠道。个人信息获取和发布能力的提高，推动了信息的自由流通，进一步消弭了前互联网社会话语权和信息传播权的中心化状态。每个个体都有可能成为影响信息传播和流动的关键节点，信息封锁和监控的成本加大，基于信息自由流通、言论自由传播的民主潮流不

---

[1] 要客观地看待3G用户数量，http://www.cww.net.cn/TComment/html/2010/7/22/2010722135412858.htm

可阻挡。因此，一方面，社会环境民主化的大趋势为微博的发展提供了契机；另一方面，微博的特性为人们的自由表达提供了渠道，因而又更加促进了社会的民主化进程。这是一个良性循环的过程。

需要指出的是，这四个方面的力量绝不是独立作用的，而是一个相互作用、有机联系的整体。微博在中国产生的时间还不长，对于很多中国人来说都还是一个新生事物，还需要一个对创新进行扩散的过程。中国微博能走多远，很大程度上依赖于微博的"市场蛋糕"能够做多大。中国微博网站现阶段所要做的，就是微博这项新产品的不断完善和推广，一方面了解更多的用户的需求特点，另一方面进行用户需求的培育，两者相辅相成，共同推动中国国内微博市场的发展。

二、微博用户需求与体验分析

用户需求与体验是完善产品性能、分析市场机会的基础，也是确定比较竞争优势、进行市场定位的重要指标。我们在新浪市场部门、技术部门和调研部门的协助下，对国内的微博用户进行了问卷调查和深度访谈，[1]并借鉴国内外研究的成果，以全面了解微博用户使用微博时的心理状态、使用习惯与使用体验，了解新浪微博同其他微博产品的比较优势、用户粘性状况以及未满足的用户需求。

我们发现，不论是个人用户还是企业用户，他们对新浪微博作为信息发布、获取平台的便捷性表示满意；这两类用户都需要新浪微博加强对信息的分类、聚合、搜索功能，以及提供个性化的功能和使用体验。对个人用户来说，他们还希望利用微博用于维系现实生活中的人际关系圈，以及用于与自己兴趣爱好相同的人形成兴趣圈，而企业用户希望新浪微博针对

---

[1] 问卷分析报告和访谈报告请见附录。

第三章 微博的中国本土化实践

企业的精准的信息推送要求、维系企业品牌形象等方面的需求进一步完善微博功能。

1 Twitter用户特征与使用体验

综合国内外有关Twitter用户的研究,我们对Twitter用户的特征、用户使用行为与使用体验有以下几个方面的结论:[1]

用户总量

Twitter用户数量继续保持增长,但增长趋势自2009年5月以来开始放缓;增长主要来自美国本土以外的国际用户和手机用户。截至到2010年11月份,Twitter注册用户数量已达1.75亿。

用户的人口统计学特征

用户性别:

女性用户数量超过男性用户,所占比例分别为53%和47%

用户年龄构成:

用户主要来自年龄在20岁至50岁之间的上班族

据comScore Media Metrix的调查,Twitter用户的整体特征是:中间年龄是31岁(MySpace是26岁,Facebook是33岁),较多住在城市;76%的Twitter用户通过手提电脑、PDA、手机无线上网,更倾向于使用移动终端获取和消费信息。另据市场研究公司尼尔森的调查显示,Twitter用户主要来自年龄在20岁至50岁之间的上班族,并且普遍将其当作商业工具使用。报告显示,25岁以下的Twitter用户只占总数的16%,35-49岁占42%,25-34岁占20%。Twitter.com对青少年这一关键群体的覆盖率为6.6%,而对

---

[1] 详细研究内容,请参见附录一

成年人的覆盖率却将近两倍（12.1%）。但2009年第三季度以来，青少年群体的增长速度较快。

用户地理分布：

用户数量分布最多的国家依次是：美国、英国、加拿大、澳大利亚

用户数量最多的城市依次为：纽约、洛杉矶、多伦多、旧金山、波士顿

亚洲地区的Twitter用户分布，用户数量最多的前三位国家是印尼、日本和印度。中国的Twitter用户数量估计超过55万。

NO	国家	占Titter用户的百分之（据Syscmos报告）	估计的用户量
1	印尼	2.34	5,616,000
2	日本	1.47	3,528,000
3	印度	0.97	2,328,000
4	新加坡	0.88	2,112,000
5	菲律宾	0.85	2,040,000
6	马来西亚	0.47	1,128,000
7	泰国	0.30	720,000
8	中国	0.23	552,000
9	韩国	0.23	552,000

用户使用行为

用户首选Twitter主页发推，大约有46%的推来自Twitter主页，其次是TweetDeck。

用户对内容的贡献符合少数人法则：

5%的用户贡献了75%的内容

85.3%的用户每天更新Twitter的次数不到一次

个人用户的活跃度与追随者数量成正比

93.6%的用户追随者数量不到100人

第三章 微博的中国本土化实践

92.4%的用户对其他用户的追随数量不到100人

在使用时间上:

一周之内,Tweet在工作日的发送量较高;用户在周二最为活跃,其次是周三与周五;

一天之内,用户最为活跃的时间为上午11点-下午3点

用户发布的微博内容分析

Tweet中最常出现的是动词。常见的动词有going、getting、watching等。使用频次居前100的词汇包括:watching、trying、listening、reading和eating,这说明用户通常会使用Twitter来报告他们日常生活中正在经历的某件事情。

Twitter用户个人页面上最常出现的关键词:

friends new loves husband old twitter zay design
time music good guy photographer wife know web zest
living live business mother fan girl lover mom
people designer things fun married work gas
student writer world college years love life
online marketing working family artist
sysomos

社会化媒体经营者Twitter页面上的常见关键词:

design pr business world seo manager specialist
branding agency music entrepreneur writer student blogger
investment tech digital marketing working internet
advertising professional university relations
development love lover online technology title work creative
communications enthusiast new brand marketer
consultant web public
sysomos

微博——一种新传播形态的考察
影响力模型和社会性应用

用户类型

主要分为三种类型：

信息分享型（information-sharing）

信息探求型（information-seeking）

友情关系型（friendship-wise relationship）

用户社群分析

尽管Twitter没有专门聚合用户的功能设计，但是，Twitter用户基于话题讨论形成了社群(Community)，主要发现有：

① 几乎任何一个话题都能让Twitter用户形成社群。容易形成社群的话题包括儿童图书、休闲音乐、继父母、律师、国家政治活动、重大城市事件等等。

② 社群密度越高，用户感兴趣的话题越特定。对于一个由母亲组成的紧密社群来说，她们可能只对儿童图书这个话题感兴趣，而对于一个并不由特定的用户组成的松散社群而言，他们可能会对美国的各种政治问题感兴趣。

③ Twitter社区朝着"可管理性"的趋势迈进。

Twitter的中文用户认为，相对于国内任何一家微博来说，Twitter的言论环境最为宽松自由；Twitter的用户群层次较高，信息丰富；阻碍使用的因素主要是："翻墙"带来的技术门槛，而Twitter的中文简易版又不具足够的吸引力。

② 新浪微博用户的特征与使用体验

——新浪微博用户的整体素质较高

新浪微博是一个高收入、高学历群体聚集的网络环境，具有很大的发展潜力。新浪微博用户对互联网较为熟悉,是网络依赖性和使用度较重的用户。

——新浪微博用户的使用行为较为积极,部分用户已经形成了对新浪微博的媒介依赖

新浪微博用户的使用频率较高,倾向于随地登录,随时刷新,这部分积极使用者约占总用户人数的88%。手机是用户发布、访问微博的一个主要媒介。

——以"行为忠诚度"和"情感忠诚度"为标准进行划分,新浪微博轻度、中度、重度用户的人口统计学特征如下:

轻度用户:在性别上更偏重于男性用户,年龄上偏向于30岁以上、18岁以下,学历上偏向于高学历(本科以上),中、高收入者较多(3000—15000)。

中度用户:性别男女分布较均衡,年龄上偏向于31—35岁之间,中低收入者较多(3000元以下)。

重度用户:在性别上更偏重于女性用户,年龄上偏向于18—30岁,学历上偏向于中低(高中),中低收入者较多(3000元以下)。

——新浪微博用户粉丝数量在100人以下的占87.1%;新浪微博关注人数在120人以下的占85.6%,两者均成长尾状分布状态

——新浪微博用户的活跃度与用户的关注人数和粉丝数成正比

用户关注的人数越多,用于浏览微博的时长越长,同时越倾向寻找与自己在共同生活圈子中的人;

用户的粉丝数量越多,用户越活跃;越倾向于成为重度用户。两者正相关。

——同用作社交工具相比,用户目前更多地将新浪微博用作获取、发布信息的独特信息渠道,并对其便捷性最为满意;但同时,用户希望将微

博用于维系现实生活中的人际关系圈,以及用于与自己兴趣爱好相同的人形成兴趣圈

——在功能的个性化、信息搜索、信息整合、建构圈子关系等方面,新浪微博有进一步挖掘的空间

③ 兼用用户的特征与使用体验

在与其他微博产品的竞争比较方面,我们发现:

——有39.1%的新浪微博用户属于兼用用户(即同时使用其他微博产品);男性、高学历、高收入的用户更倾向于成为兼用用户;兼用用户的人口统计学特征同新浪微博轻度用户的人口统计学特征相吻合;兼用用户对Twitter和同学网的相对满意度较高,对腾讯滔滔的相对满意度较低

——兼用用户对新浪的品牌认可度较高

——兼用用户认为,如果某一微博上建立了自己的关系圈子,那么放弃这一微博产品的成本就会提高

——兼用用户重视使用微博的便捷性、界面友好、顺畅的个性化的使用体验以及对信息的聚合、搜索、分类功能

④ 企业用户的使用需求与体验分析

我们在访谈中发现,企业用户的新浪微博使用行为:

——将微博作为信息平台,发布、搜索信息

活动的现场直播,发布企业/产品/活动信息,组织线上-线下活动

第三章 微博的中国本土化实践

同时了解热点话题，寻找可以与企业活动相结合的机会。

——将微博作为反馈非常及时的用户沟通渠道，维护客户关系

同客户互动来发掘客户需求，改善产品和服务；帮助客户解决售后问题。

——维护企业形象，进行企业宣传

搜索在微博客上的有关企业的信息（包括好的信息和坏的信息），针对一些问题进行回复等；参与慈善活动；把握网络话语权，增加网络环境中的曝光度。

企业用户的使用体验与评价：

——对新浪微博发布信息的便捷性较为满意

——新浪微博作为信息平台和沟通渠道能够产生积极影响

信息传播速度快，效果较好，企业用户已有的经验显示，微博有助于建立、维系良好客户关系，增加客户对企业品牌的认知和美誉度。

——新浪微博的基本功能与其他的微博客产品在功能上没有多少差别，但新浪更加注重运营，选择新浪微博的主要原因是对新浪品牌的认可和用户人气

——同其他互联网产品如博客、论坛相比，新浪微博的互动成本低，传播速度快、范围广、形式更多样、灵活；开心网可以在游戏中进行品牌植入、深层营销和推广方法有很多，但开心网对企业的收费非常高

企业用户的需求，主要集中在加强对信息的整合、搜索功能，以及提供个性化的服务方面：

——提高对用户碎片化信息的整合，提高企业进行信息推送的精准性

——为企业提供个性化服务，如企业形象识别的定制模板，"竞价"排名或根据受欢迎度排名

——开发更多的商业应用，以进行公司形象建立和产品推广

三、微博的战略构想与策略性建议

1 微博本土发展的关键问题与影响因素

基于对微博行业现状和微博用户需求的了解,我们认为目前微博市场发展中存在三个关键问题:

——进一步培育微博市场,增加用户数量,将市场蛋糕做大;

——改进微博现有功能,增加微博产品对重度用户的粘性,同时促使轻度用户转变为重度用户;

——借鉴国际经验,进一步加强对微博的商业开发应用。

在解决这三个关键问题的过程中,有三个值得高度重视的影响因素:监管风险、宕机问题以及微博商业应用对用户体验的影响。

监管风险

中央极为重视网络舆论场对民意聚集的重要作用,对网络言论的监管一直极为严格。2009年度全国政法工作电视电话会议发布的消息显示,中央将进一步收紧网络管理,QQ群和微博都是重点监控领域。各省、市、县党委和政府主要负责同志都参加了此次电视电话会议。

据悉,根据中央要求,法院、检察院、公安、司法各单位已展开具体部署,落实中央要求。例如,公安部提出,将有效整合各种资源,加强网上管控,将网警力量向县级公安机关延伸,将网上巡控触角向QQ群、微博客等管理薄弱空间延伸,提高网上发现、侦查、控制和处置能力,严防形成隐蔽性犯罪组织。

随着微博用户的增多,言论和议题的多样性,将不可避免地带来监管工作容量和难度的加大。如何将用户话题的讨论控制在政府允许的范围内,又不损害用户的积极性,这是一个需从监控技术和做好用户关系上同时需要加以重视的问题。

第三章 微博的中国本土化实践

就目前的情况来看，微博用户对社会热点问题的评论难免会指向社会发展过程中的结构性矛盾，对社会贫富差距加大、公权力的滥用、官员腐败等社会不公正现象有所怨言，微博成为他们宣泄的一个渠道。微博既承担了释放社会怨气、缓解矛盾的"解压阀"作用，同时也存在成为培养、积累某种负面情绪、态度孵化器的可能性。大量对某一议题具有共识的人群，一旦通过微博这种可以进行群体对话并快速传播信息的工具组织起来，其可能产生的能量怎么估计都不为过。

微博的传播模式决定其在突发事件中必然会成为迅速传播、扩散信息的放大器和共振器。根据传统媒体的报道经验，对县市一级的群体事件、重大灾情、疫情被很多媒体公开报道，风险性较低；对于涉及到主权完整、民族团结的突发性事件，仍然需要按照中央的统一口径进行报道。同时，突发性事件往往滋生大量流言、谣言，这也增加了内容监管的难度。

宕机问题

随着用户规模的扩展，要重视后台技术支撑不足带来的宕机问题。

根据Twitter的发展情况来看，Twitter2008年比其他社交网络经历了更多次的停机，时间总计为84个小时，至少是其竞争对手的两倍。排在第二位的是Linkedin，45.8个小时，而Facebook只有7.2个小时。与之相伴的，是Twitter核心工程师的相继辞职。

Twitter运行的不稳定给其各个方面均造成了巨大的影响：

首先是声誉受到影响，来自用户、媒体的评价多为负面评价；其次，造成了用户的流逝。一部分用户因此索性放弃Twitter，转而使用Twitter的竞争对手Friendfeed等别家微博；此外，因为黑客们攻击，Twitter成为网络犯罪新的温床，如何保护用户信息的安全受到了巨大的挑战。

Twitter发生故障主要由于两个原因：

第一是用户数量激增，服务器无法承载。

Twitter的服务器运行极不稳定，用户频频遭遇到宕机问题，这是因为

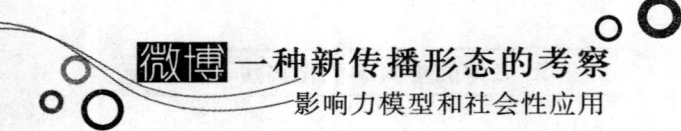
——影响力模型和社会性应用

访问量过于庞大，以至于现有的服务器无法承受造成的。

有专家认为，Twitter的辉煌是建立在其开放的应用程序接口之上，任何人都可以利用这个接口写出各种语言的程序来访问、操作Twitter，使得这个平台具有几乎无限的扩展性，而恰恰是依靠这些客户端程序，Twitter才成为最成功的Web 2.0应用之一。然而凡事有利必有弊。据统计，Twitter超过60%的访问请求来自各种客户端程序，而且还在不断增加中。这无异于对Twitter服务器不间断地、合法地攻击。Twitter也承认在网站系统的架构上存在着一些问题，他们宣称Twitter最初的架构是面向内容管理系统的而不是消息系统，这个转变过程还需要一段时间。

第二是因为Twitter本身的设计存在漏洞，遭到黑客的攻击。

Twitter在进行相关程序设计时存在着漏洞，这些漏洞被黑客抓住，利用各种病毒对网站进行攻击，造成网络的瘫痪，甚至是用户重要数据的流失。

Twitter经常遭到蠕虫病毒和DDOS式攻击，其中DDOS对其中某些用户的攻击导致了整个通信网络被切断。这是因为Twitter不像电子邮件或者整个互联网一样采用了分布式模式，由多个不同的实体通过一个公用的网络协议来运营，而是由一家公司来处理全部用户发布的简短状态。如果全球六分之一人口的聊天都由一家网站负担，这家网站必将成为恐怖分子、各国政府的目标。

目前，Twitter主要采取宕机页面的趣味设计、设立宕机查询网站这两个措施来加强用户沟通、安抚用户情绪；并寻求技术更新和支持，对网站技术本身进行升级，比如对Ruby进行了相关的优化内容，检查用户发布内容中URL的合法性等等。但是否能从根本上解决Twitter的宕机问题，仍然令人存疑。

微博的发展方向是共享的开放平台，随着API端口、用户总体规模以及访问、搜索请求的增加，后台技术是否足以支持平台的稳定性，避免

Twitter目前在技术支持上的窘境，也是需要中国微博运营商认真考量的影响因素。

避免微博商业应用的开发，对用户体验的负面影响

我们的调查显示，微博用户对微博是积极的使用者，在行为上，他们主动地利用微博寻找自己感兴趣的信息；在态度上，他们看重微博使用时的"自我体验"，对信息的有用性、信息分享交流的互动性、功能的人性化尤为看重。用户注重自己的隐私保护，但当被问及是否愿意接受企业/产品/品牌信息时，他们表示，只要信息有一定价值，是可以接受的；同时，他们对微博平台如果向"商业化"和"娱乐化"方向发展，表示了一定的异议。以新浪微博用户为例，他们在选择同新浪微博的使用感受时，一般将新浪微博视为"朋友"关系，这意味着，他们对于新浪微博的角色期待是"亲密而有间"的，他们这样看待同新浪微博的关系：这种关系是平等的，而不是被动接受的；同微博之间是温情的、互相关怀的、可以信任的，而不是功利性较强的，利用-被利用的关系。

随着微博的发展，会有更多的商业应用模式被开发出来。就企业表达的期望来看，他们希望能够利用微博提供的用户数据进行深度发掘，以利于他们的精准营销，同时，他们希望能够更多地在功能上加强同用户之间的互动，以利于品牌推广和形象塑造。

微博商业应用应该注意在用户体验和企业需求之间找到一个平衡点，避免商业应用过多、形式生硬对用户体验的负面影响。一方面，在企业用户的选择上，可以考虑有一个把关和筛选；另一方面，在对用户数据的使用和商业应用的设计上，要让用户感到是以"用户为中心"的，让用户感到选择权和主动权掌握在自己手中。同时，在内容设计上，也要注意同用户需求的契合度，让用户从被动的接受者成为主动参与信息和内容的分享和传播。

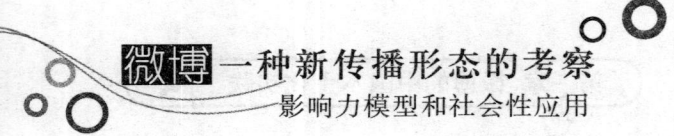

② 微博的战略构想：嵌入生活圈的综合信息服务平台

Web2.0时代碎片化的内容格局和碎片化的用户群体对媒体竞争策略提出了新的挑战。混杂的微内容来自用户的真实生活体验，富有生命力，但也需要整合与提升。如何开发Web2.0时代的微内容，媒体组织一直欠缺有效的理念牵引和具体模式。媒体发展逻辑的更新不能限于对既有模式的微调，而是要有崭新的发展理念。

我们对于Web2.0时代媒介竞争的一个基本判断是：一种媒介，只有进入到某一个圈子、某一类人群、某一种经济链条、生活链条、消费链条当中去的时候，才有更多的价值空间。

微博作为节点共享的即时信息网络，对于信息的聚合和传播，对于构建人们基于信息共享的圈子具有天然的优势。如果通过某些功能的设计达到对信息资源的深度发掘和整合，对信息资源呈现方式进行结构优化，微博产品将嵌入到人们的生活链条中去，成为辅助人们生活、消费、经营的平台，成为各种商业资源、社会资源、人脉资源、信用资源等汇流整合的中介和枢纽。

微博作为嵌入生活圈的综合信息服务平台的独特优势在于提供超本地化服务（Hype-local Service）。微博的重要功能之一是作为信息沟通渠道，为消费者的体验意见提供即时迅速的反馈，而那些社区层面的细微的生活需求、交往需求、意见形成的需求在现有的媒介体系中没有得到很好的关照和满足。微博可以对微型区域的资讯进行发布与整合，塑造出线上和线下结合、主打资讯需求"长尾"的新型服务模式。

根据这一思路，我们可以设想：

辐射特定居民区域的超市店面可以建立自己的微博客账户，实时发布商品折扣和促销信息，替代目前直邮传单形式。(事实上有些网站现在已经

第三章 微博的中国本土化实践

在收集扫描大型超市的定期促销海报。在此基础上可能会衍生出一些新业务，比如，同一商圈多家超市相同商品的比价搜索。)在促销海报之外，超市的生鲜品类每天甚至每天的不同时刻都会有不同的促销价格。通过建立和消费者的数字化沟通渠道，店面可以实时地对消费者需求进行把握，形成对供应链的有效反馈，并降低宣传成本和经营损耗。消费者可以预定特定商品价格变动或缺货补货情况，店家在降价或到货时候通知消费者。

在商业区以"电影"为主题词搜索，可以根据手机的位置信息提供附近影院的影片上映信息和实时上座情况。以此为基础可以进一步提供在线订票和支付。现有的移动搜索业务在实时性、位置感知、内容相关性等方面距离用户体验的期望都还有较大的差距。以位置感知为基础，可以形成实时的推荐名单，如附近的咖啡馆、快餐店等。

诸如此类的信息互动和共享是同用户的生活圈高度契合的。用户的信息搜索和互动会进一步丰富、扩展信息资源，不管是组织/企业对用户数据的精准化要求，还是针对用户需求进行的信息推送都有了实现的可能性，实现Web2.0时代用户协同生产内容的良性互动和价值最大化。

因此，微博为社会、为消费者和受众不仅仅是提供新的生活要素，还应该能够提供新的生活方式的可能性。对于社会生活、对于消费生活、对于时尚生活的组织和引领，从生活时尚，到社会公益，到人们消费投资等等，应该使各种资源在媒体平台上交汇并形成社会价值。这也是新浪微博发展的战略构想：嵌入生活圈的综合信息服务平台的意义所在。

③ 微博本土化发展的策略性建议

基于以上的战略构想，借鉴行业先行者的发展经验，针对微博本土化发展面临的关键问题和规避因素，同时从应对竞争者及满足用户需求的角度出发,我们对微博的发展提出以下的策略性建议。

——市场推广:依托品牌优势,重视事件营销和名人策略

要通过媒体宣传、意见领袖的口碑传播将使用微博同新鲜、流行、有益的生活方式联系在一起。

对新浪来说,可以借助已有的品牌优势,联合其他企业品牌举办推广活动或者大型公益、艺术活动合作,扩大微博的知名度;或者自主举办类似于Twitter的140字符大会这类凸显语言创造乐趣的活动,激发用户的参与度。

从用户选择新浪微博的初始动机以及Twitter起步阶段的关键事件看,名人策略在积累用户方面有着重要的推动作用。名人用户的范围可以适当扩大,发掘一些有特色或有趣的草根用户。

高学历者(大学本科及以上)、高收入(3000元以上)用户更倾向于兼用其他微博产品。微博在市场推广方面应该有针对性地进行宣传,以增强此部分用户对微博的品牌认知和品牌忠诚度。

——提高微博近用性和便捷性:开放API,加强微博同其他互联网产品、移动终端的广泛对接

微博的核心功能是即时信息的传播和分享。这也是微博的核心优势之所在。根据Twitter的经验,开放API,可以带来核心产品的丰富应用,增加微博使用的易得、易用,这也同时有利于增加用户对微博的粘性以及对信息的分类管理。

同其他互联网产品和移动终端的对接,是双赢的合作,长期来看,或能拓展新的盈利空间。

——产品功能设计:亟需强化对碎片化信息的搜索、分类和整合功能

微博即时信息服务是微博产品的核心功能。个人用户和企业用户都需要得到有价值的信息,但有价值的信息可能淹没在微博的信息海洋中,针对这一问题:

◇ 需要加强信息的搜索功能。

微博的信息量如同大海，强大的信息搜索功能可以协助用户抓到他们想要的那条鱼。微博的信息搜索可否通过跟搜索引擎的合作，改变算法，依据发布相关信息用户的粉丝数量、发布者地区属性、信息被转发了多少次、信息文本分析和情感计算等等，给出解决问题的方法。

此外，搜索功能需要满足用户的个性化需要，比如在用户能够根据某些指标，找到与自己在兴趣爱好、生活方式等方面相近的人。

◇ 加强对信息的整合、分类和呈现方式

从用户的角度，增加用户发布信息的"标签"，便于用户自己对发布信息进行分类管理。

从新浪微博的角度，进一步优化对于信息资源的呈现方式。例如：设计某些板块，呈现不同的兴趣圈、职业圈、生活圈中所讨论的热点话题；话题推荐除了推荐热门话题，针对用户的兴趣爱好、职业等推荐某些个性化话题。

——对用户的粘性设计：养成用户对微博的渠道依赖

首先，需要促成用户圈子的形成，提高用户退出微博的成本。

不论是个人用户还是企业用户都希望能够合理地形成、管理自己的关注圈和粉丝圈。

通过加强信息的搜索功能、呈现结构，降低用户形成或找到自己圈子的成本；同时，提供对粉丝圈进行分类、管理的功能。个人用户可以对现实生活中的熟人圈和网上形成的兴趣圈加以区隔，并能控制不同圈子能否看到自己发布信息的权限，由此，用户才可能放心地将微博同时用于现实人际关系的维护和发展网络陌生人的关系；企业用户则需要了解更详细的用户数据库，并对目标群体进行私信群发，并能够看到流失粉丝的即时信息，以方便企业用户跟踪粉丝流失的情况和原因。

其次，信息内容发布上，增强信息发布的权威性加强同研究机构、组织、媒介合作,"培养"他们将新浪微博作为发布信息的第一渠道。

这里需要强调的一点是,信息形式最好符合微博产品的特性:短小、精干、独到,而不是这些组织的通稿摘要,或是新闻报道的导语部分。

再次,提供超本地化服务,增强信息的有用性。

建立辐射特定居民生活区域内的餐饮、娱乐、文化等信息网络,为用户的消费、生活的长尾需求提供实时服务。

——商业开发:基于用户规模和信息发掘基础上的初步探索

在用户数量达到一定规模和对碎片化信息进行深度发掘的基础上,微博可能的商业拓展空间包括:

◇ 与电信运营商短信分成

由于微博体现实时性,不少活跃用户除通过电脑发布信息之外,更乐意通过手机以短信的方式发布微博信息。这也将因此为电信运营商带来很大流量。目前用户绑定手机只需要按照运营商收费标准,向运营商付费,微博并不参与流量产生的费用分成。今后当微博强大到具有话语权的时候,或许就会与电信运营商在短信上分成。

◇ 广告分成

参照新浪博客的模式,即扣除必要的运营成本后,与微博主进行广告收入的分成。不过,由于目前微博多与手机相连,且用户对短信广告已经有着深恶痛绝的排斥心理,这使得广告是否能够成为微博网站未来稳定的收入来源存在很大的不确定性。

◇ 企业营销平台服务费用

微博聚集了公司机构,而微博成为这些公司机构宣传形象和发布产品信息的平台,在聚集了大量用户之后,可以向这些企业用户收取一定的费用。当然前提是要有比较忠诚的用户群,且这部分用户群对企业而言和目标消费群特征比较符合。

第三章 微博的中国本土化实践

◇ 数据增值服务

在对用户数据和信息进行发掘、聚合的基础上，给产品供应商提供相应的用户数据、用户查询和分析报告等。

从聚友网提供的数据看，2009年6月，天娱传媒在9911上建立的快女俱乐部获得的8万多独立注册用户中，最重要的是这部分用户形成的数据库，可以帮助经纪公司找到最狂热最忠诚的歌迷，并针对他们进行更准确有效的数据库营销。比如，快女俱乐部的会员会留下身份信息和手机号码，针对他们中的VIP会员，公司还会给他们更多与偶像互动的权益，会选取其中的问题作答，参加歌迷见面活动等等。

针对个人用户的信息需求，可以探索信息推送的付费服务模式。

◇ 电子商务

微博客的盈利，也并不能孤立地看，事实上这个产品只有融入更大的综合平台上，才能爆发出巨大的商业价值。因为任何商品在微博客上形成号召力，都可能转变成为现实的购买，微博客与电子商务就可以进行一定的结合，比如销售唱片、图书等产品，进行在线支付等等。

◇ 延伸产品开发

新浪微博的一些人气用户发布的信息聚集了大量的"粉丝"，可以考虑对人气用户的微博内容进行进一步商业开发。9911上大热的沈诗棋既是一位白领写手，又是一位专业模特。从10月14日开始，沈诗棋通过9911微博客连载小说《80后围城》，这部连载小说还可能被改编成又一部展现80后生活状态的电视剧。

第四章 微博市场调研报告

一、微博用户深度访谈

为全面了解微博用户使用微博时的心理状态、使用习惯与使用体验,分析各种微博的优劣势所在,我们在2009年12月11日到12月14日期间对新浪微博个人用户、新浪微博企业用户、其他微博个人用户进行了深度访谈,以此了解新浪微博的比较优势、用户粘性状况以及未满足的用户需求。

❶ 研究基本情况介绍

研究方法

我们采取深度访谈的研究方法,访谈采用半结构式,我们针对个人用户与企业用户分别设计了访谈提纲、访谈问卷,同时在访谈过程中我们也根据受访者对具体问题的回答进行追问与扩展。

在访谈中我们采取二对一的访谈方式,由一名研究者主要提问,一名负责补充提问并记录受访者在访谈时的表现和访谈中的关键问题。此外我们对访谈的全过程进行了录音,访谈结束后通过对录音资料的整理和访谈记录拟写访谈报告,以保证访谈报告的客观性、真实性,完整体现受访的微博用户的真实表达。

研究对象分类与选取

由于本研究试图了解微博用户的使用行为与使用体验,因此我们选择使用微博时间较长和较为频繁的用户作为访谈对象。我们将访谈对象分为三类：

◇ 新浪微博用户

我们的用户选取标准为使用新浪微博至少1个月以上，最近一周内每天发布一条微博，微博总数超过100条，拥有较多的粉丝（100人以上）。最后我们根据新浪提供的用户手机号码选择了新浪微博的受访者。

◇ 其他微博用户

为了全面了解微博用户整体的使用状况与新浪微博用户的使用体验与需求形成对比我们选取了一组其他微博用户（除新浪微博外还使用其他微博的用户）进行访谈。选择标准是至少使用过2种以上的微博，使用微博时间较长并且较为活跃。

◇ 企业用户

根据新浪的推荐，我们访谈了凡客诚品与福特公司，其中福特公司是由公关公司运营。

最终我们访谈的个人用户整体情况如下：

性别：4名女性，3名男性。

年龄：7名受访者年龄均在20-29岁区间。

学历：4名受访者为大学本科学历，1名为双学位，2名为硕士学位。

职业：6位受访者为上班族，主要职业类型为IT和媒体网络设计相关的行业，2位为学生，一名男性为大四在校学生，同时也在一家IT企业实习。

虽然访谈抽样的职业类型并不具代表性，但从我们做过的针对新浪微博50名用户的内容分析也可以发现多数微博使用者为媒体从业者，这从一定程度上也体现了微博在整个网络中的认知度和用户类型还有待扩展。

收入：过去一个月，可支配的收入金额，6位受访者在5000-9999元之间，3位受访者的收入金额在3000-4999元之间，一位是在1000元以下（在

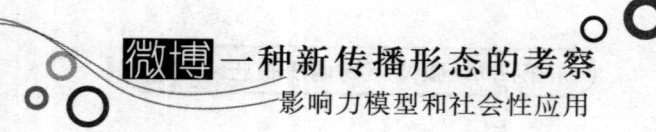

校学生)。

互联网接触史:互联网使用时间多为 8-10年间,由于受访者的职业(专业)的原因,有些受访者其每天使用互联网的时间达到了12小时,另一部分基本上每天3小时左右。

使用过的微博:Twitter、饭否、叽歪、嘀咕、新浪微博。

这其中,使用时间最久的微博:Twitter、叽歪和嘀咕,受访者最满意的微博客中,嘀咕、twitter、叽歪选择者较多。

❷ 微博用户使用动机、体验与评价分析

我们对新浪微博用户和其他微博用户进行了深入的访谈,我们可以把一个用户使用微博的心理和行为过程分为如下流程:

Attention 注意——Interest 兴趣——Search 搜索——Action 行动——Share 分享

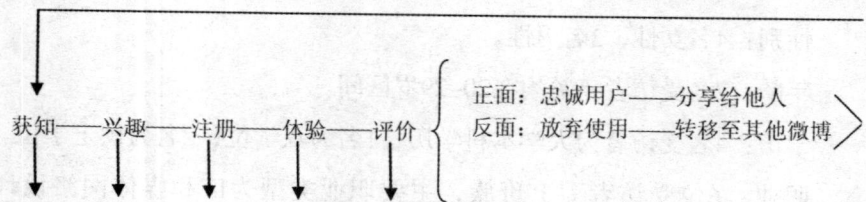

按照上述流程,一个普通的网络使用者成为一个微博的忠诚用户要经历获知、兴趣、注册、体验、评价等一系列流程,任何一个环节发生问题都会导致微博用户在中途流失。因此在本次访谈中,针对个人用户我们主要从:

（1）用户的使用动机（获知、兴趣、注册）

（2）用户的使用体验（使用行为、使用体验、需求满足）

（3）用户的使用评价（满意度、各微博间比较）

三个角度进行问题设计执行访谈，以寻找吸引用户使用微博的原因、微博对用户而言独特的功能和价值以及维系新浪微博用户忠诚度的方式。

综合整体的访谈情况，针对新浪微博的改进和提升我们总结如下：

微博用户使用动机分析

此部分主要对微博用户使用微博的途径以及最初使用微博的动机进行了访问调查。路径和渠道依赖导致用户最初选择的微博成为今后习惯使用的微博，因此了解用户最初注册微博的途径、原因和动机对新浪微博扩大宣传、吸引用户十分必要。

◇ 获知微博因素分析

品牌效应 炒作 名人效应 与其他媒体联动

首先新浪微博在获知因素方面有很大的名牌优势，新浪作为门户网站的知名度也是许多用户选择新浪微博的原因，如一位用户的访谈中提到"（新浪门户对新浪微博）有很好的促进作用，一定的。如果不是新浪，饭否是不会像新浪微博这样用户群扩展这么快的。新浪用户的平台基础在那。说新浪大家都知道，说饭否、叽歪，可能大家会愣住，什么饭否啊。品牌的认知程度还是挺大的。比如Google说要开一个微博，肯定第二天就挤爆了，账号都分不到了。"因此在新浪微博宣传时利用其本有的庞大的用户群体十分必要。

但是微博作为一种新的媒介产品还需要加强宣传力度，一位用户表示"新浪刚开始出来时，我也去注册了，它炒得很热"，适当的宣传是扩大认知的部分。另一方面硬性的宣传必不可少，但是软性的与其他媒体的内容流动式宣传也能起到意想不到的效具。一位新浪微博用户谈到"在论坛上看到有人引用网络名人在微博上的语录，因此引起了对该名人微博的兴趣，从而注册了微博以能够方便地浏览他的微博内容。"微博作为新的媒介形式还需要注重与其他媒介的联系，将内容和理念扩展到其他媒介之中。

◇ 微博兴趣因素分析

新鲜的媒介形式　碎片化信息聚合　便捷性

许多用户提到使用微博是出于好奇和新鲜好玩，是被这种全新的媒介形式所吸引，这提醒新浪微博在宣传时应该注重微博与众不同的优势。

此外短小精炼的信息形式也是引起人们关注的重要原因。一位访谈对象提到"自己建站写博客，但文章太长，自己建了个页面记录单个的句子，又觉得麻烦。看到别人使用Twitter记录的页面很整齐，就开始使用"，这说明微博这种短小精炼的碎片化写作模式减少了写作长篇文章的负担感，更满足现在人们碎片化的时间和快节奏的生活状态。

便捷的使用体验也影响用户的使用兴趣，"我这一刻我突然想说一句什么话，那我就发个微博就最好了。像博客的话，我一直在用网易博客嘛，但是会觉得写博客很麻烦，而且网易博客的登陆速度会有点慢。"在加强内容便捷优势的同时也要充分考虑到用户的使用便捷性。

◇ 微博注册动机分析

朋友推荐　口碑营销　工作、兴趣圈子

朋友是最初吸引并促使用户注册、使用新浪微博的主要原因之一。

新浪微博用户的使用者多数是通过朋友推荐使用："周围同事的推荐和使用"、"新浪新闻和朋友推荐"、"之前使用饭否，但是饭否被封，一朋友在新浪工作获得推广新浪微博任务，在朋友推荐下注册了新浪微博"，说明了人际传播在宣传和扩展用户作用及吸引用户使用方面取得了一定成效，但这种口碑营销的方式在初期可以吸引一部分用户，随着微博这一新的媒介形式为人们所熟知，必然有大量非微博用户的新鲜血液注入，趁机扩大新浪微博的知名度十分必要。

第四章 微博市场调研报告

工作与兴趣圈子吸引了新浪微博用户主动注册。

在访谈中我们采访的用户注册并使用新浪微博都带有较强的目的性,特别是已经工作的用户非常注重在微博上关注与自己的同事、上司以及同属于一个工作圈子或专业领域的人。一位用户谈到"我是出版行业的,出版行业有些名人,我们之前在论坛上看到有人引用了他在微博上的话,这个名人叫路金波,就是网上的网络写手李寻欢,他是一个比较出名的出版人,我想去他的微博上去看,结果发现我必须得注册,所以以此为契机,才注册的"。因此新浪微博在吸引用户注册时有必要建立不同的专业圈子,吸引更多专业领域的名人加入,发布有价值的信息。

因此,从获知——产生兴趣——吸引用户最终注册微博是一个摸索用户心理需求的过程,只有最初的宣传方式可以满足用户有趣性、有用性的使用需要,并综合利用新浪品牌、口碑营销、多媒介互动、线下活动等宣传方式,使用户获知新浪微博、对新浪微博产生兴趣才能最终成为新浪微博的注册用户。

微博用户使用体验分析

用户完成微博注册后即进入用户使用体验阶段,不同类型的用户会有不同的使用行为特点,在使用微博过程中,用户也会对微博的内容、功能、以及微博的整体环境产生自己的体验和认知。在这个阶段内容、功能、环境的综合体验的感受直接决定一个注册用户是成为忠诚的使用者还是转移到其他微博甚至放弃尝试微博这种媒介形式。因此我们主要从用户使用行为、使用体验、环境体验几部分进行分析,提取出影响用户体验的正面和负面因素。

◇ 用户使用行为分析

登录使用方式:电脑为主 手机移动使用 随时查看

我们访谈的微博用户主要登录和使用方式为电脑登录,但手机发布浏览微博都较为接受。一般喜欢尝试新技术的用户会更喜欢用手机客户端使

微博——一种新传播形态的考察
影响力模型和社会性应用

用微博，使用更多插件服务，如狐滴，滴享等，还包括火兔手机客户端。其中，嘀咕的手机客户端是吸引其中一位用户持续使用嘀咕的很重要的一个原因。用该手机客户端还可以支持他方便地用手机上传照片。

由于多数访谈用户为工作群体，因此大多数使用的方式是登录微博后挂在微博上，不时刷新查看。

存在的问题是：手机本身功能限制微博使用，客户端便捷情况不佳，此外有用户反映用手机发布需要支付短信费用也造成了使用障碍。

完善建议是：针对这种使用特点是否可以设计一个类似于QQ、MSN式的页面，方便在电脑上时时悬挂，满足用户随时查看的需求。此外是否可以开发出适合手机使用的客户端，吸引技术偏好型用户，满足更多用户随时随地发布文字和图片的需求。

浏览与发布信息：　浏览发布均衡　微博信息刺激发布

我们访谈的多数用户浏览与发布行为较为均衡，但是也有少数用户以浏览为主，很少主动发布信息。以吸引粉丝为目的的用户注重发布有趣的信息和内幕信息，而一般用户则多是进行自我记录或有感而发的信息。

较为重要的一点是，微博作为一个"信息市场"的角色，在这个场域中虽然有些用户不会主动发布信息但是其他用户的信息会引起转发和评论，针对一个"信息引爆点"形成大量评论以及观点意见的冲击和会合。一条有价值的微博信息会以滚雪球的形式逐渐扩大，吸引更多人评论和关注。

关注与粉丝：关系圈子　用户粘性　新浪的明星策略

每个微博都可以基于关注和粉丝两个方面形成一个属于自己的圈子，关注的人是自己感兴趣并认为重要的人，而粉丝则是认为自己有趣或重要的人。通过分析关注和粉丝人群类系的情况可以判断出该用户使用微博的主要目的以及在微博上形成的人际关系情况。

一般我们可以把微博上的关注与粉丝群体分为四个关系圈子：

工作圈：主要包括同事、上司、同行业人士、同学等基于相同工作、专业形成的群体

生活圈：主要包括家人、朋友等日常关系亲密的群体

兴趣圈：主要是因为共同的兴趣爱好、话题、或关注共同的明星人物而形成的关系群体

公共圈：主要包括明星、名人等公众人物以及企业、组织、新闻机构等

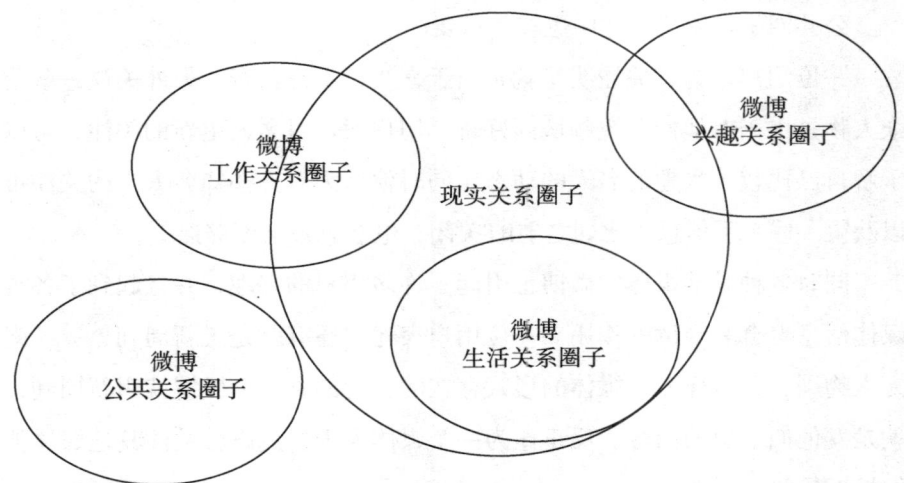

其中现实生活相识的人主要分布在生活圈、工作圈中，因此微博上的生活圈、工作圈的关系与现实中的人际关系有较大的交集，而兴趣圈、公共圈则多数是微博上的"原生关系圈子"，是伴随着微博产生而形成的，基本上完全依附于微博这种媒介形式之上。因此，微博中存在的关系圈子对用户有两方面的价值，一是维系并巩固现实中的圈子的关系，一是为用户建立新的圈子关系。通过我们访谈可以发现，新浪微博在工作圈子和公共关系圈子对用户价值最大，而其他诸如饭否、叽歪、Twitter的优势则在兴趣圈子层面给了用户较大的体验价值。

通过我们的访谈发现，对用户来说，最重要的关注人群是工作圈子。

微博 一种新传播形态的考察
影响力模型和社会性应用

一位受访者最关注的是老板,其次是同事和同学,无聊的时候会关注明星。可见,受访者在使用新浪微博时,会无意识地与自己的现实圈子联系起来。在现实工作中,人们一般会认为处理好与与老板的关系最重要,这与前途密切相关,其次是同事和同学的关系。受访者的关注习惯符合现实环境中关系重要性的顺序。而关注明星,只是出于猎奇的心理。受访者认为网络不是纯虚拟的,肯定会与工作或现实生活有交集。

公共圈子在微博关注中也较为重要。

一位用户认为,关注明星就是出于喜欢,不是猎奇,另外关注一些公众人物是出于对他们研究领域的好奇。用户通过对名人更新的关注,可以了解自己比较感兴趣的名人的动态,同时他认为对一些知名人士的关注可以获得一些一手信息(比如之前BT关闭,电驴总裁出面辟谣)。

同时各种其他媒体的微博也引起了许多用户的兴趣,并且起到了各类媒体信息聚合和导读的作用。一位用户表述"还有就是《新周刊》,《南方人物周刊》这样,以媒体的形式存在的,比如有一个微博就叫新周刊,就是发他们上面的内容。反正作为一个媒体人士,我就会关注其他媒体他们最近最关注什么"。

对于企业微博,无论新浪用户还是其他微博用户都不反感。用户希望企业微博可以提供有价值的信息而不是单纯的广告。比如新产品的及时发布这类,能免去自己的信息搜集成本,他肯定是会乐意去关注的。

兴趣圈子在微博上形成的关系并不非常紧密,还尚未延伸至线下。

目前基于共同兴趣而形成的关注多数是网络上的陌生人。一些用户认为对生活有思考或者意见相投的人物的更新对其也有吸引力。对这些人物微博的关注,也可以使该用户更好地参与社会的热点问题的讨论。而与这些人的交流主要是通过评论和回复进行,还并未延伸至其他的媒介方式如QQ、手机等。有用户表示如果通过长期交流发现彼此的行为与价值观存在相互认同的方面,也许能够发展到线下交流。

第四章 微博市场调研报告

生活圈子并非吸引用户的主要原因,交流及时性与IM相比较差是主要原因。

多数用户的微博关注中会有生活中的朋友或家人,但用户并不将新浪微博作为与朋友保持联系的首选工具,而是将新浪微博作为关注自己的朋友和同事动态的一个方式,但是不作为沟通的行动渠道,因为新浪微博在沟通方面不及IM工具即时,没有跳出页面和对话框使自己可以与朋友即时沟通。

相对于关注而言,普通用户对自己粉丝重视度较低。

一位新浪微博用户有1446名粉丝。粉丝中以陌生人居多。其粉丝分两类,一类是因为互动性吸引,即受访者关注了对方,对方反过来成为受访者的粉丝;另一类是受访者发布的信息吸引了他们。而其中前者居多数。为证明互动性与发布内容哪个更能吸引粉丝,受访者专门做过试验:在一个时间段内随机抽取20个用户,并加他们为关注对象,这期间不发任何内容,看20个人中会有多少人成为自己的粉丝。试验结果是3%到5%的比例。

用户使用目的不同对待粉丝的态度差距较大,以获取信息为主要目的用户对粉丝关注较少,而发布较为积极的用户与粉丝间互动较多。例如一位用户认为自己是一个主动去寻找信息和需求的人,更为关注自己所关注的人,而不是关注那些关注自己的人。但是与粉丝间的互动是会有的,譬如相互释疑等等。用户的粉丝一般都是与自己的行业或自己关注的领域相关的。同时,有用户认为按照地域的方式推荐用户的方式不足以使自己获得想要关注和被关注的人群。

由于微博这种媒介形式是将用户碎片化的信息聚合,以用户本身为信息生产者,因此对于微博的普通用户而言,用户的圈子关系的状况很大程度上决定了用户接受到的信息的状况。一个微博用户的信息源是其关注的人,而一个微博用户发出的信息信宿则是其粉丝。微博中最重要的两个因

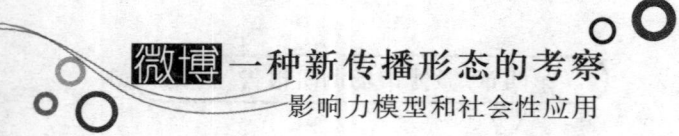

素：用户、信息就是靠圈子这个关系连接起来的。

如果要提高用户的粘性关键点是方便用户找到其想要关注的人以及想要加入的圈子，这也是新浪微博目前的问题所在。

首先，从技术上需要解决寻找关注人的问题，提高搜索的准确性和便捷性。

如现有的按照地域推荐并非能完全满足用户需求，在访谈中我们得知用户对工作圈较为重视，因此可以考虑按照不同的行业或专业进行搜索和推荐。这样可以满足用户的工作圈信息需求。此外，有用户建议按照关键词或者关注的共同话题进行搜索或推荐。

其次，公共圈子即明星的问题利弊需要进行考虑，同时要不断加以完善。注意建立兴趣爱好圈子。

许多新浪用户表示，明星虽然可以促使用户注册新浪微博，但是这也成为了用户粘性较低的原因。一方面明星毕竟与自己现实圈子相距较远而且互动性差，多是出于单方面关注的情况。有些用户认为："我觉得我去注册微博，我就是想写自己的东西，和其他人分享，然后不是说我去膜拜一个所谓的名人"。还有用户表示："我觉得这个事情应该还是一件挺有趣的事情吧，就是想办法能跟你的偶像接近是一个很好的事情"。在对中外明星微博的比较时，用户也认为中国微博缺少明星与用户之间的互动，明星极少回复，而明星的许多动态，新浪以外的娱乐媒体也可以提供。因此，综合新浪的优势，建议多添加专业方面的名人并且增添对兴趣圈子的营造力度，形成一个与用户兴趣爱好关联紧密，完全依赖微博形成的圈子关系，这样可以增加用户粘性。

◇ 用户使用体验分析

微博的功能不同会带给用户不同使用体验，操作简便功能完善的微博会吸引更多的用户。

（1）相对于其他微博的用户体验目前新浪微博的优势是：

进入简便，与Twitter相比不用翻墙

（2）存在的问题是：

微博搜索功能差，无法准确找到所需信息

信息较为分散杂乱，没有形成有效清晰的聚合模式

没有一键分享的功能，图片上传较为麻烦

有受访者反应图片的上传比较麻烦，希望寻求到新的更为便捷的方式上传，另外上传的图片全部都打上了新浪自己的logo使其感觉非常不好。期待进一步的改进。同时希望可以完善图片的一键保存功能，即像饭否那样看到好的图片能够实现一键保存，方便快捷。

应该将页面设置的更多权利下放到用户手中

插件功能有待扩展

如Twitter可以使用客户端，如Firefox和Google上的客户端，可以跟叽歪绑定

缺少信息标签功能（如叽歪可以方便用户信息分类）

◇ 用户环境体验分析

微博用户的使用行为以及使用体验会对微博形成一个总体的印象和概念，微博的环境体验是用户在微博中获取价值的体现，也直接影响到用户在微博中的行为。

微博环境——用户体验——用户认知微博环境——微博环境的强化

随着以上过程的逐渐加强，微博就形成了一个固定的环境氛围，这样的环境氛围同时吸引与此环境相匹配的用户，最终一个微博品牌在整体用户心目中的刻板印象就确立起来。对于新浪微博而言，其正式发布仅有几个月时间，需要找准自己在用户中的定位，营造出一个适合的微博环境。

新浪微博环境分析

新浪微博角色扮演：朋友　理性交流　距离适中

该问题是"如果让你把微博看做一个人,你觉得它会是你的朋友、同事、亲人、恋人、老师或者其他关系,你会如何看待?"

多数用户将新浪微博比喻为朋友,一方面有用户认为在微博上发布的信息大多是理性评论,所以微博上交流更像朋友之间的理性交流,通过交流来交换思想,而非恋人之间的感性交流。也有用户认为新浪微博是其可以倾诉的朋友,距离自己比较近,但是和家人、恋人的亲密度仍然有区别。

新浪微博场合类型:咖啡馆、图书馆和新闻发布会

该问题是"如果是让你把它看成是一个场合的话,咖啡厅、酒吧、公园、讲座、新闻发布会、鸡尾酒会、演唱会、图书馆、超市,你觉得会是哪一种?"

咖啡馆是指自己可以发布心情类、经过思考感悟的微博;图书馆则是指可以自己收藏和转发各类对自己有所启发的博文或其他内容,可以自主选择与图书馆的特质相似;新闻发布会则是指微博能够帮助了解热点资讯,并就这些信息加以评论。也有用户认为在新浪微博上你的关注越多你就可以越多地获得你想要的信息,这比单一的新闻发布会信息更丰富,同时信息获取的可得性更高。新浪微博覆盖的人群相较于人人网、开心网等SNS社交网站更为广泛,年龄层更丰富,这使得用户可以在微博上接触更多更广泛的各类人群,获取的信息也更为丰富。

与新浪微博相比,其他微博用户场所的环境感受主要是图书馆、逛街。

饭否

像菜市场,很嘈杂。"可能是因为饭否倒了以后,大家抱怨的文章比较多,情感倾向比较负面,并认为饭否关了之后他们这些用户群流到其他微博上,会跟其他用户群有一些冲突,有一种不好的精神传导效应。"

叽歪

内敛,叽歪是图书馆,"因为我和我关注的那些人基本上都把它当成

第四章 微博市场调研报告

一个收集藏书或者是codes,收集语录收集书中一些经典的话这样一个场所,偶尔大家回首一下自己生活中所发生的事情,但是基本上没有太多抱怨。"

嘀咕

"嘀咕比较像你在大街上走,你会遇到的各种情况,就像你在坐公车时会遇到的情况,或者走一条马路,你会听到周围人在说,啊,今天作业没做完,拍照片,它有种SNS的倾向,强调真实的姓名,大家跟真实的朋友聊天。嘀咕就像一个大烩菜,什么都可以讲,很杂,很多很闲杂的东西,感觉不是很有意思"。

使用环境:平静 自由 温和 轻松

有用户对于目前新浪微博的氛围和环境较为满意。该用户认为目前新浪上的氛围是比较平静的,用户在上面可以各取所需,发表自己意见的氛围相对比较自由。当然在网站监管上还是会有政策的限制,但是就用户发布信息的角度而言,一般用户都是发表一些比较温和的言论,不会出现很多尖锐的话题,也不会因为有群起而攻之的事件。该用户认为这主要是因为新浪本身的影响力较其他一些SNS网站更大,同时其覆盖的年龄层也更为广泛,不只局限于年轻人,另外他的用户圈之间,大部分是陌生人而不是现实生活中的熟人也使用户在发布信息的时候会相对有所保留。由于新浪微博的明星策略,邀请了大量的娱乐明星夺人眼球,明星本人以及明星的事件因而受到广泛的关注,其使用氛围也是比较轻松的。

新浪微博生活影响:记录

从学习的角度讲,可以作为一种笔记记录的工具;从生活角度讲,作为一种生活方式,记录一些自己的思维片段和灵感,能够帮助自己记忆和提醒。

忠诚度:圈子 粘性小 替代性强

有受访者认为自己退出新浪微博最大的障碍在于已有的关注圈子和联

系人,如果重新建立新的微博将可能丧失对一部分人的关注,但毕竟使用时间短,如果出现新的具备更好功能的微博,将会考虑离开新浪微博。也有受访者认为,新浪微博的用户粘度不够。受访者从事的工作是与互联网相关的市场推广的工作,与新浪微博的商业价值有一定联系。在他看来,把一个商业产品或商业宣传投入到新浪微博上,从投入产出的角度看,产出太低。他认为,人人网和开心网在用户粘度上要好于新浪微博,更具备商业价值。他认为尚未对新浪微博形成忠诚度。新浪微博在不可替代性上表现较差,退出门槛较低。也有用户认为,新浪微博基本满足了自己对一个产品产生忠诚度的几个基本条件,即:有吸引自己的信息,操作简单方便,有互动和参与度。

◇ 微博用户使用评价分析

① 与其他媒介的比较:

与SNS社区类网站比较:从受访者来看,普遍反映出新浪微博的用户粘度不及SNS类网站。受访者认为SNS网站的用户之间的粘度高于新浪微博,但是由于SNS大都是认识的人,不利于发表个人信息和观点。有受访者则将新浪微博比为SNS网站的状态修改,认为微博相较于SNS网站的优势在于信息的集中和选择度,劣势在于缺少应用程序添加等可以增强交流互动的功能。有受访者则认为微博更为碎片化,并且微博相较于SNS网站更为简洁方便。社交类网站,如人人网要求实名。访谈对象认为发布在人人网上的文章因为要负更多责任,不能像微博这样随心所欲地说,还有可能造成现实生活中人际关系的紧张。社交类网站主要还是熟人网络,是用来加深联系的。而微博主要还是用来记录生活的,是对某个时刻想法的及时记录,能发现的是志趣相投的朋友。

与博客比较:博客适合写长一点的文章,可能要把今天一天的事情都包含下来,微博适合写一段段的文字,强调及时记录。"博客是微博的整

第四章 微博市场调研报告

理,然后有时候我写了一篇文章或者发生了一件比较大的事情,我会把它记录到博客上,但是我现在基本上不写博客了。现在深度的文章发在豆瓣上了,并且豆瓣上链接了我所有的博客、微博。"访谈用户认为微博的使用对他写博客没有任何影响。他自己认为写博客对他是一种负担,主要还是不可能一两句就写完。微博是对每天生活的琐碎记录。而博客是对这一两个星期以来某个大事情的思考和想法,是比较长的观点,以及一种收获的梳理。二者是有联系的,但是不是互相替代的关系。博客适合写较长的文章,其博文基本上都在几千字左右;而微博客是闲暇时对自己生活的记录,字数较少,且包含了很多图片。微博上的内容与访谈对象自己网站博客上的内容基本上没有关联。访谈对象认为使用微博客对她使用博客的影响不是很大,但对有的人可能冲击还是比较大:"我看过很多人,他们说用了微博后,自己的博客大巴就很少更新了。"访谈对象认为微博客现在带来的东西可能跟当年博客带来的东西大同小异,但微博客的生命力可能会比博客的更强大一些。

与IM即时通讯软件:从受访者来看,其普遍认为IM即时通讯软件适用于与相识之人的沟通联系,而新浪微博则更多是陌生人之间的交流。有受访者认为IM软件的即时性好,QQ用户忠诚度高,成为生活中不可缺少的一部分,QQ拥有庞大的用户群,对于单个用户,退出门槛高,退出QQ可能会失去很大一部分的人力资源。新浪微博不可替代性差,容易出现替代产品,没有形成独特的价值,用户人数还未形成规模,退出门槛低,用受访者的话说,"不用新浪微博没有损失"。因此用户粘性和忠诚度低。此外,IM软件用户活跃度高。4号受访者则认为新浪微博目前没有自动提示功能,使在与其他用户互动的过程中出现交流的滞后性。但也有3号受访者认为微博是一个点对面的交流,比IM的点对点的交流更加广泛。

② 与其他微博类网站的比较:

受访者表示新浪微博是自己目前生活中易得性最强的微博类媒介,对

微博——一种新传播形态的考察
影响力模型和社会性应用

使用的门槛最低。但是，在对微博兼用用户（即同时使用多家微博产品的用户）的采访中，新浪微博均不列入首位。有受访者表示Twitter的发言环境更自由和轻松，监管松，自我存在感强，新浪微博内容上监管严，对敏感内容反应迅速。两者在本质上类似，但在内容方面，Twitter包含更广，新浪微博强化了"娱乐"，其他方面相对较弱。

微博	优点	缺点
Twitter	言论环境更自由和轻松，监管松，自我存在感强； 国际化，用户素质较高； 海量，满足语言学习的需求； 有独家信息； 插件功能强大，可以使用客户端，如Firefox和Google上的客户端。	对于中国用户来说，受到政策和技术限制多，"爬墙"很麻烦； Twitter的简易版"不好用，不好玩"。
饭否	国内最早做微博的，本土化； 偏活跃，若可以遇到兴趣相投的朋友会聊得比较开心，否则会感到感情倾向抒发太多。	更新改进不是很快； 界面很生硬，不太好看； 不能通过手机发图片信息，必须发彩信； 基本没有第三方服务。
叽歪	页面：比较好看，个性化设置较多； 内容："事件"板块不错 功能：在信息发布中有标签功能，方便用户归类整理； 氛围：客户群素质较高。	
嘀咕	界面：设计技术较好，比如透明的选框；个性化的设置，可以进行自我设置； 功能：手机客户端好用（火兔手机客户端绑定），平台开放，有许多第三方服务和插件；有搜索功能； 体验：人机交互做得好，可以局部刷新，速度快，使用平滑。	界面：一些提示用语对用户不友好，比如"不要发布政治、反动、反社会言论"，若不改进，会导致用户流失； 功能：要注重功能的可操作性和创新性，新近开发的"频道"功能不太好用，"其实跟标签没什么差别"，还不太习惯在发微博时加#号； 氛围：用户群层次较低，深度交流不够。

（续表）

微博	优点	缺点
新浪微博	第一，主流媒体，有很多优势资源，生存状态会很好； 第二，可以在网页上直接上传图片，"新浪现在最大的优势是可以往上面发图片，任何别的微博都是不可以的"； 第三，页面很简洁，"我觉得新浪页面的设置上，比Twitter进步了一些"； 第四，有利于获取有用信息。"比如现在的南都周刊、三联生活周刊，可以加为关注。"	页面设计逻辑比较乱，需要花费一定时间才能摸索清楚； 界面不够友好，缺少人性化的提示语，缺少友好的边框弧度设计； 页面设置权还需要进一步下放； 功能上"绑定"范围需要扩大，与其他即时通讯媒体的交互要加强。如"只能绑定MSN，连QQ都不能绑定"； 内容上新浪注重名人效应，但不利于普通用户发现志同道合的朋友；"可能新浪就是注重名人，草根的话也不是找不到志同道合的朋友，就是这些人都淹没在网络之中了。" 没有手机客户端，用手机发短信要收费，不够方便和好用。

新浪微博可以注重以下方面的改进：

界面上：下放页面设置权，进行界面设计框架的整合和优化；

内容上：公司微博这块可以再深度挖掘，草根微博需要得到重视；

功能上：建立开放的平台，提供多终端、第三方服务；

线下活动：可以尝试，但一定要满足一定圈子内微博主的需求，要有一定的档次。

微博用户使用的体验包括微博各项功能和或许的内容、价值两个方面的体验。因此选择使用哪个微博符合信息选择或然率的公式。根据美国传播学者施拉姆提出的选择或然率公式：

选择的或然率＝报偿的保证／费力的程度

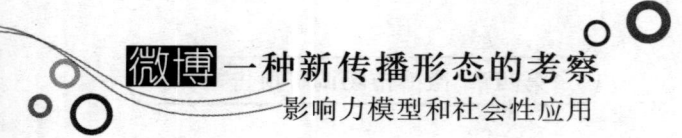

他认为，要提高选择某种传播渠道的或然率，既可以通过降低分母值（预期的困难）来实现，也可以通过提高分子值（预期的报偿）来实现。

那么基于此我们可以设计出微博选择或然率公式：

微博选择的或然率公式=信息人际圈子的获得/使用的难度

因此，新浪微博需要加强对微博人际圈子的维护和功能的提升，营造一个良好的微博使用环境吸引用户并增加用户的忠诚度。

二、新浪微博用户满意度问卷调查

第一部分 本次调查的基本情况

一、调查背景

2006年，odeo 的软件工程师Jack Dorsey提出了一个新奇的想法："建立一个平台让朋友之间互相交流自己都在干些什么，他想试验一下这个想法是不是能够带来某种不一样的新式玩意儿"，于是微博客这一媒体诞生了。微博客作为一种全新的媒介形式集合了博客的个人媒体特征、IM的及时性、SNS的人际圈以及广播的一对多的信息传播模式，引起了业界与网民的巨大兴趣。国外方面Twitter已经引领了微博的主流趋势。2009年9月，Twitter第四轮融资1亿元。这次融资后，业内人士对Twitter估值为10亿美元。在不到三个季度的时间里，Twitter的估值很快就涨了3倍多。2009年11月24日，Twitter联合创始人比兹·斯通(Biz Stone)表示，随着公司人气继续增长，Twitter有意进行更多收购交易。Twitter将在2010年开始盈利，网站明年年初将公布如何通过广告创收的计划。微博无论在传媒价值和未来盈利方面都有巨大的可挖掘空间。

目前我国的微博客发展形式还不明朗，主要有同学网微博、腾讯滔滔、聚友网9911等。2009年7月饭否、嘀咕、叽歪退潮，8、9月之交新浪

第四章 微博市场调研报告

微博和Yahoo meme又联袂登台,国内的微博用户被几家分割,尚未形成一家独大的形式。在如此的国际背景和国内形式下,深入研究微博用户的使用行为、使用体验、满意度评价,分析用户对微博的功能需求与心理依赖可以使新浪微博明确自己的用户群体特征、用户需求、评价状况,为未来微博功能的完善和微博用户环境的营造、提供依据,增加新浪微博用户忠诚度,应对其他微博的竞争。

二、调查方法

此次问卷调查采用网络问卷调查法,新浪微博小秘书于2009年12月24日以微博的形式发出这样的一条信息:"各位脖友们,为了完善微博功能,新浪与人民大学联合调查脖友使用满意度。我们将在参加调查的用户中抽取3名幸运网友,各赠送新浪围脖一条。希望大家踊跃参加哦,调查地址:http://sinaurl.cn/h6D8o",号召新浪微博用户参与问卷调查并提供奖励。微博小秘书是新浪微博自己建立的一个微博,主要任务是发布各种新浪微博功能更新信息、有奖参与活动信息,解答微博用户的各种问题、接受微博用户的反馈意见。截止至2010年1月4日18时30分,微博小秘书已有关注1965人,粉丝777270人。

微博小秘书作为新浪微博的官方微博具备较强的影响力与公信力,并且具备了较大的粉丝群体。从图1可看出,该条微博信息被转发67次,加上微博小秘书原有的777270的粉丝数量可以判断该问卷信息可以暴露给大量新浪微博用户。

各位脖友们,为了完善微博功能,新浪与人民大学联合调查脖友使用满意度。我们将在参加调查的用户中抽取3名幸运网友,各赠送新浪围脖一条。希望大家踊跃参加哦,调查地址:http://sinaurl.cn/h6D8o

2009-12-24 09:49 来自新浪微博   转发(87) | 收藏 | 评论(114)

图1 微博小秘书发布问卷调查微博信息

用户点击微博信息中的链接后则到达一个答题页面。问卷全部为封闭式问题，共有问题29道，包括单选、多选、量表三类问题。从该条微博信息发至2009年12月27日，3天时间共回收网络问卷1737份。如图2所示，由于网络问卷设置了不可跳答的系统因此所回收问卷全部为有效问卷，问卷有效率为100%。

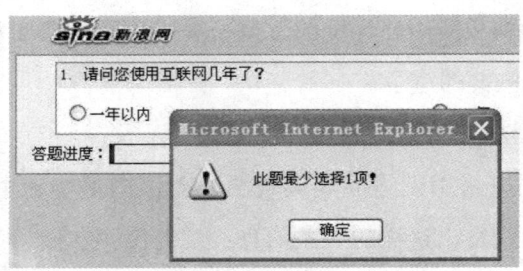

图2　微博网络问卷不可跳答

但此微博用户的网络问卷调查也存在一定问题：

首先，由于该问卷信息只暴露给关注微博小秘书的用户以及关注转发该信息的用户，因此新浪微博整体用户看到该问卷的机会不均等。

其次，此种问卷是用户主动填答的，只能代表此类主动填答者的信息和观点，因此用户的类型不一定具有推及整体的代表性。

再次，积极的活跃用户看到微博问卷的几率较大，因此调查结果可能会更偏重于积极用户，不常登录新浪微博的用户信息和观点可能会缺失或较少。

综合上述分析，此次网络问卷调查可以代表部分新浪微博用户的使用行为、使用体验及满意度评价的信息和态度。

三、问卷结构

本次新浪微博问卷调查的目的主要有以下几点：

1. 了解目前新浪微博用户的整体结构和基本情况。

2. 了解目前新浪微博用户的微博使用行为、使用偏好。

3. 了解新浪微博用户在新浪微博上所形成的微博圈子、人际关系圈子的状况。

4. 了解新浪微博用户对新浪微博的满意度。

5. 了解微博行业中竞争对手的用户使用、评价情况。

根据以上考察目的我们共设计了29个问题，试图通过这些问题对新浪微博用户做整体的考察。结合上述调查目的，我们的考察一级指标有三个：用户指标、评价指标、竞争指标。二级指标7个，三级指标9个，如下图所示：

（一）用户指标

用户指标是第一个一级指标，包括用户特征、使用行为、关系圈子三个二级指标。

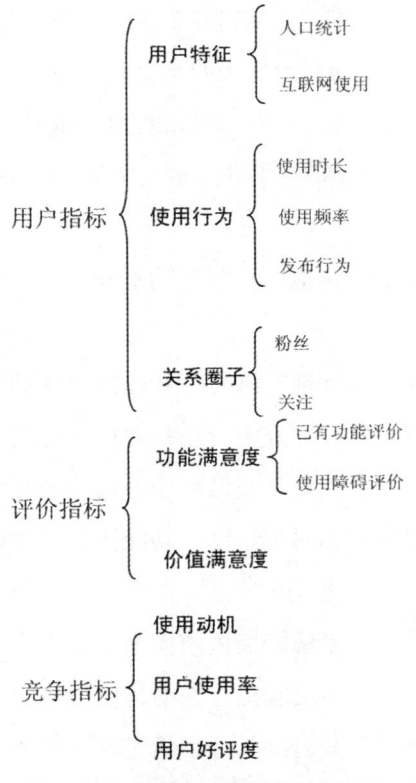

图3 新浪微博问卷结构与测量指标

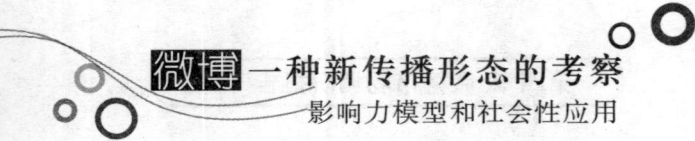
微博——一种新传播形态的考察
影响力模型和社会性应用

在了解新浪微博用户总体特征指标方面,我们从人口统计、互联网使用两个层面展开。新浪微博用户的人口统计学特征如性别、年龄、学历、可支配收入可以考察出该用户群在整体人群中所处的地位和层次,以了解其社会生活行为层面特征。另一方面我们从用户的互联网使用行为层面考察用户在整个网民群体中的地位和特征,从网络用户角度解读其使用微博的行为特点以及行为成因。

在微博用户的使用行为指标方面,我们从使用微博的频率、时间长度、和发布微博信息的内容、方式角度来判断。一方面可以了解整体用户群的使用特点,一方面可以通过使用行为区分出使用层面的重度用户与轻度用户,了解不同层面用户群的使用特点。

微博的关系圈子指标则主要从粉丝和关注两个角度,从现实(已有的粉丝、关注数等)、态度(对粉丝数量的态度)、期望(期望关注的人和如何找到关注对象)三个方面进行调查。可以明确整体用户群在微博中已形成的关系圈子、对目前关系圈子的态度和未来关系圈子可能的发展方向。

(二)评价指标

用户评价是第二个一级指标,包括功能满意度、价值满意度两个二级指标。

功能满意度指标我们从现实满意度和障碍评价两个角度进行了测量。现实满意度采用五级量表的方式调查用户对微博已有功能的满意程度进行测量,而障碍满意度方面主要是测量新浪微博尚未具备的功能对用户使用造成的障碍程度。综合上述两个角度,功能满意度的评价结果可以为新浪微博未来功能的完善方向提供依据。

价值满意度指标主要测量新浪微博作为一个新媒介形式整体对用户的独特价值。如信息、交流、成就感方面的价值以及是否成为生活中一部分的重要性判断。用户满意度的指标可以从态度层面划分出重度用户与轻度用户,了解不同程度用户的功能心理需求满意状况。

（三）竞争指标

竞争指标是第三个一级指标，包括用户使用动机、使用率、好评度三个二级指标。

用户使用动机可以判断出用户的使用原因和新浪微博的独特优势所在。使用率可以区分出纯粹的新浪微博用户以及其他微博的兼用用户，通过其他微博的兼用用户对其他微博的满意度的判断可以了解新浪微博用户的主要竞争对手的情况。

第二部分 本次调查的主要发现和基本结论

一、新浪微博用户整体情况分析

通过第一部分对此项调查的总体指标的分析，我们先从主要用户指标、评价指标、竞争指标三个层面来总结出新浪微博总体用户的特征，以初步明确新浪微博的用户现状，分析新浪微博用户的整体使用行为、使用体验和使用评价。

用户指标是第一个一级指标，包括用户特征、使用行为、关系圈子三个二级指标。体现出用户的人群层次状况、使用行为特点和人际关系需求。

（一）新浪微博用户特征分析

1. 用户统计特征

女性比例较高，青年群体为主，高学历，中等收入为主，高收入水平人士聚集

在收集的所有用户数据中女性用户占总数的52.8%，男性用户为47.2%，女性用户比男性高出5.6%。根据中国互联网络信息中心2008年1月份发布的报告显示，在总体网民中女性42.8%的比例低于男性的57.2%，[1] 可见女

---

[1] 数据来源：中国互联网络信息中心，《中国互联网络发展状况统计报告》，2008年1月

性用户较多是新浪微博的一个独特用户特征。从同类微博客角度对比，加拿大社会化媒体分析公司Sysomos对Twitter的1150万个样本用户进行分析发现Twitter上的女性用户数量超过男性，所占比例分别为53%和47%，女性比男性高出6%。可以发现用户的性别特征新浪与Twitter基本相符，微博用户中女性居多，这与女性用户更倾向于表达自己有关。

从年龄特征看，18-25岁用户占总数的55.9%，26-30岁用户占22.4%，因此青年群体构成了新浪微博的主要用户群，占总用户的78.3%。我们将用户分为"18岁以下，18-25、26-30、31-35、36-40、40岁以上"6层，对比我国目前互联网用户总体年龄情况，18-24岁占31.8%，25-30岁占18.1%[1]，微博用户群体在18-25岁年龄段要远高于全国网民的整体水平。

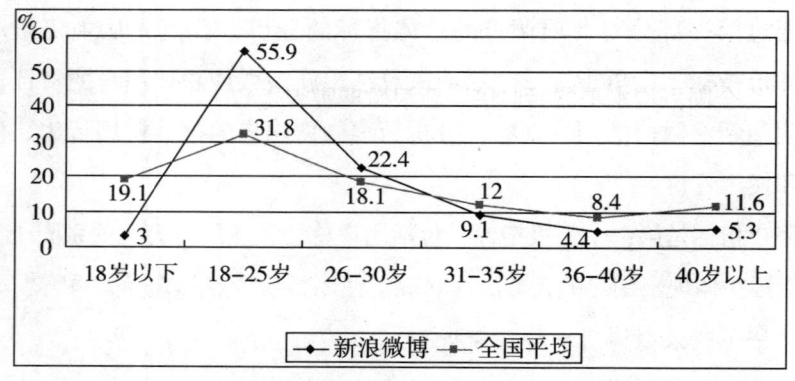

图4 微博用户与整体网民年龄对比图

从学历指标特征来看，新浪微博用户群体中大学本科及以上学历的占66.3%，远高于全国网民的平均水平17.5%。可以判断，新浪微博用户普遍具有较高的学历，是个高学历知识群体聚集的网络环境。整体用户素质、微博环境较好。

---

[1] 数据来源：中国互联网络信息中心，《中国互联网络发展状况统计报告》，2008年1月

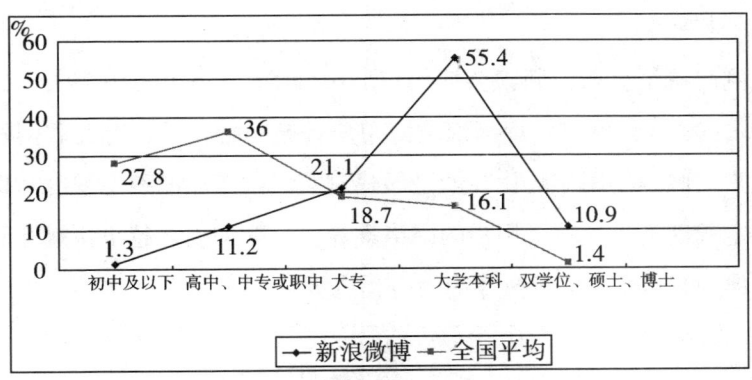

图5 微博用户与整体网民学历对比图

从收入水平特征看，新浪微博用户群体的收入水平主要集中于3000元以下，以中等收入为主。通过对比全国网民的总体收入水平可以发现：新浪微博用户收入在5000元以下的要低于全国平均水平，而收入在5000元以上的占18.1%，是全国平均水平的3到4倍，新浪微博吸聚了较多的高收入水平人士，是一个高收入、高学历群体聚集的网络环境，具有很大的发展潜力。当然，以中等收入为主的特点，也与年龄群体集中于13-25岁，学生占较大比重有关。

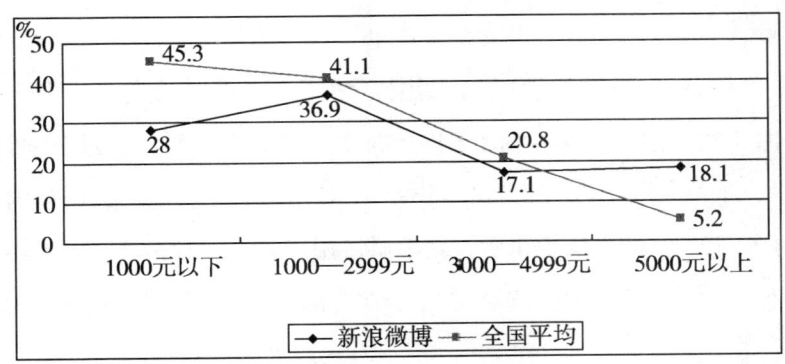

图6 微博用户与整体网民收入水平对比图

2. 用户互联网使用特征

网龄较长、平均每天上网时长达到340分钟（5.7小时）、上网时间集中于上午和晚上。

从网龄特征分析：新浪微博用户群中网龄为3-5年的19.7%，网龄5年以上的占67.2%，可以发现新浪微博用户普遍网龄较长，对互联网较为熟悉。用户互联网使用年龄代表的是用户对互联网产品的熟悉程度和依赖程度，一定程度上也反映了用户的网络素养。一般来说，越早接触互联网的用户，他的知识水平以及操作能力也相应更高。

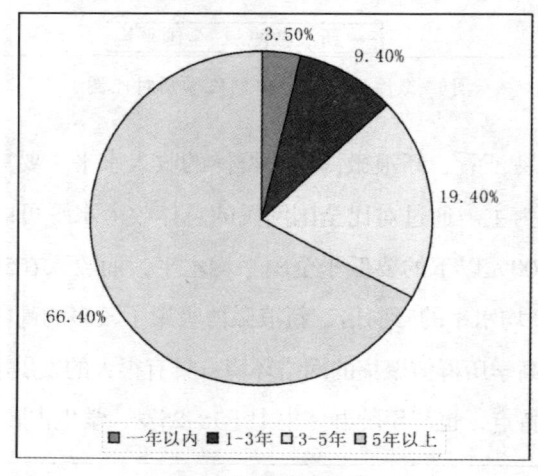

图7 微博用户网龄

从平均每天上网时长分析：新浪微博用户上网时长主要集中于每天3-4小时（22.74%）与5-6小时（18.28%），每天上网时间超过3小时的占82.21%，平均每天上网时长为340分钟。[1]对比2008年我国居民网络消费时间为每天75分钟[2]的平均值来看，新浪微博用户的上网时长是我国平均网民的4.53倍，因此可以发现新浪微博用户是网络依赖性和使用度较重的用户。

---

[1] 计算方法是："半小时以下"=15分钟，"半小时-1小时"=45分钟，"1小时-2小时"=90分钟，"3小时-4小时"=210分钟，"5小时-6小时"=330分钟，"7小时-8小时"=450分钟，"8小时-9小时"=510分钟，"10小时以上"=630分钟

[2] 数据来源CTR，2008年

第四章 微博市场调研报告

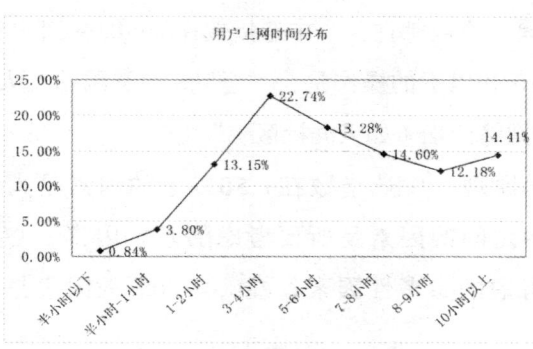

图8 微博用户平均每天上网时长

从上网时间段特征看，可以发现8-12点、18-22点都是工作日与休息日的上网高峰时间。晚间上网的人数比率要高于上午、下午上网的比率，而下午上网的比率最低。对比用户工作日和休息日上网时段我们可以发现：工作日的上网时段6-14点偏高而休息日则14-22点偏高。

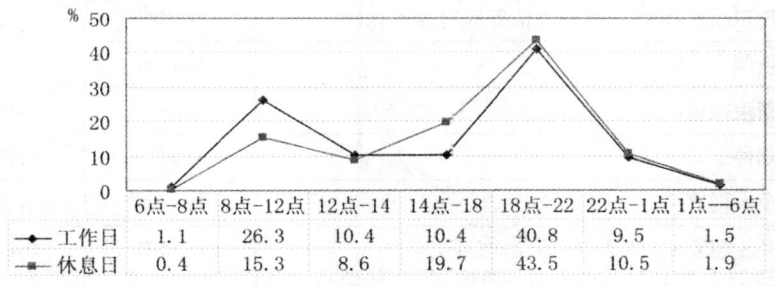

图9 微博用户工作日、休息日上网时段对比

从上网习惯上看，本次调查表明，用户将电脑连接至互联网后的主要操作有三个，分别是"启动腾讯QQ、MSN、移动飞信等即时通讯软件"，"浏览新闻"，"登陆新浪微博"，中选指数在1.50以上[1]。中选指数1.0-

---

[1] 中选指数=该项实际中选率÷每项平均中选概率。在本项测算中，每项平均中选概率=3÷9=33.3%。

1.49之间的操作是"查收邮件",中选指数在0.5-0.99之间的操作"登陆个人博客",而在0.49以下的操作是,"登陆SNS类网站(人人网、开心网等)"、"登陆网络论坛(如天涯社区)"等。

按照统计学原理,中选指数在1.50以上的因素是人们最看重的因素;在1.0-1.49之间的因素是所要考虑的基本因素;在0.5-0.99之间的因素是所要考虑的参考性因素;在0.49以下的因素是很少加以考虑的因素。

这在一定程度上也说明了,人际交流与信息获取是新浪微博用户最重视的,登录新浪微博排名第三位也可以从一定程度上体现部分用户已经形成了对新浪微博的媒介依赖。

表1 微博用户上网的前三个操作

微博用户上网的前三个操作	中选率	中选指数
启动腾讯QQ、MSN、移动飞信等即时通讯软件	70.40%	2.112
浏览新闻	64.00%	1.92
登陆新浪微博	61.90%	1.857
查收邮件	35.80%	1.074
登陆个人博客	18.00%	0.54
登陆SNS类网站(人人网、开心网等)	15.90%	0.477
登陆网络论坛(如天涯社区)	9.20%	0.276
其他	6.60%	0.198

(二)新浪微博用户使用行为分析

1. 用户使用频率

使用频率特征:随时随地登录,随时刷新,积极使用者约占88%,消极使用者约占5%。总体上呈现出高活跃度的使用频率。

在"您上次登录新浪微博是什么时候"这个问题中,有67%的用户选择"几分钟之前"、12%的用户选择"几小时之前"。可以看出,用

第四章 微博市场调研报告

户在一天之内有数次使用新浪微博的行为,使用频率较高,加上一天之前用户(11%)使用行为积极者占90%。但其中也有4%的用户选择"两天之前登录"、1%的用户选择三天前登录,使用行为不积极用户占5%,更有5%的用户在一周之前登录,属于消极用户。

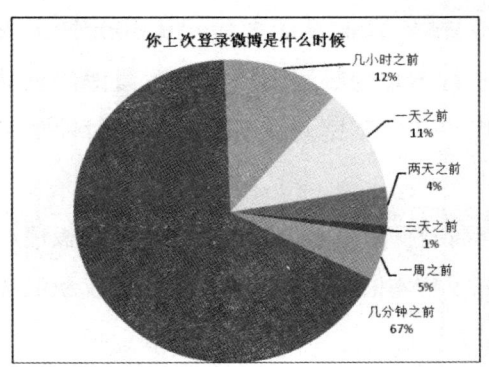
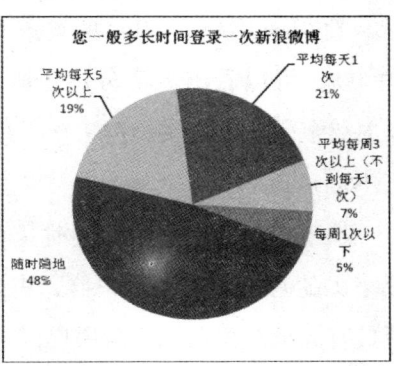

图10　微博登录频率对比图

同样对比"您一般多长时间登录一次新浪微博"这一问题,选择随时随地(48%)、平均每天5次以上(19%),加上每天一次用户(21%)可以发现积极使用的用户占88%,与上题89%的结论重合,可以相互印证,可以看出大多数用户使用行为较积极。同样,每天不到一次的占7%与上题不积极用户(5%)相似,而消极用户5%的比例则完全得到印证。

表2　微博用户刷新频率

用户刷新频率	Valid Percent	Cumulative Percent
随时刷新	0.42	42
约3-5分钟刷新一次	0.176	59.5
约10分钟刷新一次	0.109	70.4
约30分钟刷新一次	0.105	80.9
基本不刷新	0.191	100

用户使用的频率可以考察出用户使用新浪微博的行为忠诚度,而一个用户在使用微博时的刷新频率则反映了用户对微博中关注用户发布的信息及时性的重视程度和微博内容对用户的价值。通过上表可以看出高刷新频率用户(随时刷新、约3-5分钟刷新)用户占59.5%,中等刷新频率用户(10分钟)占10.9%,低刷新频率用户(30分钟)占10.5%,可以看出大部分用户刷新行为较为频繁,非常重视微博信息的及时性特点。此外也有19.1%的用户基本不刷新,对信息的及时性重视度不高。

从下表也可以看出,同时具有高刷新频率(随时刷新)以及积极使用频率(随时随地)的用户群,占到了样本总体的27.7%。这代表着新浪微博具有大批的积极、活跃用户群。

表3 不同刷新频率、使用频率的用户群分布

	随时刷新	约3-5分钟刷新一次	约10分钟刷新一次	约30分钟刷新一次	基本不刷新	合计
随时随地	27.70%	8.20%	4.50%	3.20%	4.50%	48.10%
平均每天5次以上	7.20%	4.50%	2.70%	2.20%	2.30%	18.90%
平均每天1次	5.10%	3.50%	2.80%	3.90%	6.10%	21.50%
平均每周3次以上(不到每天1次)	1.20%	1.30%	0.80%	0.90%	2.90%	7.10%
每周1次以下	0.70%	0.10%	0.10%	0.30%	3.20%	4.50%
合计	42.00%	17.60%	10.90%	10.50%	19.00%	100.00%

2. 用户使用时长分析

浏览时间5-15分钟为主，81.2%用户浏览时间在半小时以内，浏览时长与关注人数有关。

在填答问卷的用户中，使用新浪微博3个月的占30.5%，2个月的占25.6%，由于新浪微博于2009年8月开始运营，因此接受此次调查的用户大部分为使用时间相对较久的用户。通过分析我们也发现，使用时间半个月以下的用户占17.9%，这也说明新浪微博有较高的用户增长速度。

表4 微博用户浏览时长

浏览时长	Valid Percent	Cumulative Percent
少于5分钟	7.2	7.2
5-15分钟	44.6	51.7
16-30分钟	29.4	81.1
31-60分钟	9.5	90.5
大于60分钟	9.5	100

按照用户浏览新浪微博的时长不同可以分析出用户新浪微博的使用态度，大部分用户（44.6%）浏览的时间在5-15分钟之间，还有较多用户（29.4%）浏览时间为16-30分钟，综合上述分析大多数（81.2%）用户浏览时间在半小时以内，这也符合新浪微博信息短小适合快速浏览的特征。30-60分钟以及60分钟以上用户均占9.5%，说明也有部分用户将新浪微博看做获取新鲜独特信息的信息源，被大量种类丰富的信息吸引。

通过微博浏览时长和关注人数的交叉分析（见图11）我们可以发现登录时间少于5分钟的用户有47.7%的用户关注人数在10人以下，而浏览时间在60分钟以上的用户有35%的用户关注人数在120人以上，从总体趋势来看，关注的人数越多浏览时长越长。

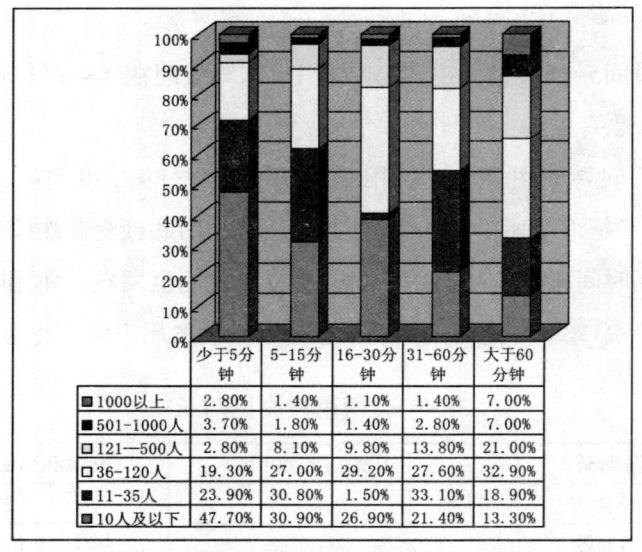

图11 不同浏览时长所对应的关注人数分布

3. 用户使用方式分析

多数用户使用过手机发布、访问微博,发布信息以个人生活记叙、情感表达内容为主,微博价值对自我记录、情绪抒发、关注社会热点、维护人际关系都有较大作用。

微博客最大的价值之一就是及时性、信息短小,这与手机媒体随时随地、适合发布短小信息的特点相符,调查发现,有66%的用户使用过手机发布、访问微博,28%的用户通过WAP访问过微博,23%用户使用过短信、彩信发布微博,有15%的用户使用手机客户端,因此手机使用在微博用户中较为普及。

我们将用户在新浪微博上发布的微博内容分为个人生活记述、情绪表达、社会热点或社会现象评论、新闻事件、八卦段子、学术工作问题探讨、求助信息、广告信息/品牌活动信息、微博上朋友之间的问候、调侃、召集组织线下活动10类,根据最终的统计分析发现,发布最频繁的是个人生活记叙表达(28.58%)、情绪表达(28.1%),可以看出新浪微博整体信息环境还是表达个人生活和情感,以私人信息为主,起到了自我记录、情绪宣泄的作用。排在第三位的是社会热点或社会现象评论(17.76%),对社会热点的关注以及个人观点意见的表达也是微博用户的主要使用行为。排在第四位的是朋友之间的问候、调侃,可以看出新浪微博对维护人际关系也有较显著的作用。

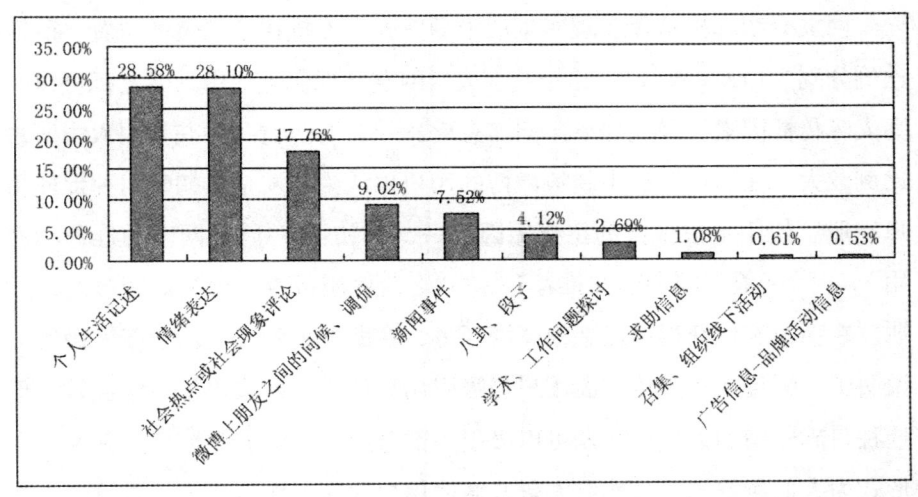

图12 用户发布内容类型

因此综合用户发布信息类型的分析可以看出,新浪微博对用户的价值前四位分别为自我记录、情绪表达、关注社会热点发表自己观点与维护朋友人际关系。

4. 用户认知途径分析

新浪网推广具有品牌优势,人际传播的重要性也较为突出。

本次调查发现,在用户认知微博的途径中,所占比例最大的为通过新浪网网站推荐,占到了37.8%的比例。结合我们所做的用户访谈也得出了类似的结论。许多新浪微博用户认为新浪微博在获知因素方面有很大的名牌优势,新浪作为门户网站的知名度也是许多用户选择新浪微博的原因。

微博 一种新传播形态的考察
影响力模型和社会性应用

一位用户的访谈中提到"（新浪门户对新浪微博）有很好的促进作用，一定的。如果不是新浪，饭否是不会像新浪微博这样用户群扩展这么快的。新浪用户的平台基础在那。说新浪大家都知道，说饭否、叽歪，可能大家会愣住，什么饭否啊。品牌的认知程度还是挺大的。比如Google说要开一个微博，肯定第二天就挤爆了，账号都分不到了。"因此新浪微博在宣传时利用其本有的庞大的用户群体十分必要。

网友介绍和推荐以及现实生活中的熟人推荐排在第二位的位置，所占比例分别为14.4%和14.2%，相差不大。网友和现实生活中的朋友都可以归为人际传播因素，因此如果比例加总后28.6%的比例在9种获知因素中所占比例较大。在访谈过程中新浪微博的用户也认为朋友是最初吸引并促使用户注册、使用新浪微博的主要原因之一，例如："周围同事的推荐和使用"、"新浪新闻和朋友推荐"、"之前使用饭否，但是饭否被封，一朋友在新浪工作获得推广新浪微博任务，在朋友推荐下注册了新浪微博"说明了人际传播在宣传扩展用户与吸引用户使用方面取得了一定成效，但这种口碑营销的方式在初期可以吸引一部分用户，随着微博这一新的媒介形式为人们所熟知，必然有大量非微博用户的新鲜血液注入，趁机扩大新浪微博的知名度十分必要。

其他获知因素较高的还有其他网站的链接或广告（9.3%）和搜索引擎（7%），这说明新浪微博通过其他网络媒体的宣传力度还不够大，仍有较大的拓展空间。此外，除了依靠广告这种硬性的形式之外，软性的宣传也必不可少。一位新浪微博用户谈到"在论坛上看到有人引用网络名人在微博上的语录，因此引起了对该名人微博的兴趣，从而注册了微博以能够方便地浏览他的微博内容。"因此新浪微博与其他媒介形式如网站线下活动（1.5%）、电视报刊等传统媒体（5.8%）还都有待加强。

第四章 微博市场调研报告

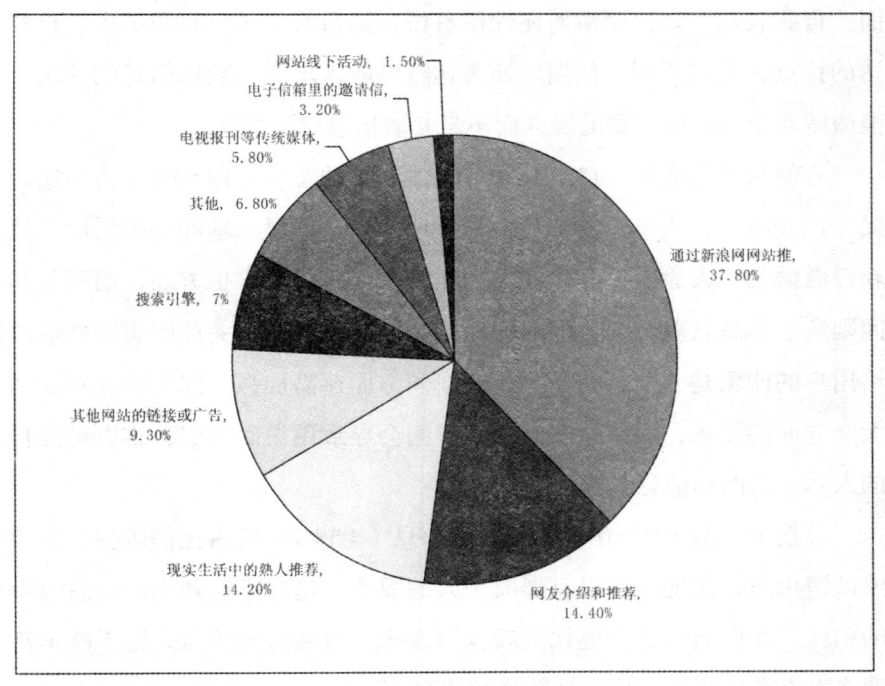

图13 用户认知微博的途径

5. 用户使用动机分析

尝试新产品、自我表达的用户数量最多,用户对新产品有较大的兴趣。

用户的使用动机考查的是用户在最初使用微博时的使用目的和对新浪微博的初始使用期待。最初的动机可能会与持续使用的原因有很大差距,但一定程度可以体现出新浪微博在用户中的大体印象以及用户对微博产品的功能需求。

在用户的使用动机中"尝试新产品"(25.57%)、"自我表达"(22.66%)所占比例最高,可以发现作为一种新的媒介形式用户对其的兴趣很大。这也与用户的网龄和互联网使用时间有关,新浪微博的用户是互联网使用时间较长的成熟用户,因此对新的网络产品会有较大的兴趣,此外也说明微博这种140字的一对多的传播形式引起许多用户的试用欲望。

而"自我表达"则说明微博还保留着博客的自我记录、自我展示、自我表达的特点,也说明用户使用微博表达自己的需求多余获取信息的需求,新浪微博属于一种展示型的媒介而不是获取信息型的媒介。

方便与朋友交流(13.62%)、关注明星动态、(13.55%)关注实时新闻(12.68%)三类处于第二位。这说明朋友、明星、新闻是吸引用户使用新浪微博的三大原因,其中朋友属于个人人际关系维护方面,而明星和新闻则属于信息获取方面,但对明星的关注高过新闻的关注则表明新浪微博给用户的印象是"主打明星",在新闻方面还需加强,因为毕竟新闻属于大众方面的需求,如果过于专注明星则会导致用户面狭窄,难以形成自己的人际关系网和信息获取依赖。

寻找个人圈子(7.07%)和搜索信息(4.58%)所占比例较少,说明新浪微博用户在微博上还没有形成个人的圈子,这将影响到用户对新浪微博的粘性,而搜索信息功能比重较少则说明新浪微博中的信息还不够丰富,搜索水平有待提高,这也是新浪微博在未来发展中需要提高的两项。

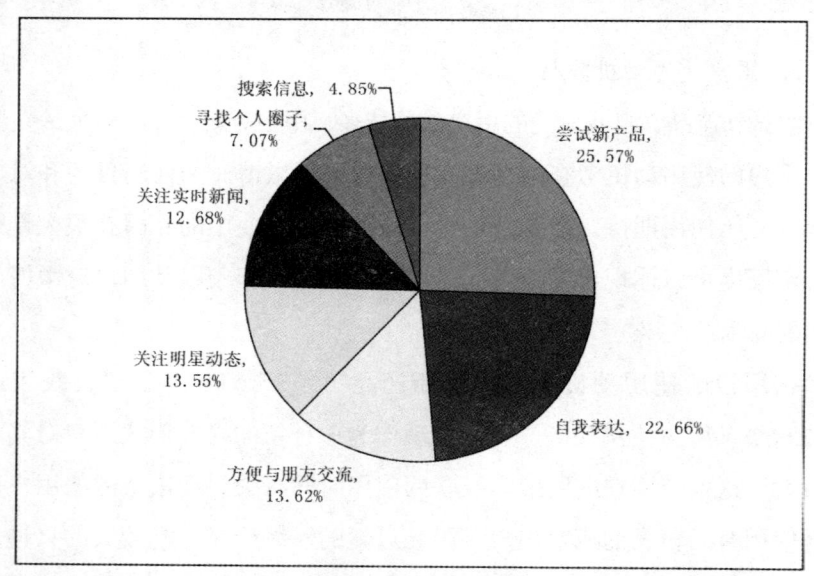

图14 用户使用微博的动机

6. 用户使用微博的主要影响因素分析

现实生活中人际关系的互动和维持以及信息内容的分类是影响用户使用最大的两个因素。总体平均分为3.61分,说明新浪微博用户倾向于认为各个因素的影响总体上介于中等水平。

表5 影响用户使用微博的主要因素

影响用户使用微博的主要因素	Mean Difference	95% Confidence Interval of the Difference	
		Lower	Upper
无法通过对内容分类,查看不同类型的微博	3.72545	3.6668	3.7841
无法通过对关注的人分类,查看不同类型的微博	3.69502	3.6356	3.7544
缺乏让自己获得更多关注的有效手段	3.69917	3.6390	3.7593
朋友熟人少,缺乏互动	3.73167	3.6679	3.7955
微博是新产品,认知和学习的门槛高,很难成功说服朋友加入	3.20816	3.1407	3.2756
发布形式限制多,如140的字数限制、不能发多图、评论中不能发图	3.62310	3.5545	3.6916

本次调查发现,影响用户使用微博的主要因素中,影响最大的是"朋友熟人少,缺乏互动",它的得分最高(3.732),其次是"无法通过对内容分类,查看不同类型的微博",得分为(3.725)。这说明,现实生活中人际关系的互动和维持以及信息内容的分类是影响用户使用最大的两个因素。

在第9题"您使用新浪微博,最初的动机是什么?"中,方便与朋友交流（13.62%）、寻找个人圈子（7.07%）和搜索信息（4.58%）用户选择所占比例较少，这也同样印证了目前新浪微博存在的两个重要问题：

  1. 微博对用户现实人际关系的维护还没有起到有效的作用，用户在微博中也还没有形成自己的人际关系圈子。

  2. 新浪微博目前的信息分类、信息搜索还不够完善，用户生产的各种信息还没有形成良好的聚合模式，缺乏深度的开发和挖掘。因此人际关系圈子的建立和信息的有效聚合、挖掘是未来新浪微博需解决的关键问题。

  此外，在粉丝与关注的问题上，"缺乏让自己获得更多关注的有效手段"（3.699），这表明新浪微博用户对自己的粉丝数的注重程度还较高，获得关注可以使用户获得自我满足。"无法通过对关注的人分类，查看不同类型的微博"（3.695），说明当用户关注人数较多时，需要对自己关注的人进行分类，这样可以更有效地获取信息，满足用户的信息需求。因此，这两项评分说明新浪微博的关注和粉丝这两大核心功能还存在着许多需要解决的问题和可以完善、细化的功能设计。

  除此之外，"发布形式限制多，如140的字数限制、不能发多图、评论中不能发图"（3.623）得分较低，说明用户对微博这种新的短小精练的信息发布形式较为认同。而最低的"微博是新产品，认知和学习的门槛高，很难成功说服朋友加入"（3.208），说明大多数用户较为乐于尝试新的媒介产品，微博的使用难度和用户尝试门槛较低，适合大多数用户使用。因此新浪微博的使用限制不在于微博这种媒介形式本身，而是在于新浪独有的个性化功能的完善。

  （三）新浪微博用户关系圈子分析

  1. 新浪微博用户粉丝圈子分析

  粉丝数多在50人以下，用户粉丝人数需求不强烈，多数用户期待兴趣爱好相同的人成为自己的粉丝，最希望形成兴趣圈子，希望利用新浪微博维护亲密人际圈子。

新浪微博用户的粉丝数多大多集中于50人，以下占用户总数的76.4%。其中粉丝数在10人以下的占40.3%，粉丝数在11-50人的用户数占36.1%。而粉丝数在51-100人区间与101-500区间的用户比例较为均衡，分别为10.7%与8%，与50人以下所占的比率相比有较大的落差，形成了第一个阶梯。而500人以上的变化趋势也较平稳，分别为2.5%与2.4%。新浪微博粉丝数量在100人以下的占87.1%。

同样与Twitter做对比，有93.6%的用户追随者数量不到100人，分布图有类似的长尾。这在一定程度上，也反映了微博这种媒介形式目前比较适合小群体。

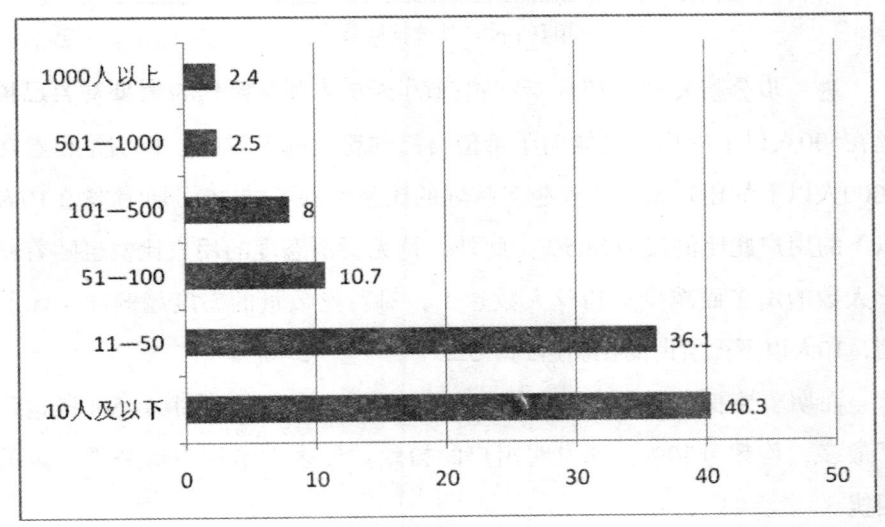

图15　新浪微博用户粉丝数

在对自己粉丝数的态度方面，用户的态度分布较为均匀，多数用户认为无所谓（43.6%），期望在合适的范围内占22.9%，总计为66.55%。只有33.5%的用户希望越多越好。

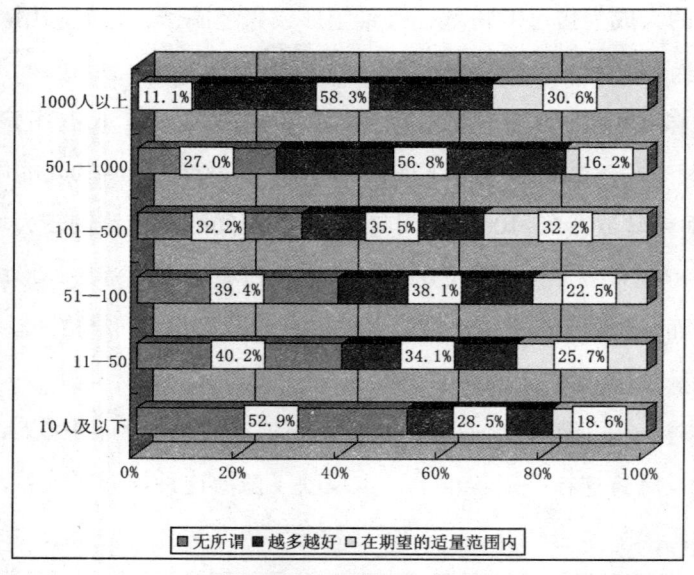

图16 用户对待粉丝态度

进一步分析发现,用户对待粉丝的态度和自身粉丝的数量有关。粉丝在500人以上的用户更倾向于希望自己的粉丝越多越好,特别是粉丝在1000人以上的用户希望粉丝越多越好的比例达到了58.3%,而粉丝在10人以下的用户此比例仅为28.5%。此外,持无所谓态度的用户比例也随着粉丝人数的增多而减少。粉丝人数越少,对粉丝数量的态度越倾向于无所谓,10人以下无所谓的比例达到了52.9%。

而期望控制在合理范围内的用户在1000人以上段以及101-500段达到了最多,均超过30%,这说明用户的粉丝数较多也给用户带来了一定的困扰。

在用户期待的粉丝类型中,本次调查表明,多数用户希望自己的粉丝为兴趣爱好相同的人(36.41%),可以发现用户希望新浪微博更多地成为自己的兴趣圈子。其次为亲朋好友和同学,希望熟人成为自己的粉丝则体现了新浪微博在维护现实人际关系圈子中的作用。名人、同事及有工作关系的人、同城的人比例都在10-11%之间，是一种较弱的关系圈子。

微博实际上可以存在两种关系圈：一种是熟人圈，一种是兴趣圈，通过对粉丝或者关注人的分类，可以区分这两类圈子，这使得微博比单纯的社交网站有对圈子更广的覆盖和更深的渗透。

进一步分析发现，作为现实关系群体，亲朋好友、同学、同事及有工作关系的人，一共占到了42.39%，大于兴趣圈子群体。这是新浪微博所有巨大优势的竞争要素，值得深入开发和研究。

2. 新浪微博用户关注圈子分析

关注人数大多集中于35人以下，搜索联系人功能有待加强，期望推荐有相似性的用户。

新浪微博用户关注的人数主要集中在35人以下，占据了57.9%。其中关注数在10人以下的占28.3%，在11-35人之间比率相对最高为29.6%。关注人数在36-120区间的人数较多，为27.7%，而120人以上的总共占14.3%。新浪微博关注数量在120人以下的占85.6%。与Twitter对比，Twitter有92.4%的用户对其他用户的追随数量不到100人。

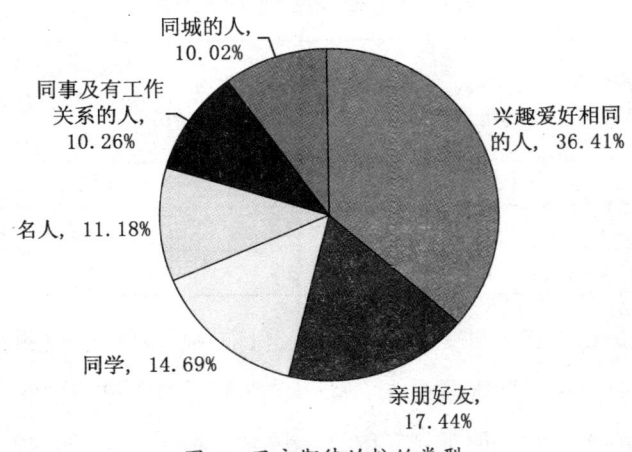

图17 用户期待的粉丝类型

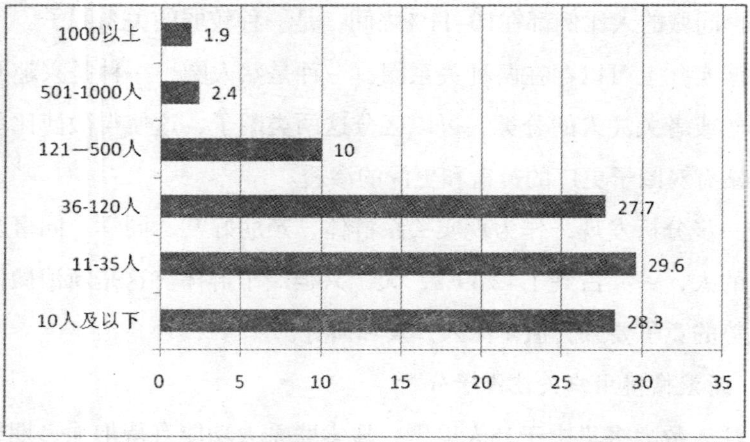

微博——一种新传播形态的考察
影响力模型和社会性应用

```
1000以上      1.9
501-1000人    2.4
121—500人     10
36-120人      27.7
11-35人       29.6
10人及以下     28.3
```

图18　新浪微博用户关注人数

"希望如何找到关注对象"这一问题中"推荐跟我兴趣–职业–生活方式相似的人"这一选项获选比例最高（22.28%），这说明新浪微博用户更希望寻找与自己的兴趣、职业、生活方式相近的人群，得到一种群体认同感和交流沟通达成一致的期望。

表6　希望如何找到关注对象

更精准的搜索	推荐最热话题	推荐人气用户	推荐跟我兴趣-职业-生活方式相似的人	email-msn-qq联系人导入	发展更多认识的人使用微博
Count	Count	Count	Count	Count	Count
708	594	487	812	262	315
22.28%	18.69%	15.32%	25.55%	8.24%	9.91%

其次为更精准的搜索（22.28%）。目前新浪微博"找朋友的功能"可以按照地域、新浪博客联系人、MSN、邮箱联系人进行搜索，22.28%的比率说明目前用户对按照地域、昵称、域名这种单一的搜索模式还不满，"找朋友"的搜索模式还有待加强。

第四章 微博市场调研报告

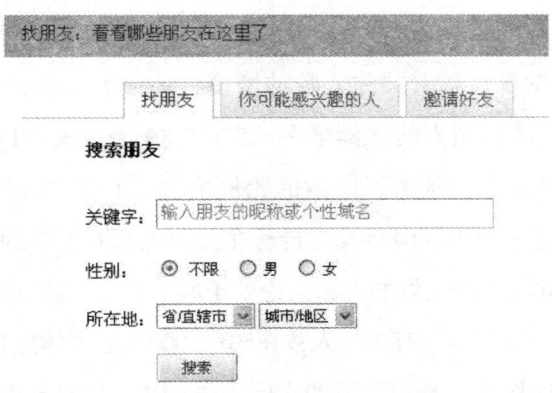

而推荐人气用户、热门话题已经呈现在微博"我的首页"边栏中。其18.69%与15.32%的比率说明对用户寻找自己需要的关注人群有一定作用。而目前的"email-msn-qq联系人导入"功能以及"发展更多认识的人使用微博"功能所占比率分别为8.24%和9.91%，认可度较低，还无法很好地满足用户寻找关注用户的需求。

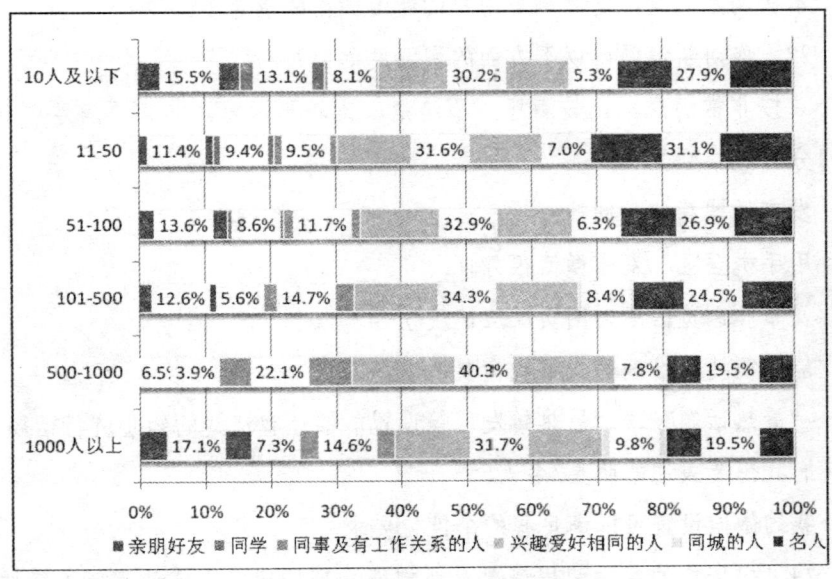

图19 不同关注人数对应的关注对象类型

通过分析我们可以发现,关注人数和关注类型之间有较大的关联。通过下图可以发现,随着关注人数的增多,关注名人的比例减少(31.1-19.5%)。而关注同城人的比例增多(5.3-9.8%),关注同事及有工作关系的人增多(8.1-22.1%),同学的比例增多(13.1-7.3%)因此可以发现,关注的人越多则越倾向寻找与自己在共同生活圈子中的人。

而对于有共同兴趣爱好的人,无论处于哪个关注人数范围均较为稳定,均在30-34%之间浮动,仅有关注人数在501-1000人的群体达到了40%。

亲朋好友这种现实密切关系的人际圈子则出现了两级现象,在1000人以上的人群中达到了最高比例(17.1%),在10人及以下达到了次高比例(15.5%)。这说明在关注人数极多和极少的情况下现实生活中亲密的人际关系较容易在微博上存在。

二、新浪微博满意度评价指标分析

(一)新浪微博功能满意度指数

本次调查共有两道题测量用户的新浪微博的满意度:

23. 您对新浪微博以下方面的满意度如何?

(按非常满意,比较满意,不清楚,比较不满意,非常不满意评分,5—1分)

发布微博简单、便捷

用手机登陆、发布微博很方便

发布和浏览信息时网页反应速度快

能够便捷、准确得找到我需要的信息

"最热话题"、"最热转发"等设置能够让我清楚的知晓流行话题

有我想要关注的明星/名人

我的微博设置可以满足我的个性化要求

24. 根据您的实际使用情况,您觉得下列描述符合您使用新浪微博的感受吗?

第四章 微博市场调研报告

（非常符合，不基本符合，有点符合，不符合，完全不符合，按照5—1分评分）

某些资讯是我通过其他渠道无法获得的

是我同好友之间进行交流的有效媒介

自己的微博被大家转发让我有成就感

上新浪微博已经成为我生活的一部分

最终我们将上述两道题的每个选项的评分进行统计，得到最高分4.68分、最低分3.65分。总体满意度是较高的，达到了4.11分。这说明了新浪微博在各项功能、价值、产品上得到了用户较高的评价。但是，为了清晰地认识相对满意度的情况，我们以最高分4.68分减去最低分3.65分，并将此差距平均分为三段，得到4.34分、3.99分两个满意度划分点。因此我们分别以4.34分、3.99分为划分点，将用户的满意度分为3段：

高满意度：4.68-4.34

中满意度：4.34-3.99

低满意度：3.99-3.65

以此3段为满意度指数得分指标，我们将上述3题的每个选项归类，得到各问题选项的满意度指数如下表所示：

表7 各选项满意度指数

满意指标	满意度指数	指数意义
发布微博简单、便捷	4.68	高满意度
发布和浏览信息时网页反应速度快	4.28	中满意度
"最热话题"、"最热转发"等设置能够让我清楚的知晓流行话题	4.23	中满意度
用手机登陆、发布微博很方便	4.23	中满意度
某些资讯是我通过其他渠道无法获得的	4.17	中满意度

（续表）

满意指标	满意度指数	指数意义
新浪微博已经成为我生活的一部分	4.12	中满意度
有我想要关注的明星-名人	4.11	中满意度
自己的微博被大家转发让我有成就感	4.09	中满意度
能够便捷、准确地找到我需要的信息	3.87	低满意度
我的微博设置可以满足我的个性化要求	3.76	低满意度
是我同好友之间进行交流的有效媒介	3.65	低满意度

综合分析，在不同的指标中，高满意度指标有1个，低满意度有3个，而中等满意度为7个。

满意度最高的为"发布微博简单便捷"，为4.68分，这是用户最满意的一项。此外，"发布和浏览信息时网页反应速度快"、"用手机登陆、发布微博很方便"所获的满意度评分也较高，说明用户对微博的便捷性最为满意。

符合中度满意度指标共有7个。包括"某些资讯是我通过其他渠道无法获得的"、"新浪微博已经成为我生活的一部分"、"自己的微博被大家转发让我有成就感"等等，其中3项属于价值满意度范畴。说明用户对新浪微博对自己的独特价值具有中度认可。用户对功能满意度的分值为中等偏低：搜索信息、个性化、内容分类、关注、朋友圈子等功能还无法完全达到用户要求，需要提高。

通过分析上表我们可以发现，符合低满意度指标共有3个："能够便捷、准确地找到我需要的信息"、"我的微博设置可以满足我的个性化要求"、"是我同好友之间进行交流的有效媒介"。这说明了，用户对产品的个性化以及与好友沟通的满意度较低，说明新浪微博需要增加分类功能，并且促使用户在微博上形成自己的人际关系圈子。

（二）新浪微博功能满意度评价分析

总体平均分3.73，处于中等满意度，说明新浪微博的功能有待加强和完善。

表8 各选项功能度

您对新浪微博以下方面的满意度如何？ （按非常满意，比较满意，不清楚，比较不满意，非常不满意评分，5—1分）	Test Value = 0	
	95% Confidence Interval of the Difference	
	Lower	Upper
发布微博简单、便捷	4.6427	4.7083
用手机登陆、发布微博很方便	4.1779	4.2779
发布和浏览信息时网页反应速度快	4.2349	4.3222
您对新浪微博以下方面的满意度如何？ （按非常满意，比较满意，不清楚，比较不满意，非常不满意评分，5—1分）	Test Value = 0	
	95% Confidence Interval of the Difference	
	Lower	Upper
能够便捷、准确得找到我需要的信息	3.8223	3.9248
"最热话题"、"最热转发"等设置能够让我清楚地知晓流行话题	4.1833	4.2778
有我想要关注的明星–名人	4.0598	4.1647
我的微博设置可以满足我的个性化要求	3.7030	3.8143

1. 登录、发布功能评价分析

发布简单便捷；登录、发布方便；发布、浏览反应快。以上三项反应了用户使用体验中的便捷性。三项均得分较高，达到了高满意度标准，说明新浪微博在用户的登录、发布便捷性上用户评价很高，是新浪微博的一个优势。

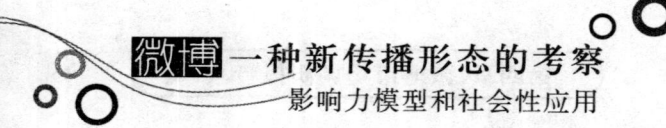

2. 信息功能评价分析

"能够便捷、准确地找到我需要的信息"、"最热话题"、"最热转发"等设置能够让我清楚地知晓流行话题便捷寻找信息,这两个选项测量的是新浪微博为用户提供的信息功能满意度。这两项功能差距较大,其中"热门话题设置"达到了高满意度,说明用户对新浪聚合信息并且为用户呈现信息的功能较为满意,而"能够便捷、准确地找到我需要的信息"则处于中等满意度,说明在信息搜索方面需要加强。

3. 个性化功能评价分析

"有我想要关注的明星–名人"、"我的微博设置可以满足我的个性化要求"两项测量的是用户个性化要求的满意度,此两项均为中等满意度,但分数上差距较大。

用户对"有我想要关注的明星–名人"评价为4.11,"我的微博设置可以满足我的个性化要求"评价为3.76,说明用户对新浪微博的明星策略较为认同,但添加用户需要的名人则需进一步完善。而个性化的功能设置目前也是新浪微博没有实行的策略,得分较低说明值得考虑添加。

(三)新浪微博价值满意度评价分析

平均分为4.08,满意度为中度,说明新浪微博的价值评价为中度满意。

表9 价值满意度

根据您的实际使用情况,您觉得下列描述符合您使用新浪微博的感受吗?	Test Value = 0	
	95% Confidence Interval of the Difference	
	Lower	Upper
某些资讯是我通过其他渠道无法获得的	4.1222	4.2180
是我同好友之间进行交流的有效媒介	3.5909	3.7084
自己的微博被大家转发让我有成就感	4.0354	4.1401
新浪微博已经成为我生活的一部分	4.0646	4.1694

1. 信息价值评价分析

"某些资讯是我通过其他渠道无法获得的"测量的新浪微博的信息价值独特性，得分为4.17分，中度满意。说明微博的信息具有一定的独特性，能够满足用户对新鲜信息的需求。

2. 人际关系维护评价分析

"是我同好友之间进行交流的有效媒介"，得分3.65分处于低满意度水平，说明新浪微博在维护人们之间的交流与沟通，将现实的关系群体移植到互联网上还并不成功。因此，新浪微博应该注重现实关系在微博上的维护，使微博交叉虚拟与现实两个人际关系群体，增强用户粘性。

3. 自我实现价值评价分析

"自己的微博被大家转发让我有成就感"，得分4.09，中度满意度。这一选项是用户在新浪微博上获得的自我价值的评分，说明部分用户认为转发以及粉丝是可以给自己带来成就感的，因此增加粉丝也是获得用户忠诚度的一个有效方式，可以激发用户发布信息的积极性。

4. 重要性价值评价分析

"新浪微博已经成为我生活的一部分"得分4.12分，中度满意度，此问题测量新浪微博的整体价值以及对用户的重要性。说明部分用户已经对微博产生了行为与情感上的依赖，形成了较高的忠诚度，但是若想要提高到高满意度，获取更多的忠诚用户则需要全面提升微博各方面的功能和价值，成为用户生活中的一部分。

三、新浪微博用户竞争指标分析

新浪微博用户按照是否使用过或正在使用其他微博可以分为两类：独占用户和兼用型用户。独占用户是仅使用新浪微博的用户，而兼用型用户则是使用过其他微博的用户。对于兼用型用户的研究可以了解新浪微博相对于其他微博的优势和不足，为进一步了解主要竞争对手情况、完善新浪微博、加深用户粘性十分重要。

调查中新浪微博的独占用户占60.9%，兼用用户占39.1%，可以发现大部分用户都是初次使用微博并首先选择新浪的。

（一）独占型用户与兼用型用户人口统计对比分析

通过两类用户对比，我们可以发现，独占用户女性偏高男性18%，而兼用型用户男性偏高女性11.6%。这一发现不仅表明男性用户更倾向于使用多种微博，还可以进一步解释重度用户中女性用户偏多的原因——由于女性用户更偏重于仅使用一种微博，因此对新浪微博的的忠诚度较高。

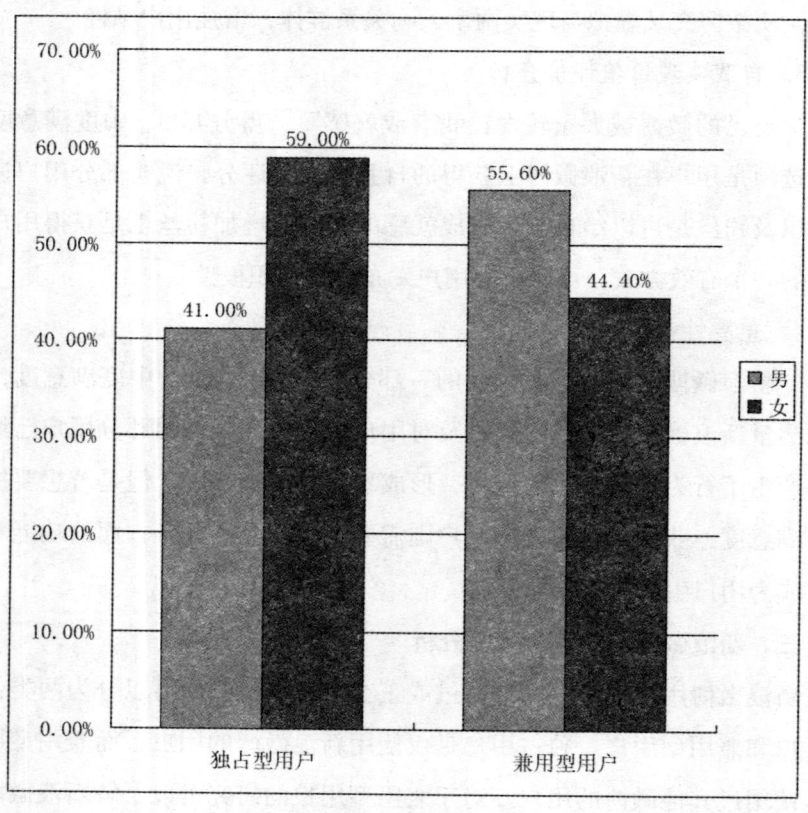

图20 独占、兼用用户性别比较

第四章 微博市场调研报告

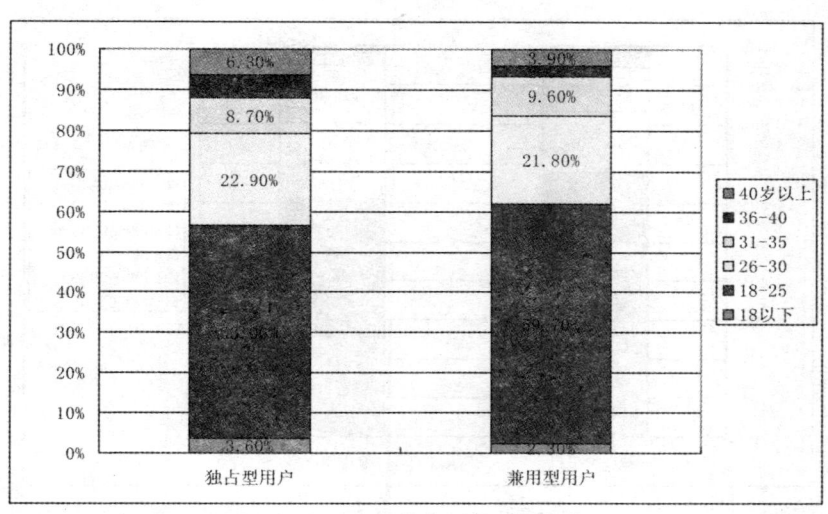

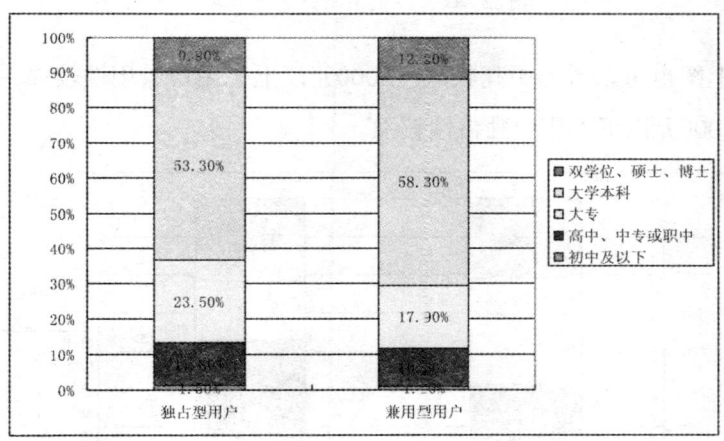

图21 独占、兼用用户年龄、学历比较

通过上图对比我们可以发现，年龄方面：18-25岁用户更倾向于使用多种微博，而35岁以上用户则较为专一，仅使用一种微博的情况较多。

学历方面则特征更为明显，高学历者（大学本科及以上）的用户更倾向于使用多种微博，而中低学历者（大学本科以上）使用一种微博情况较多。因此，新浪微博需要与更多的微博媒体抢夺高学历者用户，需要针对高学历用户做出宣传和功能设计，增强此部分用户的忠诚度。

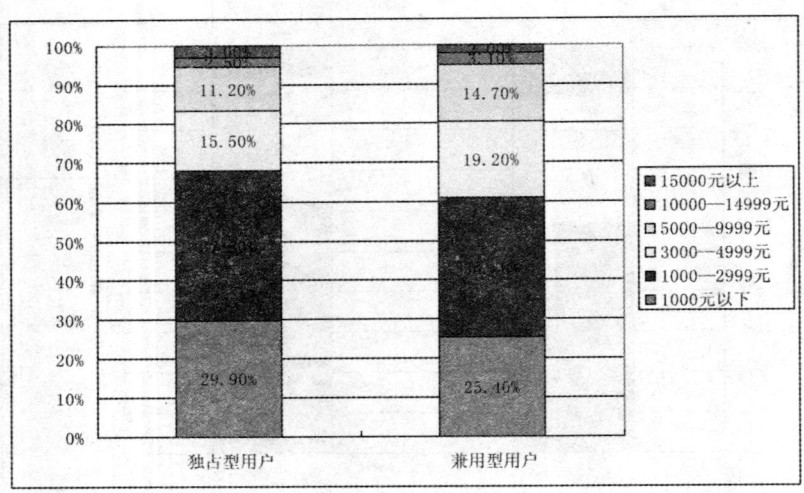

图22 独占、兼用用户收入比较

从上图也可以看出中高收入（3000元以上）用户兼用性较强，而中低收入（3000元以下）用户独占性较强。

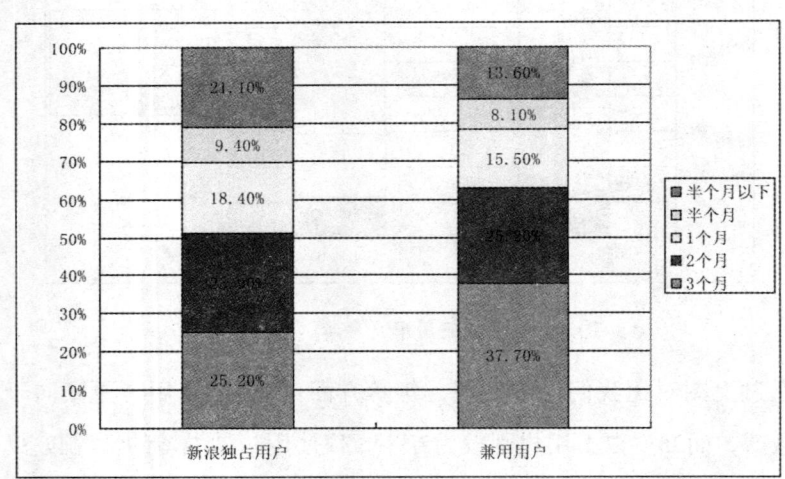

图23 独占、兼用用户使用新浪微博时间比较

从上图可以明显看出，较长期使用者，即使用3个月的用户兼用性较强，而新用户即1个月以下的使用者独占性较强。这可以说明，微博用户

第四章 微博市场调研报告

在使用一个微博产品一段时间后会选择尝试另一种微博产品。因此，如果提高竞争性就需要在用户刚进入时快速树立新浪微博在用户中的地位和形象，防止用户转移至其他微博。

（二）对比结论与启示

通过上述对比我们可以发现，男性、高学历、高收入的用户更倾向于使用多种微博。

而我们在对重度、中度、轻度用户的人口统计对比分析中发现：

轻度用户：在性别上更偏重于男性用户，年龄上偏向于30岁以上、18岁以下，学历上偏向于高学历（本科以上），中、高收入者较多（3000-15000元）。

重度用户：在性别上更偏重于女性用户，年龄上偏向于18-30岁，学历上偏向于中低（高中），中低收入者较多（3000元以下）。

因此，轻度用户与兼用用户人口统计特征相重合，重度用户与新浪独占用户人口统计特征相重合。这一发现可以给我们以如下启示：

用户的独占性、兼用性会影响用户对新浪微博的行为忠诚度与情感忠诚度，导致用户对特定微博的粘性减小，因此增强用户的独占性是新浪微博增强用户的忠诚度、取得竞争优势的关键。

轻度用户与兼用性用户都是高学历、高收入的社会中坚力量，这部分用户应该是新浪微博目前欠缺并且需要大力发展的用户，也将是各类微博今后竞争的关键与核心用户。

（三）不同微博产品的相对满意指数

	使用率	使用率中选指数[1]	满意率	满意率中选指数	相对满意指数[2]
twitter	17.30%	0.58	19.60%	0.65	1.13
同学网	7.50%	0.25	7.40%	0.25	0.99

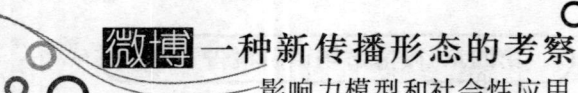
微博——一种新传播形态的考察
影响力模型和社会性应用

（续表）

	使用率	使用率中选指数[1]	满意率	满意率中选指数	相对满意指数[2]
只使用新浪微博	56.10%	1.87	53.50%	1.78	0.95
饭否	13.80%	0.46	13.10%	0.44	0.95
139说客	5.80%	0.19	4.60%	0.15	0.79
腾讯滔滔	19.30%	0.64	14.70%	0.49	0.76
MySpace聚友9911	5.50%	0.18	4.00%	0.13	0.73
叽歪	5.90%	0.20	4.00%	0.13	0.68
嘀咕	6.00%	0.20	3.50%	0.12	0.58
做啥	2.60%	0.09	1.00%	0.03	0.38

1. 使用中选指数分析

本次调查除了单纯地考察各个微博的中选率之外，还进行了中选指数排名。为的是看出不同微博之间的相对差距。

按照统计学原理，中选指数在1.50以上的因素是人们最看重的因素；在1.0–1.49之间的因素是所要考虑的基本因素；在0.5–0.99之间的因素是所要考虑的参考性因素；在0.49以下的因素是很少加以考虑的因素。

从上表可以看到，微博的使用率最高的是"只使用新浪微博"，中选指数高达1.87。其次是"腾讯滔滔"，中选指数达到了0.64，再次是"Twitter"，中选指数达到了0.58。由于在0.5–0.99之间的因素也只是所要考虑的参考性因素这也意味着，新浪微博用户中，独占型用户的使用率最

---

[1] 中选指数=该项实际中选率÷每项平均中选概率。在本项测算中，每项平均中选概率=3÷10=30.0%。

[2] 相对满意指数=满意度中选指数÷使用率中选指数

高,而兼用型用户的使用率和新浪微博相比,有较大的差距。

2. 满意中选指数分析

从上表可以看到,微博的使用率最高的是"只使用新浪微博",中选指数高达1.78。其次是"Twitter",中选指数达到了0.65,而"腾讯滔滔"的中选指数已经低于0.50,仅有0.49。这也意味着,兼用型用户对于其他微博的满意度总体上是较低的。

3. 相对满意指数分析

建立相对满意指数是为了消除绝对数值对于满意度的影响,如果相对满意指数>1,则说明了使用者的满意度评价较高。可以发现,虽然新浪独占型用户的使用指数和满意指数都大于1.50,但是相对满意指数低于1.0,只有0.95。相反,"Twitter"和"同学网"的相对满意指数位居前列,分别达到了1.13和0.99。这说明了,这两个微博受到兼用型用户的认可度较高。

而腾讯滔滔虽然使用率和满意率从绝对数值上看较高,但是相对满意指数的排名处于中下水平。这在一定程度上也说明了,兼用腾讯滔滔的新浪微博用户,对于滔滔的满意度评价内部有较大差别,对于滔滔的忠诚度也较低。

第三部分　重度、中度、轻度用户对比分析

一、新浪微博重度、中度、轻度用户界定与划分

受众对于微博的忠诚度大体上可以分为两类:一是行为忠诚度,指受众接触某个媒体的稳定程度,这种行为忠诚度主要是由于特定微博的功能方便用户使用所造成的;二是情感忠诚度,指用户对于特定微博的价值与情感认同程度,这种情感忠诚度主要是由于特定微博用户使用环境和发布信息的内容对于微博用户的价值亲和力所造成的。因此判断一个新浪微博用户的使用程度则需要从行为忠诚度和情感忠诚度两个角度

综合考虑。

因此如果欲增强受众对于某个媒体的行为忠诚度,主要地可以通过方便受众、降低受众的接触成本的手段达到;如欲增强受众对于某个媒体的情感忠诚度,则主要地可以通过提高传播内容之于受众的有用性入手,强化受众对于特定媒体的价值体认。

在传播实践中,受众之于媒体的两类忠诚度有时是统一的,有时则是分离的。如果受众对于某个媒体的行为忠诚度高于其情感忠诚度,表明该媒体对于受众的凝聚力主要地由于获得的方便性所造成的,而这种行为的忠诚度如果缺少情感忠诚度的有力支撑是不可靠、不长远的,一旦遇到强有力的竞争者,便很可能一夜之间"兵败如山倒";如果受众对于某个媒体的情感忠诚度高于其行为忠诚度,表明该媒体对于受众的凝聚力作为一种潜在的可能还没有充分得以发挥,在传播竞争的时代,"好酒也怕巷子深"。因此,缺少行为忠诚度的有力保障,传播的价值增殖就是不充分的,是一种价值闲置和浪费,应该通过降低受众获得传播的代价来改善和扩大其市场份额。

我们主要根据问卷中行为重度的问题作为指标采用赋值的方式对情感忠诚度的问题对重度、中度、轻度用户进行划分与对比分析。

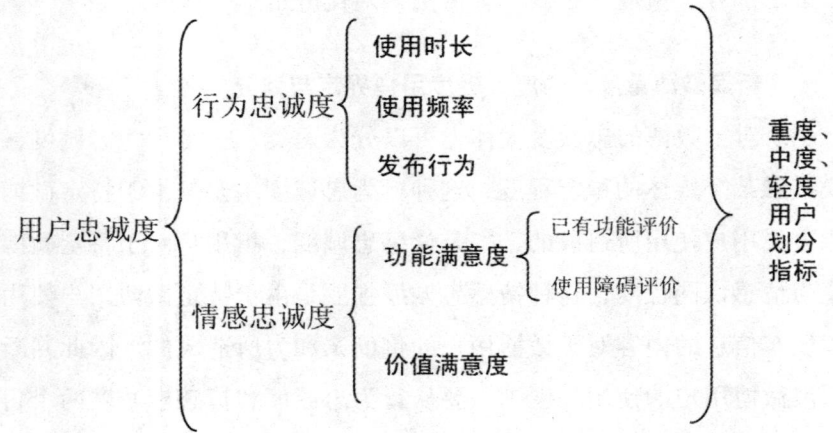

（一）行为忠诚度指标界定

我们根据问卷中测量用户的使用频率来的第12题"您一般多长时间登陆一次微博"这一问题来界定用户的行为忠诚度。该题共有6个选项，我们根据使用频率为用户打分如下：

高行为忠诚度（5分）	高行为忠诚度（4分）	中行为忠诚度（3分）	低行为忠诚度（2分）	低行为忠诚度（1分）
随时随地	平均每天5次以上	平均每天1次	平均每周3次以上（不到每天一次）	每周一次以下

（二）情感忠诚度指标界定

我们根据问卷中测量用户情感忠诚度的第24题中"新浪微博已成为我生活的一部分"的符合程度来界定用户的情感忠诚度，我们根据符合程度为用户打分如下：

新浪微博已成为我生活的一部分				
高情感忠诚度（5分）	高情感忠诚度（4分）	中情感忠诚度（3分）	低情感忠诚度（2分）	低情感忠诚度（1分）
非常符合	基本符合	有点符合	不符合	完全不符合

（三）重度、中度、轻度用户划分

通过用户对以上两题的回答进行分值加和，我们可以综合判断新浪微博用户的行为忠诚度与情感忠诚度，测量出一个用户的重度、中度、轻度等级。由于两题加和后分值在2-10分之间，因此我们将用户分值三等分：2-4分为轻度用户；5-7分为中度用户；8-10分为重度用户。

最后经过打分加和，分析发现在我们收集到的1464名用户中，轻度用户有57人占3.9%，中度用户有403人占27.5%，重度用户达到了1004人占68.6%。

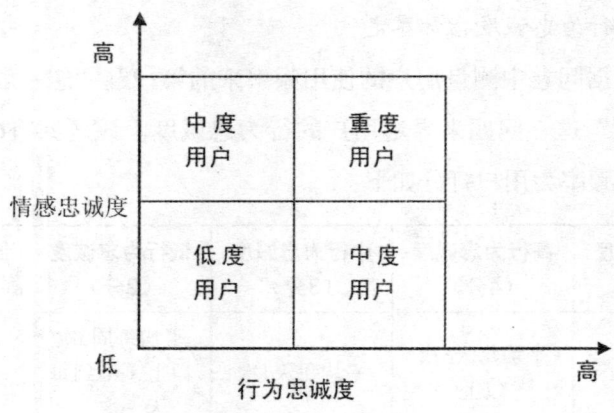

表10 新浪微博用户重量级分布

		Frequency	Percent	Valid Percent	Cumulative Percent
Valid	轻度用户	57	3.3	3.9	3.9
	中度用户	403	23.2	27.5	31.4
	重度用户	1004	57.8	68.6	100.0
	Total	1464	84.3	100.0	
100.0	System	273	15.7		
	Total	1737	100.0		

　　以上用户数据虽然与采用网络问卷调查的方式有关（见报告第一部分分析），但其呈现出来的重度、中度、轻度用户在用户特征、关系圈子等方面所呈现出来的差异具有极大的分析价值。

　　一方面可以了解导致重度用户高行为情感忠诚度的原因，以此来维护重度用户，继续维持新浪微博的独特优势；另一方面可以寻找导致轻度用户低行为情感忠诚度的原因，寻找新浪微博存在的问题，做出针对性的调整，增强用户忠诚度；此外可以寻找到中度用户的使用特征，促使其向重度用户转变。

二、新浪微博三类用户用户特征对比分析

（一）三类用户人口统计特征对比分析

经过对比分析可以发现，轻度、中度、重度用户的用户数量结构中，中度用户男女比例分布较均衡，轻度用户与重度用户对比发现轻度用户的男性比例较高（61.0%，三类用户均值为47.2%），而重度用户的女性比例（53.9%，三类用户均值为52.8%）较高。男性用户在轻度用户中的分布高出均值13.8个百分点，因此男性用户更侧重成为轻度用户，对新浪微博的行为忠诚度和情感忠诚度较低，而女性则更依赖于新浪微博。

这一发现表明了新浪的主要用户群较为女性化，联系独占型用户的分析，新浪女性用户更偏重于仅使用一种微博，因此对新浪微博的的忠诚度较高。

三类用户年龄对比分析可以发现，随着轻度、中度、重度用户使用依赖的加深，用户的年龄结构逐渐转向年轻化。构成重度用户的主要人群是18-30岁的年轻人，年龄分布更加集中，而构成轻度用户的人群中，有很大一部分是40岁以上的中老年人，他们的用户粘性与重度、中度用户群相比有所不足。

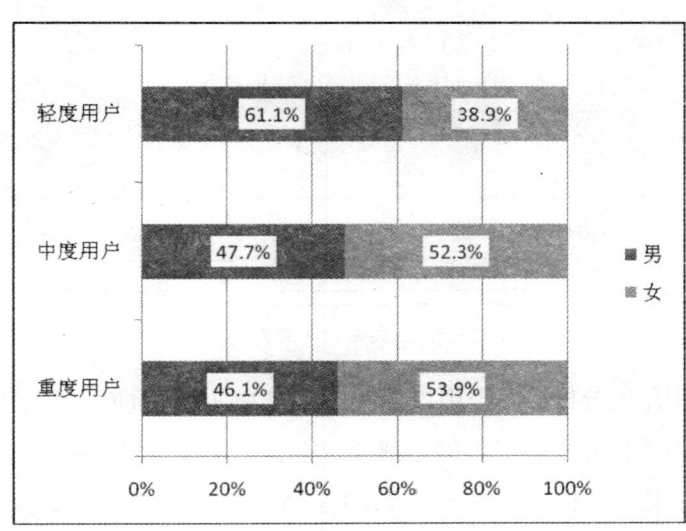

图24 三类用户性别对比

横向比较可以发现：轻度用户相对30岁以上年龄段以及18岁以下年龄段居多，轻度用户18岁以下占3.6%，均值为3.1%，30岁以上占38.1，三类用户均值为18.8%，偏高19.3%差异明显。因此轻度用户更偏向于少年与中年。

中度用户相对年龄段分布接近于均值，31-35岁年龄段居多（11.1%，三类用户均值为9.1%）。

重度用户相对18-30岁年龄段偏高（79.8%，轻度用户为58.2%），偏高轻度用户11.6%，因此18-30岁之间用户更倾向于成为重度用户，对新浪微博的行为忠诚度和情感忠诚度较高。

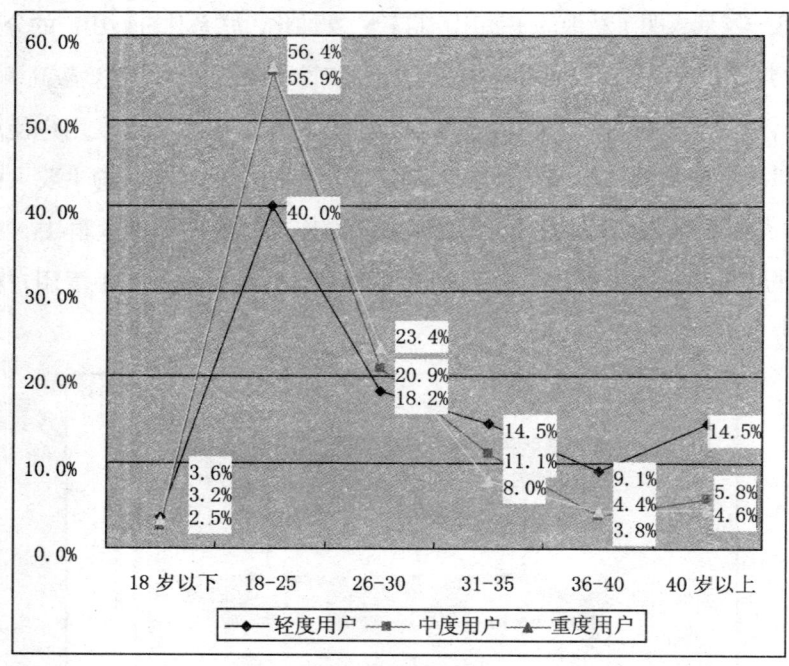

图25 三类用户年龄对比

从学历角度分析，三类用户学历分布较为均衡，重度、中度、轻度用户群之间的差异并不明显。但是细致观察，发现轻度用户中，有12.7%的"双学位、硕士、博士"学历，以及3.6%的"初中及以下"学历，呈现出

"两头高、中间低"的特点。而相反，重度用户中低学历所占比例较高：重度高中、中专或职中学历占12.5%，而轻度用户仅为5.5%。

表11 三类用户学历分布

	初中及以下	高中、中专或职中	大专	大学本科	双学位、硕士、博士
轻度用户	3.6%	5.5%	21.8%	56.4%	12.7%
中度用户	1.3%	8.9%	21.3%	55.4%	13.2%
重度用户	1.2%	12.5%	21.0%	55.3%	9.9%

在可支配收入方面，中、重度用户大致相似，但相对之下，轻度用户与以上两类用户差距较大。轻度用户在中、高收入段要高于中、重度用户；在3000-15000元收入段之间，轻度用户占51%，而重度、中度用户均为29.7%，轻度用户是中、重度用户的1.7倍。

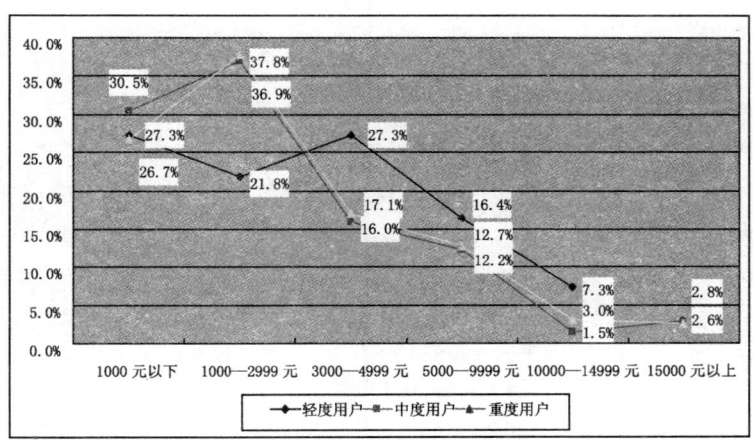

图26 三类用户收入对比

（二）三类用户人口统计特征总体描述

因此，如果综合以上描述可以为新浪微博用户的轻度、中度、重度用户做个概括性描述：

轻度用户：在性别上更偏重于男性用户，年龄上偏向于30岁以上、18岁以下，学历上偏向于高学历（本科以上），中、高收入者较多（3000-15000元）。

中度用户：性别男女分布较均衡，年龄上偏向于31-35岁之间，中低收入者较多（3000元以下）。

重度用户：在性别上更偏重于女性用户，年龄上偏向于18-30岁，学历上偏向于中低（高中），中低收入者较多（3000元以下）。

因此，新浪微博未来需要在男性用户、高学历、高收入的用户中进行深入的挖掘，将这部分非常有价值的轻度用户转换化为重度用户，优化重度用户的比例。

三、新浪微博三类用户关系圈子对比分析

（一）三类用户粉丝圈子对比分析

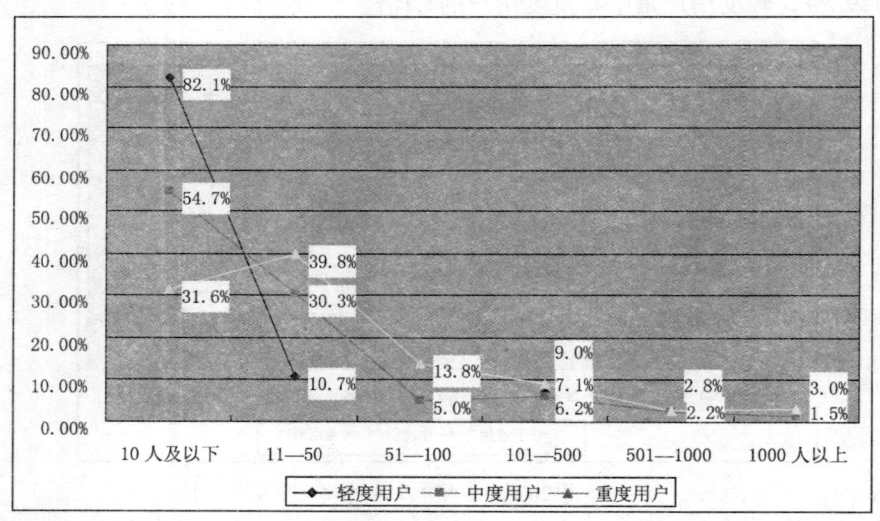

图27 三类用户粉丝圈子对比

三类用户的粉丝状况较为明显地显示出了：随着用户重量级的加深，高粉丝人数所占的比例有逐渐升高的趋势。重度用户的高粉丝数量（100

人以上）要大于轻度用户。在粉丝数量10人以下的用户群中，轻度用户占了82.1%，而重度用户仅为31.6%，均值为39.9%。可以推断，用户对新浪微博的使用感受和评价会受到粉丝数量的影响，粉丝数量的多少会影响到用户的行为忠诚度与情感忠诚度。

重度用户中，10人以上的粉丝所占比例均高于轻度、中度、用户。不难判断，用户粉丝数量的扩增，对于增加用户的忠诚度以及用户粘性是有一定带动作用的。这也可以使用户形成一种被别人关注的满足感、在与粉丝交流中的价值感以及发布信息维护微博的责任感。

（二）三类用户关注圈子对比分析

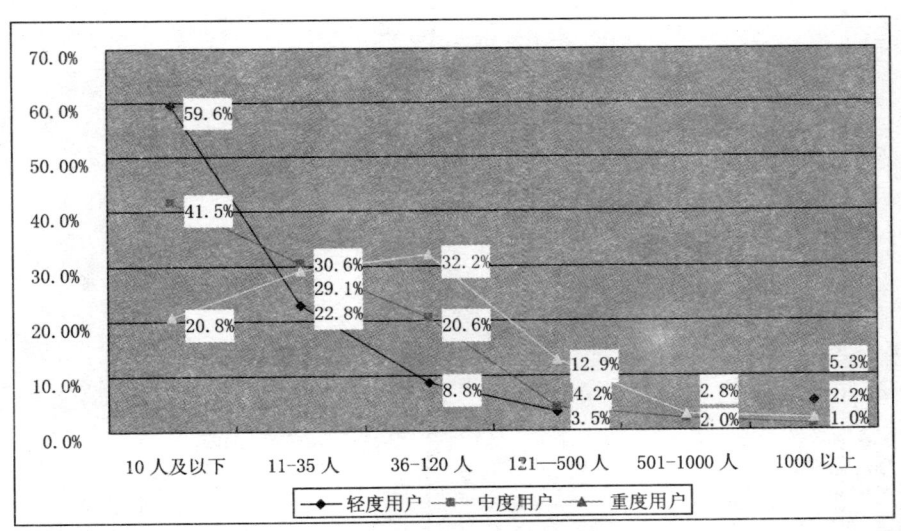

图28 三类用户关注圈子对比

通过上图分析我们可以发现，轻度用户在关注人数上出现了"两极现象"。在极少的关注如数段中（关注人数在10人以下）轻度用户占比重最高，为59.6%，均值为28%；在极多的关注如数段中（关注人数在1000人以上）轻度用户占比重也最高，为5.3%，均值为2%。因此，轻度用户更容易形成两个极端现象：要么关注人很少，要么关注人很多。但是此种现象也

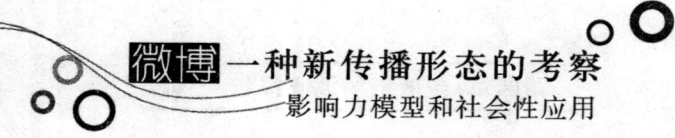

可能是造成轻度用户忠诚度低的一个重要原因，关注人数过少会致使用户获得信息有限，感觉新浪微博价值不大，关注人数过多会造成信息超载，在其中筛选有价值的信息非常困难。

重度用户则更多地集中在中等关注段中（35–500人）45.8%，均值为38.2%，这说明关注此阶段人数的用户更容易成为重度用户。

附录一 Twitter大事年表

 宏观运营

Odeo的软件工程师Jack Dorsey提出了一个新奇的想法,建立一个平台让朋友之间互相交流自己都在干些什么,他想试验一下这个想法是不是能够带来某种不一样的新式玩意儿。2006年3月份的时候,Twitter在内部测试,当时的Twitter叫Twttr。

2006年7月份,Twitter服务向社会公开,Twitter的官方博客在这个时候也正式建立,几乎每天都要发布一些自己的各种进展。

2007年4月18日,Twitter脱离Obvious,成立了独立的股份有限公司。

2007年5月10日,Twitter建立了手机网站,m.Twitter.com。

2007年7月26日,Twitter的第一轮融资500万美元。

2008年4月22日,Twitter日本版开启。

2008年5月22日,Twitter获得第二轮风险投资1500万美元。业内人士称Twitter估值为8000万美元。

2008年5月22日,Twitter准备完善自己的服务条款,应对外界的一些对Twitter的质疑。

2008年5月24日,Twitter完善了自己的TOS服务条款。

2008年7月15日,Twitter收购搜索引擎服务商Summize,增强自己的实时搜索功能。search.Twitter.com网站建立。

2008年10月16日,Twitter联合创始人多尔西2008年10月辞任CEO,任董事会主席,另外一名联合创始人埃文·威廉斯(EvWilliams)出任CEO。业

内分析师称,多尔西下课的原因可能与Twitter没有盈利有关。Twitter第三名联合创始人比兹·斯通(BizStone)表示,"我们有两位优秀的掌门人,但只能从两者中选择一位。"

2008年11月,在威廉姆斯10月16日接任CEO之后不久,Facebook和Twitter之间就已经展开了正式谈判,Facebook提出了以1亿美元现金和4亿美元股票收购Twitter的计划,Twitter拒绝了Facebook的收购邀约。

2008年11月24日,Twitter收购了Valuesofn公司,公司的创始人兼O'ReillyMedia的首席技术官Rael Dornfest加入了Twitter。

2009年1月13日,Twitter设立了第一个商业开发职位,首先重视的是移动数据服务的商业运作。

2009年2月13日,Twitter第三轮融资3500万美元,估值也增长至2.5亿美元。经过其影响力的逐渐扩大,Twitter宣布要开发一些盈利型产品。

2009年4月3日,美国科技博客网站TechCrunch创始人迈克尔·阿灵顿(Michael Arrington)撰文称,消息人士向他透露,谷歌同美国微型博客网站Twitter的收购谈判仍在进行当中,虽然Twitter一些高管层已愿意接受谷歌收购请求,但Twitter首席执行官埃文·威廉斯(Evan Williams)却认为,即使谷歌出价达到10亿美元,自己也不愿出售Twitter。

面对外界对于Twitter未来走向的质疑,Twitter的官方博客上说自己正在和一些公司进行磋商,这些磋商是很正常的(regularly)。

2009年4月9日,面对外界质疑,Twitter在官方博客上澄清自己没有行为和意向与任何外界公司达成官方商业协议。

2009年5月5日,据著名IT博客Valleywag报道,消息人士表示,苹果将于6月8日在苹果全球研发者大会(Apple Worldwide Developers Conference,简称WWDC)上宣布,以7亿美元收购Twitter。后来这一消息受到外界驳斥。

2009年5月20日,Twitter在官方博客上声明不排斥广告,但是不会把它作为自己盈利模式的首选。

附录一 Twitter大事年表

2009年7月22日，Twitter声明自己正在搜集整理自己的用户是如何对Twitter进行商业应用的。

2009年7月23日，Twitter建立了Twitter101网站，里面是一些Twitter的商业利用实例。

2009年9月10日，Twitter更新了自己的服务条款"Terms of Service"，明确了一些原则，比如tweets的所有权归用户，Twitterisallowedto"use,copy,reproduce,process,adapt,modify,publish,transmit,display and distribute"yourtweets。

2009年9月17日，Twitter第四轮融资1亿元。这次融资后，业内人士对Twitter估值为10亿美元。在不到三个季度的时间里，Twitter的估值很快就涨了3倍多。

2009年10月8日，Twitter即将推出法语、意大利语、德语、西班牙语版，其他语言的版本也在策划中。使用的方法是仿效Facebook的志愿翻译服务，由用户自己组织人力对Twitter进行翻译。

2009年10月9日，有媒体报道，Twitter近期进行了第5轮融资。该公司提交给美国证券交易委员会的表格给出了此轮融资的部分细节。表格显示，Twitter此次共发行100,000,006美元的股份，最终售出98,200,005美元股份，有1,800,001美元的股份仍有待出售。

2009年10月15日，Twitter在日本以日文界面推出手机版。Twitter公司希望通过日文手机版打破"脸谱"、"我的空间"等美国知名社交网站难以在日本发展的尴尬局面。

2009年11月19日，Twitter也更新了自己的隐私权政策。

2009年11月24日，Twitter联合创始人比兹·斯通(Biz Stone)表示，随着公司人气继续增长，Twitter有意进行更多收购交易。Twitter将在2010年开始盈利，网站明年年初将公布如何通过广告创收的计划。他拒绝透露相关细节，但表示Twitter的广告将不同于以往。斯通说："我们没有制定实现盈亏相抵的日期表，我们有充足的时间。"

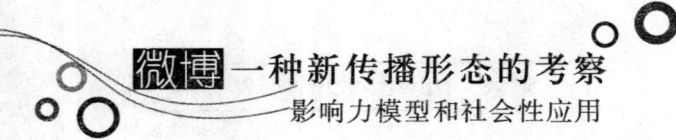
微博——一种新传播形态的考察
——影响力模型和社会性应用

② 活动营销

2006年11月21日,SMITHMagazine和Twitter合作举行的一个"Six-Word Memoir Contest",用户可以发布六个词语的信息,如同中国的俗语,谁做的句子比较巧妙就可以获奖。

2007年2月23日,Twitter在博客上鼓励人们关注Defamer,这个账户的拥有者将要去奥斯卡颁奖礼的现场,用户关注它可以获得第一手的现场信息。

2007年3月上半月,Twitter都在策划在SXSW(一个每年都在美国德克萨斯州举办的可能是世界上规模最大的音乐盛会)上的活动营销。这个活动上Twitter还获得了SXSW的博客类网络大奖。这次营销被普遍认为带来了Twitter用户数的第一次飞跃。

2007年9月5日,苹果公司要举行新闻发布会,可能发布新产品,Twitter号召大家关注在现场的Macrumors,及时了解当时的信息。

2007年9月9日,Twitter参与报道MTV的视频音乐大奖,在MTV的网站上也可以看到在场的Twitter用户的实时信息更新。

2008年1月9日,美国大选年,Twitter建立了一个新的网站——Politweets,用户可以在上面找到发布在Twitter上的有关大选的信息。

2008年2月3日,美国的橄榄球超级杯大赛吸引了超出平常很多的流量。

2008年2月5日,和谷歌地图合作,在美国大选初选这一天,鼓励人们发送信息发表自己的状态和意见,Twitter又经历了一次流量暴增。

2008年2月25日,与西班牙网络媒体ADN.es合作报道西班牙大选。

2008年3月14日,又一年的SXSW活动,这一年Twitter特别注意了系统的稳定问题。

2008年6月8日,为了应对Apple Worldwide Developer's Conference上可能带来的流量过载问题,Twitter暂停使用了一些功能,卸掉包袱,取得了良好的效果。

2008年8月8日，Twitter针对北京奥运会的一个小活动。

2008年9月25日，Twitter在自己搜索和趋势功能的基础上建立了"TwitterElection2008"网站，上面有政治候选人的Twitter实时更新，用户用Twitter账户就可以在上面发布自己对于选举和政治的意见和见闻，Twitter自己说自己开辟了一条民主参与的新路。

2008年10月1日，Twitter公布一些数据，说明由于政治选举辩论，Twitter的注册、登陆和信息发布量都有跳跃式增长。

2008年10月9日，Twitter公布一些数据，又一轮的政治辩论使得用户的信息发布量在期间猛增。

2008年11月4日，美国大选选举日，Twitter鼓励大家把投票过程中的一些意见发布上来。这一天的流量也产生了暴增的现象。相对于以往的星期二，这一天的信息更新量增加了46%，注册量比以往增加了40.3%。Twitter很欣慰由于自己的努力这一天没有发生系统瘫痪。

2009年1月9日，Twitter总结到因为自己的覆盖率和规模越来越大，一些以前能产生流量大增的一般的事件已经不能有特别明显的效果了。而一些全球性的事件，如在2008年美国大选期间每秒的信息发布量形成了十倍于平时的规模。

2009年1月20日，奥巴马宣誓就职，Twitter看到了5倍于平常的每秒信息流量以及4倍于平常的每分钟信息流量，只有部分用户感受到了系统运行慢。

2009年2月12日，Twitter举办Twestival这样一个慈善活动，大约200个城市都会举办，为一些发展中国家提供可持续的清洁水资源募集资金。

2009年3月12日，新一年的SXSW音乐节推广，今年又增加了一些新功能。

2009年6月16日，由美国投资者杰夫·普尔弗(Jeff Pulver)组织的"140

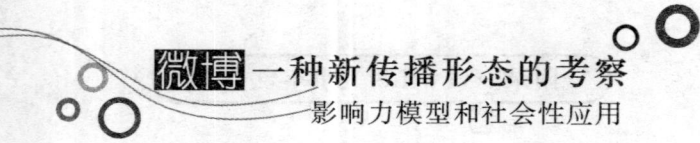

字符大会"在纽约市开幕。这次大会的主要内容是：探讨美国微型博客网站Twitter对美国科技、社会及时事等领域所产生的重大影响。与会者需交纳895-1195美元不等的费用，约500名Twitter忠实用户参加了周二举行的"140字符大会"，其中包括企业家、投资者、市场营销者、慈善家和媒体记者等。高额参会费足以证明Twitter已在美国乃至全球拥有了重大影响力。Twitter联合创始人杰克·多尔塞(Jack Dorsey)在会议开幕式上表示，应美国国务院要求，Twitter已决定把网站维护时间向后推迟一天，以便伊朗公众可继续使用Twitter。

3 竞争合作

2006年7月，芬兰的一家微博网站Jaiku推出官方平台，2007年被Google收购。它的功能和特点与Twitter非常相似，是Twitter最直接的竞争对手。

2006年9月14日，如果用户把你的所在地经度和纬度附带在信息里，那用一个API小应用（和Google地图合作）就可以看到世界上所有的更新和地理位置。

2006年10月26日，与Jabber合作，用户用IM也可以更新Twitter。

2006年11月17日，与Gmail合作，让自己的或者别的用户的信息更新能够及时显示在Gmail页面上。让收发邮件的同时也能浏览及时更新的tweets。

2006年12月5日，与AIM合作，用户用AIM这种即时通讯软件也可以更新Twitter。

2006年12月18日，和vodpod合作，用户可以把两个账户链接，用户在vodpod上的评价也可以出现在Twitter上。

2006年12月20日，和30Boxes网站合作，用户可以在30Boxes网站上更

附录一 Twitter大事年表

新,信息会出现在自己的Twitter账户上。

2007年4月16日,和Socializr合作,用户可以把自己的两个账户链接起来,在其中一个上面可以给另外一个账户更新信息。

2007年5月,Google收购Jaiku后,它对Twitter的用户造成了短暂的冲击。

2007年5月25日,和Facebook合作,Facebook的用户可以在页面上安装应用Twitter工具。

2007年5月30日,和netvibes合作,用户可以通过登录netvibes来链接Twitter。

2007年8月21日,Twitter与MTV达成合作,MTV在其网站安装Twitter小工具。

2007年8月25日,和Gmail合作,用户可以在Gmail上看见通讯录里哪些人也在Twitter上注册了,这样就可以找到新的想关注的人。

2007年10月30日,和Apple合作,在iphone上添加Twitter应用。

2008年2月1日,为了增强自己系统的稳定性,Twitter与NTTAmerica建立了战略合作伙伴关系,后者为Twitter提供数据主机服务。

2008年2月5日,和谷歌地图合作,在美国大选初选这一天,鼓励人们发送信息发表自己的状态和意见,Twitter又经历了一次流量暴增。

2008年2月25日,与西班牙网络媒体ADN.es合作报道西班牙大选。

2008年4月22日,与DigitalGarage合作建立Twitter日本版。

2008年8月20日,与Chumby合作,在电子产品Chumby上安装Twitter的应用。

2008年9月2日,据国外媒体报道,社交网站Facebook近日推出了名为LiveFeed的新功能,这将对Twitter等微博网站构成进一步的威胁。

2008年12月14日,谷歌宣布在其FriendConnect服务中集成Twitter的服务后,这家微型博客网站就成为了博客界的热门话题。Twitter也表现出愿

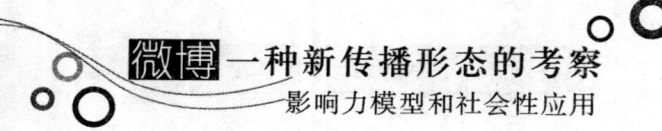

意和Myspace和Facebook合作的意向。

2009年2月20日，Twitter宣布和加拿大BellMobility合作，这一部分用户可以享受双向的短信服务。

2009年3月26日，Twitter宣布和英国Vodafone合作，这一部分用户可以享受双向的短信服务。

2009年4月6日，社交网站聚合服务FriendFeed推出了新的测试版界面，在提升服务实时性的同时，越来越像微型博客Twitter。改版后的新界面更简洁、更实时化，并增加了直接向好友发送消息等新功能。总之，FriendFeed新界面越来越像Twitter，只是FriendFeed还支持其他多家社交网站服务。

2009年4月7日，TechCrunch博客所有人Michael Arrington援引三个匿名消息来源称，Google可能以现金、股票或者现金加股票形式收购Twitter。两家公司也在考虑合作开发一种Google实时搜索引擎。不过，就在Arrington发布此消息数小时后，另外一位博客Kara Swisher在其Boomtown日志上指出，Arrington报道不准确，她援引数个消息来源称："事实上，Twitter和Google只是简单地进行了一些产品方面的讨论。"

2009年5月5日，Twitter宣布和加拿大Rogers、Fido合作，这一部分用户可以享受双向的短信服务。

2009年5月11日，Twitter宣布和加拿大Telus,VirginMobile,KoodoMobile合作，这一部分用户可以享受双向的短信服务。至此加拿大全境都支持了双向短信。

2009年5月15日，雅虎在巴西推出了一款名为Meme的葡萄牙语微博客，并开始邀请用户测试这一服务。雅虎Meme模仿了Twitter的许多方式。当用户将自己的雅虎账户与Meme绑定后，即可撰写100个字符的自我介绍。与Twitter类似，用户可以搜索和关注其他人，还可以撰写文本，并包含一些指向图片、视频和音乐的链接。与Twitter类似，该文本同样被限制

附录一 Twitter大事年表

在140个字符以内。但雅虎Meme的搜索功能还非常有限。

2009年5月24日，Twitter宣布和新西兰Vodafone合作，这一部分用户可以享受双向的短信服务。

2009年6月30日，雅虎旗下图片共享服务网站Flickr表示，已增加了能够在美国微型博客网站Twitter同步发布图片的服务，即用户在向Flickr上传图片的同时，相应图片信息也同步发布到Twitter当中。

2009年7月27日，Twitter宣布和英国O2合作，这一部分用户可以享受双向的短信服务。

2009年8月10日，Facebook宣布将以5000万美元现金加股票的形式，收购与Twitter功能类似的社交聚合服务网站FriendFeed。12日，Facebook推出了经过大幅改进的搜索引擎，可以返回实时搜索结果和选择公开信息的用户的状态更新，使得该网站与Twitter之间的竞争更加直接。

2009年9月初，继雅虎前不久推出西班牙语版微型博客网站YahooMeme之后，雅虎近日又推出该服务的相应英语版，目的是吸引更多英语用户加入到使用YahooMeme行列，以同Twitter、Tumblr及其他微型博客展开市场竞争。

2009年9月23日，Twitter与Myspace合作，二者账户可以同步起来，其中一方更新的信息可以同时给另一个同步的账户更新。

2009年10月14日，Twitter宣布和印度BhartiAirtel合作，这一部分用户可以享受双向的短信服务。

2009年10月21日，微软的必应搜索引擎中提供Twitter消息，增强其实时搜索功能。而谷歌也在同一天声称已与Twitter达成协议，将在几个月内提供这种实时搜索功能。有消息称，Twitter在与谷歌和微软洽谈授权使用Twitter数据，其中包括收入分成模式。而雅虎也表示，正同Twitter合作，将在雅虎搜索结果中整合Twitter信息。

2009年10月4日，MSN加Twitter和Facebook。在改版后的MSN主页右

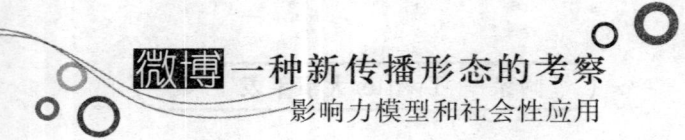

边,微软列出了Hotmail电邮服务和Facebook、Twitter以及微软WindowsLive服务用户的状态更新信息。

2009年11月9日,Twitter宣布和印尼AXIS合作,这一部分用户可以享受双向的短信服务。

2009年11月16日,Twitter宣布和英国OrangeUK合作,这一部分用户可以享受双向的短信服务。

2009年12月15日,据国外媒体报道,Facebook用户本周内就可以将个人更新信息直接同步到Twitter上。目前Facebook的工作人员已经开始测试这个功能,但是Facebook的捆绑形式不是双向的。如果用户想把Twitter信息发到Facebook上,还得需要第三方应用软件。

2009年12月9日,Google发布与Twitter合作的成果,在其搜索结果内提供即时的网络内容。Google计划在未来几天内推出这项功能,但并非所有使用者都能立即看到"最新结果"区。Google也和Facebook、MySpace等社交网络公司达成合作协议。

4 特殊用户

2006年10月27日,Fivlimes.com网站宣布在Twitter上安家,用户可以在上面发现、分享一些环保产品。

2007年1月16日,实习医生格雷的扮演者,著名演员Janina Gavankar开始用Twitter。

2007年3月21日,电子商务网站Woot开始使用Twitter发布自己的产品信息,在这种应用方面它是第一家。

2007年4月5日,政治候选人Edwards利用Twitter发布了政治声明,这在Twitter的使用历史上是第一次。

附录一 Twitter大事年表

2007年6月8日，戴尔在Twitter上建立了自己的账户，做营销之用。

2007年6月12日，一个著名的环保组织LiveEarth在Twitter上建立账户发布消息。

2007年7月19日，政治候选人John Edwards利用Twitter搜集民众问题。

2007年7月30日，绿色和平组织利用Twitter发布自己的活动信息。

2007年8月3日，洛杉矶火警利用Twitter发布火情、预防等信息。

2007年9月4日，旅游网站71Miles试着利用Twitter进行营销。

2007年12月14日，美国地方报纸NashuaTelegraph试着利用Twitter来进行突发事件报道。

2008年5月30日，美国太空总署（NASA）日前发射到火星(Mars)的登陆探测船凤凰号（Phoenix）登陆火星，NASA除了提供路线信息、照片外，也采用Twitter进行登陆火星的转播，开了一个Twitter账号MarsPhoenix。

2008年，奥巴马选举利用Twitter来为自己拉选票。其实2007年2月，其账号就已经注册。

2008年11月5日，奥巴马宣布大选获胜，Twitter说他可能是第一个有官方Twitter账户的美国总统。当选总统奥巴马(Barack Obama)对其Twitter关注者(follower)表示感谢。

2008年11月30日，驻英国的以色列总领事馆通过Twitter举办关于加沙战争的新闻发布会。

2008年11月，奥尼尔并非注册Twitter账户的第一位体育明星，但却是最大腕的体育明星。奥尼尔的加盟使得Twitter开始受到主流用户青睐。

2009年4月1日，英国卫报宣布在Twitter上发行，成为世界上首家在社交网站上发行的报纸，所有内容按照Twitter的格式量身定做，网络化语言，新闻限制在140字以内；还计划将1821年开始的报纸旧档案放到Twitter，这是一项十分庞大的工程。

2009年4月15日，CNN宣称已经收购Twitter账户CNNbrk。

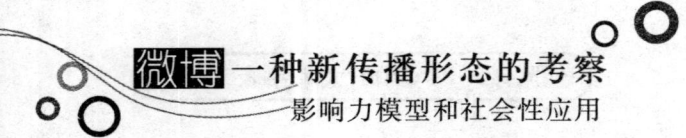

微博 一种新传播形态的考察
影响力模型和社会性应用

2009年4月16日，排名第二的艾什顿·库彻13日向CNN发出挑战，看谁最先冲刺到百万名追随者。在16日艾什顿·库彻胜出。

2009年4月16日，美国电视脱口秀天后奥普拉·温弗瑞(Oprah Winfrey)成为Twitter注册用户。"奥普拉"效应2009年4月开始在Twitter显现，流量出现大幅增长，不到1天时间里已有5万多名网站用户订阅了她的微博客。

2009年5月13日，肩负"哈勃"太空望远镜维修任务的美国宇航员麦克-马西米诺(Mike Massimino)从太空发回Twitter信息，从而成为在太空写Twitter的第一人。

2009年7月28日，英国政府内阁大臣印发Twitter使用指南，帮助他们了解这一社交网站，以扩大政府新闻及机构信息的网上阵地。

2009年8月14日，美国总统奥巴马推动医疗改革受到强力阻挠，反对者还批评英国的国家医疗保健服务（NHS）是"邪恶的制度"，英国首相布朗与夫人莎拉通过微型博客Twitter提出强力辩护。美国医疗改革的争议，演变为英国NHS捍卫大战。

5 外界评价

2006年7月，TechCrunch创始人迈克尔·阿灵顿(Michael Arrington)在报道中对Twitter的服务"创新和对一个简单创意良好的执行表示赞赏"。分析师贾斯廷(Justin)则指出，"我认为这是有史以来最愚蠢的创意，没有人会将自己的信息放到一个网站上供所有人阅读。"

2007年3月19日，SanFranciscoChronicle报纸C1版刊登了"Whatarepeople' Twittering'about?"的一篇文章，Twitter的官方博客上表达了自己的兴奋，说要挂在荣誉墙上。

附录一 Twitter大事年表

2007年3月21日,芝加哥论坛报刊登了关于Twitter的一篇文章。

2007年3月26日,Twitter登上了Financial Times印刷版的头版。

2007年7月9日,时代杂志每年都会遴选出50家优质的网站予以表彰,今年Twitter榜上有名。

2007年11月,著名电视剧CSI(犯罪现场调查)情节中将Twitter作为破案的工具。

2007年12月14日,Twitter赢得了Best Web Little Coof 2007的奖项。

2008年1月18日,Twitter在旧金山第一届"Annual Crunchies"上赢得了Best Mobile Startup的奖项。

2008年2月14日,经济学家杂志刊登了一篇关于Twitter的文章,将Twitter正面评价了一番。

2008年5月31日,纽约时报刊登关于登陆火星的凤凰号使用Twitter的一篇文章。

2008年6月13日,Twitterrific在旧金山得到了一个"Best Phone Social Networking Application"的奖项。

2009年1月11日,Jack,Ev,和Biz在旧金山第二届"Annual Crunchies"上获得了"Best Startup Founders"奖项。

2009年3月10日,旧金山市长Gavin Newsom参观了Twitter,并和管理层交谈,Twitter保证如果Twitter继续发展的话,将不会把总部迁出旧金山。

2009年5月5日,第十三届美国"威比奖"(Webby Awards)评选结果于周二正式出炉,微型博客Twitter被评为"脱颖而出奖"。"威比奖"创立于1996年,是针对网站设计、功能以及创意而设立的世界性奖项,它一直被视为互联网界的"奥斯卡奖",权威性及影响力不言而喻。此前,YouTube、MySpace和Flickr曾获得该项殊荣。

2009年6月15日,Twitter登上了时代杂志封面。

2009年6月15日,因为Twitter在伊朗扮演的关键角色,Twitter专门调整了停机维护的时间，调到了伊朗的凌晨时间。美国国务院声明建议Twitter为伊朗用户推迟原定的维护计划，让伊朗人可以继续使用。按原定计划，Twitter全球各站点统一实施系统维护时，伊朗处于白天，要求取消选举结果、重新选举的街头抗议与游行示威正在进行。2009年6月伊朗大选后，伊朗政府屏蔽移动网络和网站，阻断同外界交流的大部分方式，Twitter成为了抗议者们同外界交流的主要手段。

6 系统故障与安全问题

2006年11月27日，Twitter计划了一个停止服务的时间，用这个时间来维护系统。

2007年3月8日，由于用户数的增多，Twitter的互联网端出现了速度变慢的情况。

2007年3月20日，Twitter的IM端发生了速度慢的情况。

2007年4月27日，因为费用的问题，Twitter宣布暂停澳大利亚的短信服务。

2007年5月8日，加拿大的短信服务开通。

2007年8月15日，Twitter服务出现了一些故障。

2007年8月31日，Twitter的一些用户声称不能稳定使用Twitter，出现了一些贴不上信息的情况。

2007年9月6日，Twitter经历了一次系统超载。

2007年9月28日，Twitter出现了一次暂停系统维护。

2007年12月3日，重启Twitter的数据库来解决速度慢的问题。

2007年12月14日，Twitter计划一次停机，来进行系统维护。

2007年12月15日，Twitter又经历了一次系统故障。

附录一 Twitter大事年表

2008年1月15日，Twitter出现了一些速度慢的情况，因为一个候选人的演讲产生的流量过大。

2008年1月31日，Twitter的一次停机维护，但是超出了预想的时间。

2008年2月7日，系统故障，可能是由于超载。

2008年2月11日，爱立信报告短信发送也出现故障。

2008年2月27日，用户更新信息却显示在别人的页面上，这使得Twitter提高了安全问题的重视程度。

2008年3月10日，短息服务的短暂停止和系统维护。

2008年4月21日，系统故障，用户信息不能及时更新。

2008年5月1、14、20日，不断有系统故障发生。

2008年5月23日，系统超载引起的速度慢。

2008年5月31日，Twitter在博客上发表文章总结并评论自己的系统频繁故障问题。

2008年6月22日，Twitter的回复功能出现故障，系统也出现运行中断。

2008年7月24日，一些用户发现他们的关注和被关注数量下降，Twitter澄清这与自己的垃圾账户行动无关。

2009年1月5日，33个Twitter账户被黑客攻击，其中包括奥巴马的账户。

2009年1月9日，Twitter声明自己前几天遇到了一些间歇性的宕机。

2009年3月6日，Twitter宣布大约750个账户被非法入侵。

2009年4月6日，Twitter为了维护系统，不得不停止服务一段时间。

2009年4月12日，Twitter受到了病毒攻击。

2009年4月30日，Twitter发现一些账户被非法进入。

2009年6月2日，Twitter日前又出状况，其实时搜索功能在昨日突然停止运作，停用时间长达数小时。功能故障之后，网站用户纷纷表示不满。

2009年6月6日，因为用户信息安全问题，一位用户将Twitter告上法庭。

2009年6月12日，随着Twitter的流行，出现了千年虫现象（Twitpocalypse），

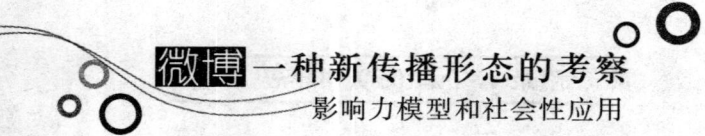

由于tweet的整数标识正迅速逼近21,474,836,471——32位符号整数的最大值，导致部分Twitter应用程序崩溃出错。

2009年6月15日，因为Twitter在伊朗扮演的关键角色，Twitter专门调整了停机维护的时间，调到了伊朗的凌晨时间。美国国务院声明建议Twitter为伊朗用户推迟原定的维护计划，让伊朗人可以继续使用。按原定计划，Twitter全球各站点统一实施系统维护时，伊朗处于白天，要求取消选举结果、重新选举的街头抗议与游行示威正在进行。2009年6月伊朗大选后，伊朗政府屏蔽移动网络和网站，阻断同外界交流的大部分方式，Twitter成为了抗议者们同外界交流的主要手段。

2009年7月15日，Twitter官方博客上爆出自己员工的账户被黑的现象，一些主要文件被窃取和公布。

2009年8月6日，Twitter受到拒绝服务攻击。

2009年10月8日，Twitter再度发生故障，在近一个小时的时间内，许多用户的动态停止更新。

2009年10月27日，微博网站Twitter于美国当地时间今晨发生故障，暂停提供服务。

7 自身功能

2006年8月17日，Twitter宣布自己的用户可以用Java等软件把自己Twitter的状态信息显示在自己的博客或者Facebook等页面上，让朋友知道你在干什么。

2006年9月7日，Twitter重新设计了自己的页面，使其更加鲜艳明快有亲和力，比如加一些树、云彩之类的。

增进了自己的功能：

附录一 Twitter大事年表

（1）用户可以通过互联网或者手机终端来邀请好友加入Twitter。

（2）用一些自动生成的信息让朋友知道你为什么现在不在线。

（3）哪些朋友的信息喜欢在什么终端上出现；你也可以把自己信息设置为隐私。

（4）通过手机发送一些特定的词语指令到40404，"For example, you can update, add friends, turn mobile updates on or off"

（5）在个人的资料里，可以加入自己的另一个个人网站地址。

2006年9月8日，欧盟地区、中东地区、亚洲地区的用户有了自己的手机接入号码，既可以更新信息又可以接受信息。

2006年9月14日，如果用户把你的所在地经度和纬度附带在信息里，那用一个API小应用（和Google地图合作）就可以看到世界上所有的更新和地理位置。

2006年9月20日，Twitter在官方博客上解释并宣布开放API，让用户自己给自己设计有趣的小应用。

2006年9月26日，几个发烧友用开放API的便利，设计了一种应用，使得appleiChat上的信息自动被生成为Twitter上的信息更新。

2006年10月20日，Twitter宣布不用输入手机号也可以进行Twitter账户的注册了，Twitter自己可惜地说这些人体会不到用移动终端的使用乐趣了。

2006年10月23日，Twitter改进了API，让设计者的发挥空间更大了。

2006年10月26日，Twitter宣布可以用即时通讯工具来更新Twitter了，但是暂时只能支持一种，"we are only supporting the open source IM system called Jabber"。

2006年11月7日，增加了一些新功能：

（1）用户可以自己修改页面颜色和背景。

（2）用"sleeptime"功能可以让用户在一定时间内暂停手机端的内容接收。

2006年11月14日，增加了一些功能：

（1）"Favorites"，你可以收集你喜爱的一些tweets。

（2）"Delete"，如果感到厌烦，你可以删除你的账户。

（3）"Directmessage"功能，接收你follow的人的私人信息，不会让其他人看见。

（4）可以用名称、邮箱、电话号码进行账户搜索。

2006年11月15日，你可以设置Twitter，如果你一天都没有更新，Twitter自动提醒你。

2007年2月6日，键入"WHO IS+用户名"到40404就可以在手机终端获得这个人的用户资料。另外，用户可以停止加新的好友时的邮件提醒。

2007年3月15日，由于API的应用太活跃了，Twitter专门建立了一个Google Group来讨论这方面的事情。

2007年5月10日，新的英国短信接入号码开始使用，澳大利亚的短信服务重新启动。新的命令设置，"Block"，这个设置让被你Block的用户不能看你的页面、更新你的状态信息。

2007年5月16日，手机网站的一些功能更新，包括记住用户名、增加信息显示条数等。

2007年5月29日，在用户的创意引领下增加回复功能，用@username符号代表回复，每个用户还有一个专门的区域搜集这种直接回复信息。

2007年6月10日，对于使用新版Twitterrific的手机用户来说增加了一个新功能，可以找出地理位置周围都有谁也在用Twitterrific登陆了Twitter，他们最新的一些更新是什么。

2007年7月3日，Twitter提供了许多API带来的小应用供免费下载。

2007年7月19日，通过接受用户的反馈，Twitter取消了引起重复和歧义的"friend"，统一用"follow"来代表关注与被关注。

2007年8月21日，Twitter把用户搜索窗口放在了自己的主页面上。

附录一 Twitter大事年表

2007年8月22日，Twitter加强了安全管理，识别注册机和人的注册，以减少垃圾信息。

2007年9月24日，手机或者IM终端的"Track"功能，搜索带有某些词语的即时信息，比如：trackNYC，然后你再发送"who is username"就可以得到发布这个信息人的更多信息，你也可以"follow username"来关注它。

2007年11月28日，更新了手机网站的一些功能，用户搜索和注册功能。

2007年12月5日，完善回复功能，用户可以自行决定看哪些回复信息。

2008年1月17日，印度的短信接入号码启用。

2008年2月14日，Twitter在情人节这天增加的小功能。

2008年2月15日，回复功能有了一个快捷键。

2008年4月9日

（1）增加了"everyone"功能，让用户很方便地就能浏览publictimeline。

（2）页面外观的更新。

（3）更新了用户搜索和邀请功能，使之更方面使用。

2008年5月7日，Twitter开设黑名单。

2008年7月31日，Twitter更改了一些用户保护模式设置。

2008年8月7日，Twitter出台了一系列措施来对付垃圾邮件。

2008年8月13日，由于费用问题，Twitter不再支持英国的双向短信服务，只能发信息不能接收信息，但是加拿大、印度、美国的照样支持。

2008年9月5日，全球范围内都可以在search.Twitter.com上使用trendingtopics功能，浏览最新的热点信息。

2008年9月10日，Twitter增加了对以前信息的显示量，现在用户可以查看以前接收到的3200个tweets。

2008年9月18日，Twitter改善了自己的外观，以达到更简洁更受欢迎的目的，比如把自己的logo放小，把一些实用性的按键放大。

2008年10月9日，Twitter的手机网站增加了回复功能。

2008年11月26日，Twitter宣布加拿大的短信服务也缩减为单向，和英国和澳大利亚一样。

2008年12月23日，Twitter改进了自己的用户搜索功能。

2009年1月15日，Twitter完善了客户服务功能，增加了一些新软件清晰快捷地回答用户问题。

2009年2月18日，Twitter试着把信息搜索和趋势显示页面加在自己的主页面上。

2009年2月20日，Twitter宣布和加拿大BellMobility合作，这一部分用户可以享受双向的短信服务。

2009年3月25日，为了使新用户更快地活跃起来，Twitter增加了推荐关注功能，推荐一些账户让用户关注。

2009年3月26日，Twitter宣布和英国Vodafone合作，这一部分用户可以享受双向的短信服务。

2009年3月30日，Twitter增加了"Mention@username"功能，只要提到自己名字的信息都被搜集到一个目录下面。

2009年4月30日，Twitter完善实时搜索功能供用户搜索信息。

2009年5月5日，Twitter宣布和加拿大Rogers、Fido合作，这一部分用户可以享受双向的短信服务。

2009年5月11日，Twitter宣布和加拿大Telus,VirginMobile,KoodoMobile合作，这一部分用户可以享受双向的短信服务。至此加拿大全境都支持了双向短信。

2009年5月12日，Twitter又完善了自己的回复功能。

2009年5月24日，Twitter宣布和新西兰Vodafone合作，这一部分用户可以享受双向的短信服务。

附录一 Twitter大事年表

2009年6月6日，Twitter试用认证用户功能。

2009年6月19日，Twitter计划提供上线购物建议和在线交易的新功能。

2009年6月30日，Twitter改进了关注与被关注页面。

2009年7月27日，Twitter宣布和英国O2合作，这一部分用户可以享受双向的短信服务。

2009年7月28日，Twitter更新了自己的首页面外观。新首页加入了实时搜索引擎功能并列出大量实时热门话题。

2009年8月13日，"retweet"转发功能的首轮测试。

2009年8月20日，Twitter想要建立一个新功能，让用户的每条信息都能显示地理位置。

2009年9月30日，应许多用户想要找到更好的办法整合Twitter上信息的要求，Twitter正在试着建立"list"功能。

2009年10月11日，外界有传言Twitter将推出视频更新功能，创始人比兹·斯通(Biz Stone)随后表示，Twitter不会推出视频消息服务。Twitter的正规做法就是140个字符的文本，包括空格。而斯通的说法反映了Twitter的哲学：保持网站简单，尽可能少地引入附加功能。

2009年10月13日，Twitter增加了一个对付垃圾账户的工具。

2009年10月14日，Twitter声明自己更加关注40多亿的移动终端数量，Twitter宣布和印度Bharti Airtel合作，这一部分用户可以享受双向的短信服务。

2009年10月15日，Twitter推出list功能。

2009年11月5日，Twitter实验retweet功能。

2009年11月5日，Twitter正在试图改善趋势功能（Trends），让用户更准确地了解正在发生的大事。

2009年11月9日，Twitter宣布和印尼AXIS合作，这一部分用户可以享受双向的短信服务。

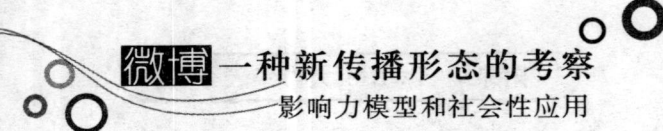

2009年11月16日,Twitter宣布和英国OrangeUK合作,这一部分用户可以享受双向的短信服务。

2009年11月19日,Twitter推出Geotagging功能,用户可以把自己的地理位置附到信息上。

2009年11月19日,为了符合Twitter的简洁、开放的原则,也是基于用户这几年来的使用,Twitter把主页上的问题"What are you doing"改为"What's happening"。

附录二　Twitter第三方软件范例

Twitter本身并不提供特别复杂的功能，但几乎所有忠实的用户都拥有自己喜爱的第三方应用。Twttier开放平台的推出也使得用户只要能够连接网络（移动或有线网络），就可以轻松地借助各种应用发布消息，真正实现了沟通分享的Anytime，Anywhere理念。截止到2009年7月6日，正在开发和已经完成的Twitter应用软件已达1.1万个。

 Twitter应用程序的类型

浏览器类

浏览器类应用是最受欢迎的Twitter应用，它能为用户提供一种最快速地查看tweet，最即时的push信息的方式。对于忠实的firefox用户而言，twitterfox可能是首选的Twitter应用，该款应用功能简单，操作便捷，相比网页浏览具有更高的即时性；除此以外，还有针对遨游浏览器的twitter sidebar以及针对opera爱好者的twitter widget。

桌面类

桌面客户端类的Twitter应用较为方便，功能较为齐全，主要包括：

官方Widget：官方Widget主要有Flash版本和HTML版本两种。功能简易但比较稳定，适用于放在博客侧边栏或者其他Profile页面。

Twhirl：大名鼎鼎的Twhirl是最受欢迎、最稳定高效的一款Twitter客户端。它基于Adobe AIR技术，可跨平台使用FlashPlayer、DHTML和 Native文

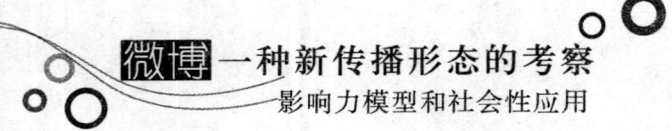

件系统等丰富的API，操作方便，功能强大。

Spaz：兼容MAC，Windows和Linux系统的Spaz同样基于Adobe AIR平台，但目前相比Twhirl而言还较为粗糙。

移动类

对应于不同的手机品牌、型号和操作系统，移动类的Twitter应用也种类繁多：

Gravity：支持Symbian S60 V3和V5系统，不仅仅能访问更新Twitter，还支持基于开源微博客Laconica的系统。

Twibble：Twibble基于Java平台，界面华丽，支持GPS geotag，黑莓和NOKIA用户基本都能使用。

Twitterberry：Twitterberry是黑莓手机平台上十分流行的客户端应用，界面简单，功能强大，适用于各种版本的系统。

i phone平台上的Twitter应用：i phone平台上的Twitter应用种类繁多，较为流行的包括：Hahlo——一款界面精美，简单好用的导航菜单系统；Twidroid——功能丰富，支持GPS定位。

和信推客：和信推客为国内首家支持Twitter信息传送的手机应用，也是目前从手机收发Twitter信息的最佳应用。它采用Push技术，将Twitter的更新信息即时推送到手机，还能从手机直接回复或锐推（RT）。该应用的关键之处在于通过GPRS通道进行传输，不经过短信通道，因此无需短信费，只需GPRS流量费。目前，和信推客支持Windows Mobile、Symbian操作系统下的近300款手机。

邮件类

频繁使用邮件的用户会考虑选择邮件类的Twitter应用，以TweetyMail为代表，它可以通过Email来发布及获取Twitter消息，回复及DM Twitter消息，进行Follow，block，或unfollow操作，自动使用TinyURL或Bit.ly来生成短网址，并且完全支持中文。美中不足的是会自动截断较长的tweet，影响

附录二 Twitter第三方软件范例

follower的体验。

博客类

Twitter的博客类应用集中于功能强大的wordpress博客体系，目前主要包括：

Twitter Badge：Twitter Badge是一个官方的JAVAscripts调用代码，将其嵌入博客，即可使twitter内容显示在用户博客上；

TwitThis：将TwitThis嵌入用户博客，可使博客的读者将博文收藏进他们的twitter中；

Twitter Feed：可帮助用户将博客的最新消息发布到twitter中；

Twitter Wordpress Sidebar Widget：帮助用户自定义显示在博客sidebar中的更新数量。

统计分析类

Twttier的统计分析类应用种类繁多，借助这些应用，用户可了解自己Follower的趋势，每天发送Tweets的统计情况，同好友的交流次数等各方面数据。

Doesfollow：Doesfollow是Twitter的好友关注查询，通过输入两个Twitter用户的名称,就可以查看两者之间是否存在关注关系。

Twitteranalyzer：利用Twitteranalyzer可对每日推数，@数，人气，访客，主题，在线follower数，follower增长率，成长，地域，活跃程度等进行分析。借助Twitteranalyzer，用户还可查询同自己交流最多的Closest Friends。

Twialyzer：Twitalyzer是一款由Web Analytics Demystified开发的Twitter使用情况分析应用。用户可使用Twialyzer追踪自己的Twitter使用情况，根据影响力(Influence)，信息率(Signal)，慷慨度(Generosity)，更新速率(Velocity)，被提及率(Clout)等各项指标检查比对自己同其他Twitter用户的数据，从而衡量自己在Twitter上的表现。

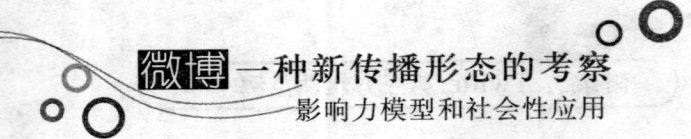
微博——一种新传播形态的考察
——影响力模型和社会性应用

TwitterFriends：TwitterFriends是一款功能全面的个人twitter统计工具，用户无需登录，通过输入twitter ID即可查询自己在twitter的活动状况。

Twitter Grade：提供Twitter账号的评级服务，能够根据用户的Follow数、更新频率、Follower/Following比、活跃度等给Twitter帐号评定等级。

Tweetvolume：用于比较用户输入的五个词在Twitter上的讨论热度。

TweetStats：帮助用户分析自己的Twitter内容，包括：经常和什么人交流、发言的时间段等。

Twitterholic：Twitterholic是Twitter的热门用户排行榜。

Tweetwasters：帮助用户统计每天耗费在Twitter上的时间。

富媒体类

◇ 图片型

Twitpic：基于Twitter的图片分享应用，能够与Twitter客户端相整合，具有统计、标签、评论和查看好友上传照片的功能；

Pixim：与Twitpic的功能相差无几，特别之处是能够设置图片私隐性，是公开还是只允许followers查看；

JigTweets：通过在Twitter页面顶端加入工具条的形式，帮助用户在Twitter上发送图片、基于Google Map的地理位置消息、网址、RSS Feed、Youtube视频等；

Twitxr：Twitxr是侧重于在手机平台上进行图片上传与共享的应用，可将图片信息同时上传到Twitter, Facebook, Flickr, Picasa等社会化网络，支持简繁体中文显示；

TweetPhoto：Twitter的图片分享服务，支持Facebook；

Twitgoo：利用Twitgoo，用户可直接在图片页面进行回复和RT，还可对图片进行简单的旋转操作。

◇ 视频型

Twiddeo：Twiddeo是一个Twitter API及视频引擎V:social的API相结合的

附录二 Twitter第三方软件范例

Mashup应用。注册该服务时需要使用Twitter帐号，密码以及摄像头；

Tweetube：借助tweetube，可通过Twitter以最快、最轻松的方式分享视频。

◇ 音乐型

Song.ly：实际上是一个Firefox Addon，通过安装Song.ly，用户可以直接将网页上的音乐文件分享到Twitter上；

Swg：Swg为用户提供便捷的Twitter mp3分享方式，能自动完成搜索、发送等工作；

Tweetj：帮助Twitter用户了解Twitter上其他用户正在收听的音乐；

Twiturm：可帮助Twitter用户从本地上传音乐，然后快速分享到Twitter。

◇ 多功能型

2Tweet（图片+视频）：2Tweet是一个基于2Pad的可以发布视频和图片的Twitter富媒体应用。通过2Tweet用户可以直接利用Email附件将视频和图片发布到Twitter，同时这些视频和图片也会存储在用户的2Pad的媒体Gallery里。

TwitBlogs（图片+视频+Flash）：是一个支持富媒体的增强版twitter应用。通过Twitblogs，用户可突破Twitter140字纯文字的限制。

Twit+（图片+视频+文件）：即Twitplus，能够发送图片、视频或是其它文件到用户的Twitter帐户以便与好友进行分享。

TweakToday（图片+视频）：和Twitter平台功能类似，但是添加了上传分享图片和通过链接分享视频的功能。另外，TweakToday还能汇入Twitter上的更新和Flickr上传的图片。

Listento.fm（音乐+视频）：分享Mp3和Youtube视频到Twitter上。

TwitterShare（音乐+视频+图片等）：是一项由phoreo提供Twitter扩展应用。用户借助TwitterShare，可利用Twitter上传音乐、图片、视频和其他文件并同好友分享。

营销应用

客户服务：Twitter可为企业提供用户追踪服务，缩短了企业对客户需求的响应时间。而客户无论是购买机票、电脑还是咨询相关问题，无需打电话给该品牌的在线客服人员，直接上Twitter就能找到所需信息。

产品、品牌信息传播：Twitter开发了"品牌频道"，企业可以在Twitter构建品牌页面，同时组建多种品牌小组，使得同一品牌的粉丝聚合在一起。借助该平台，企业可以向用户发送各种新品、促销信息。这种方式增加了公司品牌直接接触消费者的机会，有利于维护品牌认知和客户忠诚度。如果企业自身有博客、定期出版物或者新闻发布做为基础，则效果更加明显。

广告服务：Twitter允许个人用户通过在个人页面中插入广告获利，用户可以自主邀请广告主购买个人网页的广告位，双方协商投放时间和收取费用。Twitter仅仅收取5%的服务费。为了保证广告主的利益，广告播出期间的每一小时，用户都可以按比例获得由Twitter广告部门设定的虚拟帐户中的金额，广告完成后，钱会转入Twitter用户的真实帐户。

企业舆情监测：越来越多的公司开始在Twitter上追踪与其品牌相关的舆论情况。Twitter上这些真实的声音，可以帮助企业迅速触摸消费者的心理、对产品的感受、最新需求，以便获取市场动态乃至公关危机的先兆。

其他应用

TwitterMap：用户可以根据Twitter的Username进行地理位置的搜索，并显示出用户公开的Twitter留言以及地理位置等相关信息；

TwitterBar：TwitterBar是一款基于FireFox的插件，可以将用户当前浏览的网站地址收藏到自己的Twitter帐号中；

Twitter tools：Twitter tools是由Alex King制作的一款wordpress插件，用户可以在自己的wp平台上发送以及显示自己的Twitter留言等；

附录二 Twitter第三方软件范例

Twitteroo：Twitteroo是一款安装在Windows系统上的桌面软件，允许用户在不登入Twitter的情况下向自己的帐号发送信息；

Twitter Badges：Twitter Badges是由官方提供的一款小应用，用户可以通过它将自己的心情放在自己的博客中。

TweetPsych：TweetPsych是一个对Twitter进行语义分析的在线服务。通过提供Twitter用户名,TweetPsych可读取最新的1000条Tweet，对其进行语义分析，并提供一份简单的分析报告。报告内容包括用户的主要关注领域，同时还会为用户推荐一些兴趣相同的推友。

2 Twitter十大第三方应用程序

根据Delicious.com上的统计结果，目前最受欢迎的十大应用分别是（括号内数字为截止至2009年11月25日的收藏数）：

Tweetdeck(7540)

一款基于ADOBEAIR的Twitter客户端。2009年6月Sysomos公司的市场调查数据[1]显示，Tweetdeck是最受用户欢迎的第三方应用，所占市场份额高达19.7%。Tweetdeck的优点主要体现在：第一，能够将所有好友的Twitter信息和针对用户本人的回复信息分开展示。第二，面板可调。可以在ALLtweets，Group，Search，Replies，Directmessages等项目中选择一

---

[1]《加拿大媒体分析机构剖析twitter》（来源：新浪科技http://tech.sina.com.cn/i/2009-06-12/16233175010.shtml）

项或几项。其中Group为Tweetdeck的独有功能，用户通过创建一个自己的Group，能够实现特别关注组内成员的愿望。第三，自动缩写链接。无论是手动输入还是粘贴的链接，Tweetdeck都会对其进行缩写。第四，推荐用户目录功能。用户可以根据不同的主题浏览不同的用户分组，并且选择自己感兴趣的人进行follow。第五，对Myspace，Facebook功能的支持和整合。用户只需同意Tweetdeck访问Myspace上的好友列表及更新，就能在不访问Myspace网站的情况下维系Myspace上的友情。虽然无法完全替代Facebook，但Tweetdeck对Facebook进行了有力的补充，用户不仅能够看到图片、评论等内容，接收到来自于Facebook好友的状态信息，还可以直接在Tweetdeck中发布自己的个人动态。但另一方面，Tweetdeck也存在无法导出用户分组等问题，这说明该应用在数据便携性方面有待改善。

Twitterfeed(7349)

利用Twitterfeed，用户能够基于Twitter的内容创建一个新的feed，并且基于可自行设计的CSS语言（层叠样式表语言）以网页的形式呈现出来。Twitterfeed为用户提供了定义Twitter搜索条件的多种语法，通常被看做是TwitterSearch的扩容版。除此以外，TwitterFeed通过OpenID登录，用户输入TwitterID和密码，以及RSSFeeds地址，就可以根据设定的时间频率，自动更新RSSFeeds内容到Twitter。

附录二　Twitter第三方软件范例

Wefollow(6956)

Twitter的用户目录网站。特点是界面设计简洁干净，用户能够毫不费力地找到拥有相同爱好或者处于同一行业的Twitter用户。该款应用根据粉丝数量排列用户，用户只需向@wefollow发送一条带有标签的消息就能加入Twitter的用户目录。

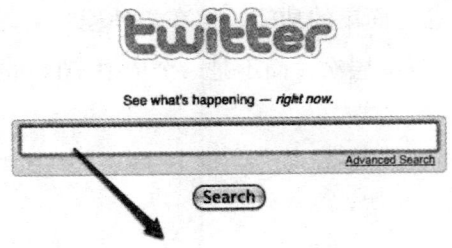

TwitterSearch(6596)

Twitter所提供的官方搜索服务。网站实时显示最新的Twitter信息，用户可以通过输入关键词进行搜索，该关键词会在Tweet信息里高亮显示。TwitterSearch是Twitter最有潜力的应用之一。Twitter真正的力量是对即时信息的汇总，而TwitterSearch则是将这些汇总后的信息进行激活的手段。TwitterSearch不仅能够搜索发布在Twitter上的内容，还将搜索发布在Twitter上的所有链接内容作为未来努力的方向。与Google不同的是，TwitterSearch不会收录海量的网页，只会收录用户推荐的部分，这样就为自身创造了独特的优势。

Twitpic(5482)

一款基于Twitter的图片分享应用。Twitpic不是第一款伴随Twitter使用

微博——一种新传播形态的考察
影响力模型和社会性应用

的相片分享服务，却是最方便、最稳定快速、界面最舒服的一款应用。Twitpic按照时间顺序排列用户上传的图片，为Twitter带来图文并茂的新感觉。当用户在Twitpic上上传了一张图片后，Twitpic会自动将图片链接和说明发送到Twitter上，展示给用户的所有朋友。Twitpic的另一个特点是支持拷贝图片外连，用户可以将Twitpic上的图片链接到自己的博客或者其他网站。虽然只是提供这些简单的功能，但在某种程度上，Twitpic已经将自身提高到了和Twitter同样的层次，而不是一个依附于Twitter的次级服务。

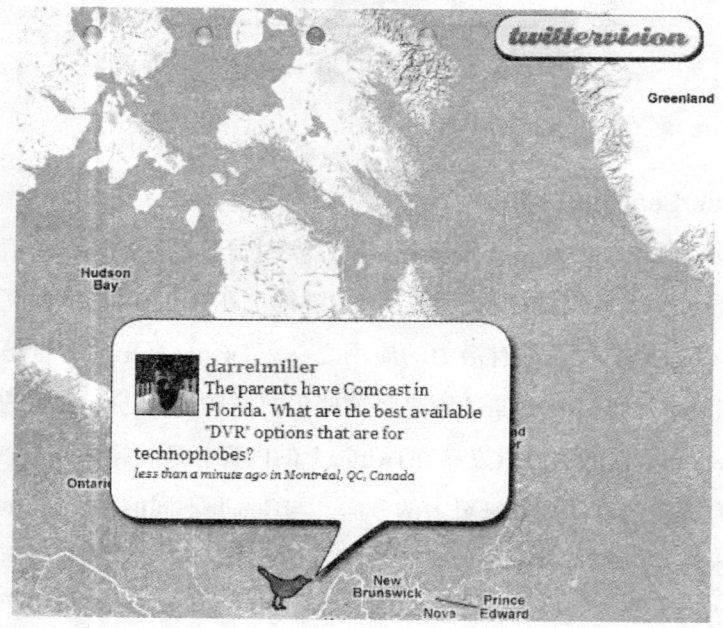

Twittervision(5051)

一款根据Twitter提供的API，在GoogleMap上实时显示用户更新内容的小应用。Twittervision被誉为是Twitter众多应用中最有趣的应用之一。用户通过使用Twittervision，能够在线观察全世界网民的实时动态。不仅如此，由于结合了GoogleMap功能，当用户将地图放大时，甚至能找到特定用户的详细方位。

附录二 Twitter第三方软件范例

Twhirl(5036)

另一款基于ADOBEAIR的Twitter客户端。Twhirl的主要特点体现在：第一，具有信息通知功能；第二，可以发布图片到Twitpic；第三，可以通过Twittersearch和Tweetscan搜索Tweets信息；第四，具有皮肤切换功能等。除此之外，Twhirl能够连接多个Twitter帐号，这对于那些同时拥有Twitter个人账号和公司账号的用户来说非常有用。Twhirl很好地展示了如何将Web程序迁移到桌面，并且能够帮助用户自动取回好友的最新动态、消息、回复等，再以不同的颜色区分不同消息。

Screenr(4389)

一款基于Web的即时屏幕录制服务。能够在线录制用户电脑屏幕上长达5分钟左右的视频，并即时分享到Twitter。Screenr完全基于Web浏览器视窗，但同时需要Java虚拟机的支持。一旦屏幕录像录制完成，用户除了将其发布到自己的Twitter，还可以将它嵌入到自己的博客、直接上传至Youtube或者下载到本地以便将来编辑之用。值得一提的是，Screenr录制的视频质量相当高，提供了HD高清模式，可供全屏观赏。

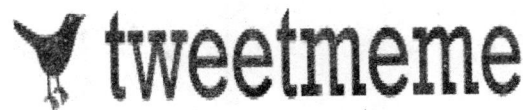

Tweetmeme(4262)

一款聚合Twitter上最新流行热门链接的应用。Tweetmeme最大的优势在于能够将链接分到不同的类别及子类别中，方便将用户导航到自己感兴趣的页面。除此之外，Tweetmeme为每个分类制作了RSSfeed及Twitter账号，因此用户可以直接进行订阅或follow。Tweetmeme基于链接在Twitter上的传播度来计算流行程度，用户每发布一个链接到Twitter上，都相当于为这个链接投了一次票。发布次数达到了一定程度，该链接就能进入TOP10。目前，Tweetmeme尚不支持区分语言。

#hashtags

Hashtags(3933)

一个将"#"标注在关键词之前，帮助人们搜索关联信息的应用。Hashtag实际上是一种社区用户之间产生的，为Twitter内容增加语境和"元数据"的方式。就像Flickr上的标签一样，只需要用户在某个词语前面加上一个"#"号，嵌入自己发布的帖子就可以。标签越具体越独特越好，用户在一段时间后最好能够以其他方式对收集的信息进行整合，以方便其他不使用Twitter的用户查阅。

附录三 微博用户深度访谈报告

第一节 新浪微博用户访谈总报告

一、访谈基本情况

访谈时间：12月11日-13日。

访谈时长：4个小时（总计）。

访谈地点：中国人民大学明德新闻楼611会议室、泊星地咖啡厅、用户住处

访谈目的：通过对于新浪重度用户的深度访谈，了解其使用新浪微博的心理、使用习惯，分析新浪微博的优劣势所在，深入了解新浪微博用户选择新浪微博的原因和新浪微博的独特价值所在。

访谈形式：访谈采用半结构式，研究者准备了问题提纲，访谈过程中根据受访者提出的具体情况进行选择和补充。

二、受访者基本情况

性别：女性两名，男性两名。

年龄：四名受访者年龄均在20-29岁区间。

学历：两名受访者为大学本科学历，一名为双学位，一名为硕士学位。

职业：四位受访者中有三位均为白领，且其中两位都从事与IT和媒体相关的行业，一名男性为大四在校学生，同时也在一家IT企业实习。

过去一个月，可支配的收入金额，四位受访者主要分为两个层次，其中硕士学位者工资5000-9999元之间，其他三位受访者的收入金额在3000-4999元之间。

互联网接触史：四位受访者中，有三位使用互联网的历史达到10年，另一位受访者接触互联网有5年时间。

每天花费在互联网上的时间：由于四位受访者的职业（专业）的原因，其每天使用互联网的时间都达到了12小时。

是否使用过其他类型的微博：四位受访者中，有两位表示使用过其他类型的微博，主要有饭否，Twitter，叽歪；两位表示只使用过新浪微博。且在使用过其他微博类型的受访者中，均表示新浪微博相较其他微博并不是自己最满意的微博（一位表示更喜欢饭否，一位表示更喜欢Twitter）。

使用新浪微博的时间：一位受访者表示已经使用新浪微博四个月，两位受访者表示使用新浪微博接近两个月，还有一位受访者使用新浪微博一个月。

使用频率：四位受访者均为每天登陆微博，由于每天都会接触互联网，对于新浪微博的接触可得性较强，可以保持随时刷新方便浏览和更新。

三、访谈内容整理

◇ 用户类型和用户使用动机

用户类型：四位受访者均为新浪微博的重度用户，按照其使用习惯和目的的不同，主要分为：1号受访者为积极使用者，渴望获取关注，2号和4号均为获取信息类，3号为参与交流获取信息类。

用户使用动机：三位受访者为朋友推荐开始使用新浪微博，仅有一位是通过搜索引擎得知新浪微博（3号）。而使四位受访者坚持长期使用新浪微博的主要原因是：第一新浪微博操作的简洁和方便，第二即是在新浪微博可以获得感兴趣的信息（无论是名人的还是与自己职业相关的信息），第三即是可以通过参与互动表达自己，娱乐性也是受访者坚持使用微博的原因之一。

需求满足：两位受访者表示新浪微博基本满足了自己的需求（3号和4

号),而两位受访者表示新浪微博并没有满足自己的需求。没有被满足的需求主要包括:

不被人关注。1号受访者表示自己微博的粉丝数没有达到自己的期望值,其微博没有形成影响力。

沟通的及时性不够。1号,2号和4号受访者都认为新浪微博在和朋友的沟通中及时性不及IM工具,不会将其作为自己现实生活中交流的主要媒介。但是3号受访者则认为微博的沟通相较于IM即时通讯软件是点到面的过程,且又比SNS网站等更加集中和简洁。

信息量不足。尽管4号受访者认为新浪微博很好地满足了其获取最新资讯的需求,但是他认为新浪微博基于目前使用人数的数量较少,覆盖领域广度不够等原因,尚未形成一定的影响力,在信息的数量和信息传播的速度上尚存在缺陷。

◇ 用户使用行为

登陆方式:四位受访者均主要采用电脑终端登录,仅一位受访者表示会在无法使用电脑的情况下用手机登录,另外两位则表示手机使用不畅。此外,用户手机型号、功能和登录页面的障碍也是制约用户使用手机登录的原因。

使用内容:一位受访者(4号)表示主要是浏览别人的更新和信息,较少发布自己的更新,其他三位受访者则表示既有浏览他人的更新有又发布自己的信息。

发布信息内容:发布信息主要有趣味性强的信息,有感而发的思想性感悟,还有与自己所处行业相关的信息以及一些图片。仅1号受访者表示会为了吸引粉丝数而发表一些可以吸引粉丝的热点话题如星座、房价等。

关注人群:其中有两位受访者(4号和2号)首要关注名人,其次关注微博上自己比较感兴趣的草根,再次为自己已有生活圈的朋友。而这两位受访者均为获取信息的用户类型,他们认为通过对名人和感兴趣的草根用户的关注可以使自己实现获得较新的及时的信息的目的。3号受访者则主要关注与自己行业相关的人。仅1号受访者将现实生活中的人际关系网络作为自己在新浪微博的首要关注对象,明星等仅排在其关注对象的最后(该用户为渴望获取他人关注类型的用户)。另外,4号受访者提出,虽然自己希望关注与自己有相投兴趣的普通用户,与其互动,但是新浪微博在这方面并未向其提供更多的选择途径。

互动交流:四位受访者均表示与微博上的粉丝和关注人群没有深入交流,一般交流仅限于有限的回复。并且目前还未有过线下的交流。可以说,就四位受访者而言,其在微博上的参与度都不高,新浪微博尚未成为其网络表达互动圈子的必需品。

◇ 用户体验

界面:界面清新,简洁。

操作:简单方便,满意。有一位受访者表示手机和电脑操作界面存在差异,手机操作不方便。

字数限制:140字的限制基本满足受访者的使用需求,有一名受访者(3号)表示可以增加到200字。

忠诚度:仅有一名受访者表示对新浪微博形成忠诚度(4号),其他三位均表示未形成或者不确定。主要原因是认为新浪微博的可替代性较强,名人效应的长期作用不大,退出门槛低,自我参与度不够,用户粘性不够。在操作上一位受访者(2号)表示如果有一键分享等简单的功能会有助于其对新浪微博产生忠诚度。

功能:

信息的整合和分类:1号受访者表示,新浪微博搜索功能差,无法准确找到所需信息,关于这点,2号受访者表示可以强化搜索功能,建立数据库,方便检索。信息量不够,这一点4号受访者也有反馈,但是4号受访者同时提出,新浪微博信息量的优势在于可自主选择的订阅阅读,如果能够在信息分类上强化则可以使其获得信息的精度更高，目前的信息还处于比较散乱的状态，缺少整合平台。

图片功能：2号受访者反应图片的上传比较麻烦，希望寻求到新的更为便捷的方式上传，另外上传的图片全部都打上了新浪自己的logo使其感觉非常不好，期待进一步的改进。同时希望可以完善图片的一键保存功能，即像饭否那样看到好的图片能够实现一键保存，方便快捷。

实名制：两位受访者（1号和4号）表示目前国内互联网隐私保护差，一位受访者（3号）认为实名制可以使别人更快捷找到自己，可以使用，而一名受访者（2号）认为实名制是新浪拦揽人气的噱头。

使用环境：两位受访者表示新浪微博的氛围比较轻松和自由，一位受访者表示明星的存在使自我的存在感变得较弱（1号）。

网络监管：对于目前监管认为较严，不过表示了理解。

明星策略：总体而言，除了1号受访者，其他三位受访者对于明星策略的使用都表示了接受甚至赞同。2号和3号受访者认为明星策略比较成功，可以在一定程度上帮助形成用户忠诚度，4号受访者更表示明星策略是其留在新浪微博的主要原因之一。1号受访者则认为明星策略虽然在一定程度上吸引了受众，形成一定的忠诚度，但是长期看来，明星和普通用户之间的距离感使普通用户的存在感降低，普通用户的参与度低，粘度小，不利于用户形成依赖。

品牌效应：四位受访者皆认为新浪的品牌效应有利于聚集用户使用新浪微博。

与其他媒介的比较：

与SNS社区类网站比较：从受访者来看，普遍反应出新浪微博的用户粘度不及SNS类网站。1号受访者认为SNS网站的用户之间的粘度高于新浪微博，但是由于SNS都是认识的人之间的活动不利于发表个人信息和观点。而4号受访者则将新浪微博比为SNS网站的状态修改，其认为微博相较

微博——一种新传播形态的考察
影响力模型和社会性应用

于SNS网站的优势在于信息的集中和选择度，但是劣势在于缺少应用程序添加等可以增强交流互动的功能。2号和3号则认为微博更为碎片化，并且微博相较于SNS网站更为简洁方便。

与IM即时通讯软件比较：从受访者来看，其普遍认为IM即时通讯软件适用于与相识之人的沟通联系，而新浪微博则更多是陌生人之间的交流。1号受访者认为IM软件的即时性好，QQ用户忠诚度高，成为生活中不可缺少的一部分，QQ拥有庞大的用户群，对于单个用户，退出门槛高，退出QQ可能会失去很大一部分的人力资源。新浪微博不可替代性差，容易出现替代产品，没有形成独特的价值，用户人数还未形成规模，退出门槛低，用受访者的话说，"不用新浪微博没有损失"，因此用户粘性和忠诚度低。此外，IM软件用户活跃度高。4号受访者则认为新浪微博目前没有自动提示功能，使得在与其他用户互动的过程中出现交流的滞后性。但也有3号受访者认为微博是一个点对面的交流，比IM的点对点的交流更加广泛。

与其他微博类网站的比较：受访者表示新浪微博是自己目前生活中易得性最强的微博类媒介，对于其的进入门槛最低。但是在对曾经使用过其他微博类网站的用户的采访中，新浪微博均不列入首位。1号受访者表示Twitter的发言环境更自由和轻松，监管松，自我存在感强，新浪微博内容上监管严，对敏感内容反应迅速。两者在本质上类似，但在内容方面，Twitter包含更广，新浪微博强化了"娱乐"，但其他方面相对较弱。

◇ 情感诉求

1. 微博比喻成人的角色类型：两位受访者（2号和4号）做出了选择，认为微博类似于朋友的角色。2号受访者认为在微博上发布的信息大多是理性评论，所以微博上交流更像朋友之间的理性交流，通过交流来交换思想，而非恋人之间的感性交流。

2. 微博比喻成场合的类型：2号受访者认为其像咖啡馆、图书馆和新闻发布会，3号认为是沙龙，4号认为像图书馆。

四、总结

总体来看，四位受访者虽然目前都属于新浪微博的重度用户，但是并没有建立起对新浪微博的忠诚度，虽然有一位用户（4号）表示对其有忠诚度，但是由于其选择的原因的可替代性较强，长期看来，并不能形成对新浪微博的使用依赖。

而没有形成忠诚度的主要原因在于目前新浪微博的独特性不强，其作为主要竞争手段的名人微博虽然在一定阶段可以达到聚敛人气的作用，但是作为一个以普通用户为主的微博类网站，普通用户的参与度是关键。仅仅是凭借粉丝效应很难在长期形成依赖度。并且明星的存在也在一定程度上弱化了普通用户的存在和参与感。目前新浪微博用户粘度不够，不仅是用户与现实生活交际圈，在新浪微博上的关注者和被关注者之间都缺乏粘度，如何调动用户的参与和互动是新浪微博需要思考的问题，这里一些用户提出SNS网站的一些应用程序添加，增强分享等功能，以及通过增强用户体验，增强使用的快捷便捷度以提高其独特性都可以作为参考。同时如何增强普通用户之间的交流，首先使普通用户能够认识了解到更多的自己会感兴趣的用户，如何找到、到达这些用户，新浪微博目前并没有给用户提供更多选择途径，首页的推荐功能也多是关注与明星和简单按地域划分推荐用户并不能帮助用户找到自己喜欢的圈子。

另一方面，就四位受访者的反应来看，目前新浪微博对其的最大吸引还是在于信息的获得。通过自主的选择，订阅式阅读可以便捷快速地获得其感兴趣的信息是他们选择新浪微博的一个原因，同时也提出希望新浪微博能够加强在信息整合方面的功能，包括增加搜索、用户分类功能以提高信息的准确度和有效到达（所感兴趣用户）率。

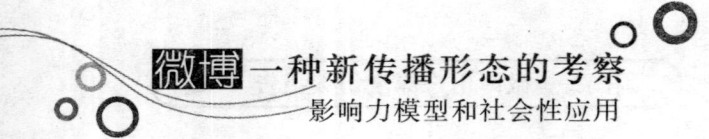

新浪用户1号受访者访谈报告

访谈时间：2009年12月11日19点30分。

访谈时长：1小时。

访谈地点：中国人民大学明德新闻楼611会议室。

访谈目的：通过对于新浪重度用户的深度访谈，了解其使用新浪微博的心理、习惯，分析新浪微博的优劣势的所在，深入了解新浪微博用户选择新浪微博的原因和新浪微博的独特价值所在。

受访者基本情况：

该受访者是一位年龄在20-29岁之间的男性白领，从事IT业的市场工作，受过良好的教育，有高学历和较高收入（硕士学历，每月工资在5000-9999元之间），有10年的网龄。由于工作需要，该受访者每天接触互联网的时间超过12个小时。

该受访者使用过多种类型的微博，如Twitter、饭否、叽歪、新浪微博，而最近正在使用的是新浪微博，但其最满意的微博是Twitter。

受访者的微博拥有关注数1961个，粉丝1446个，发布微博119条。

一、用户使用动机

初次使用：同事推荐。

长期使用：娱乐化定位和操作简便。

该受访者获知并开始使用新浪微博的原因是周围同事的推荐和使用。但吸引他长期使用的原因是新浪微博的娱乐化的定位和风格。该受访者选择使用新浪微博的另一个原因是新浪微博的操作简便，进入门槛低。

二、使用需求和功能满足

1. 使用需求：娱乐

该受访者使用新浪微博的最主要的目的是娱乐。此外被访者认为，由于没有庞大的粉丝数,目前的使用目的并不是被关注。

2. 使用新浪微博满足需求的效果:不明显

受访者认为目前的粉丝数还没有达到一个理想的水平。受访者目前的粉丝数为1446个,他认为这样一个粉丝水平很难达到明显的效果。在基于庞大的粉丝数量的基础上,比如1万或2万,可能会感受到自己的言论被关注和重视,从而会产生去发表一些自认为有影响力的话语的意愿。

此外,在受访者看来,使用实名的用户,都存在"希望获得其他用户关注"的需求。

3. 沟通效果:时效性差

在与朋友沟通中,新浪微博也能起到一定的促进作用。比如在发布微博后,朋友会主动来询问事件的具体情况,拉近了和朋友的距离。

但作为沟通工具,与IM即时通讯软件相比,受访者认为新浪微博在交流上的时效性较差,无法达到及时沟通的目的。

三、用户使用行为

登陆方式:电脑终端居多,兼用手机终端

由于被访者从事的工作与互联网有着紧密的联系,其每天上网时长超过12小时,因此,多使用电脑终端登陆新浪微博。但不在电脑前时,也会使用手机进行登陆。

发布信息

(1) 发布频率:随时随地。

对于该受访者,发布和浏览信息的比例各占一半,而发布信息的频率是随时随地,只要工作不太忙就会去发布。由于工作要接触电脑,所以微博一直保持在登陆状态,这也给受访者随时随地发布信息提供了条件。

(2) 发布信息内容:能引起他人关注的话题。

对于这个问题,受访者是出于如何能吸引更多粉丝的角度考虑的。考

微博——一种新传播形态的考察

影响力模型和社会性应用

虑到新浪微博的用户群主要是75后和80后这样一个群体，受访者拟定了一些他认为其他用户会关注的关键词，如互联网、三国杀、星座、房价等，基本都是受访者认为其他用户会关注的话题。

受访者认为能吸引他人关注的话题具备几个条件：他人会感兴趣的，自己有第一手资料的，内部的，新鲜的。

受访者认为发布内容主要根据其他用户的喜好，"不然说了也白说"。

此外，受访者个人性格导致他不愿意在新浪微博上发表个人感情。

关注人群：依次是老板、同事、同学、明星。

受访者最关注是老板，其次是同事和同学，无聊的时候会关注明星。可见，受访者在使用新浪微博时，会无意识地与自己的现实圈子联系起来。在现实工作中，人们一般会认为处理好与老板的关系最重要，这与前途密切相关，其次是同事和同学的关系。受访者的关注习惯符合现实环境中关系重要性的顺序。而关注明星，只是出于猎奇的心理。

受访者认为网络不是纯虚拟的，肯定会与工作或现实生活有交集。

粉丝：多为关注对方后，对方回加的，5%为活跃用户

该受访者有1446名粉丝。粉丝中以陌生人居多。粉丝分两类，一类是因为互动性吸引，即受访者关注了对方，对方反过来成为受访者的粉丝；另一类是受访者发布的信息吸引了他们。而其中前者居多数。

为证明互动性与发布内容哪个更能吸引粉丝，受访者专门做过试验：在一个时间段内随机抽取20个用户，并加他们为关注对象，这期间不发任何内容，看20个人中会有多少人成为自己的粉丝。试验结果是3%到5%的比例。这与Twitter相似，有数据表明，Twitter的活跃用户数也为5%。有95%的用户只浏览他人的微博，不发言。

另一个试验是，发布受访者认为其他用户可能感兴趣的话题，如娱乐、八卦、图片和笑话等。

试验结果通过内容吸引粉丝的效果较差。原因有二：一是自己找信息比较累；二是不见得自己发布的信息别人能很好地看到，这是由于新浪微博本身是一个活跃度相对较低的平台。根据微博5%的活跃度，假设有1000个粉丝，信息发布后，可能看到这条信息的约为50，当然，反馈的数量就更少了。

四、用户体验

界面：满意，够简单。

操作：满意，进入简便，操作简单。

内容：

140字的限制决定了内容不可能深入和有见地。即使偶尔有这样的内容，但对于用户，这不会成为上新浪微博的需求。

此外，内容的权威性和可信度要低于传统媒体。受访者认为，获得信息最主要的还是门户网站和传统媒体。纸质媒体的权威性最强。

实名制：顺其自然，隐私保护差。

在国内，大家还不习惯在互联网上公布自己的真实信息。在隐私保护方面，受访者认为目前在国内，互联网上不存在隐私。

功能：搜索功能差，无法准确找到所需信息，最根本原因是信息量不够。

受访者认为，在信息搜索上，新浪微博无法和传统的搜索引擎相比。新浪微博上目前的信息量十分有限，无法与百度、谷歌等传统的搜索引擎相比。在新浪微博上进行搜索，可能能搜到别人的看法和态度，但受访者认为，他人的看法不一定有应用价值。对于受访者，可能他更需要的是获得原始的信息。

使用环境：信息杂乱。感受到明星的存在，自我存在感相对较弱。

品牌效应：新浪的品牌效应促进新浪微博发展。

受访者认为，新浪微博作为"新浪"这一品牌下的其中一个产品，受新浪品牌效应的影响。新浪网站的用户平台成为新浪微博的基础。受众对新浪的品牌认知度有助于促进新浪微博的发展。

"明星微博"策略：

（1）优势：娱乐化定位，吸引用户进入。

新浪微博在内容定位上走娱乐化路线，主推明星微博。这在内容上的优势在于可以规避一些政策。同时，明星微博策略，能吸引一批用户使用新浪微博，尤其是一些明星的粉丝。

（2）劣势：用户粘度小，自我参与度低。

受访者认为，新浪微博的娱乐化定位在成为其独特价值的同时，也带来一些缺点。以明星为主打的推广策略虽然能吸引到一批用户，但其缺点在于普通用户的参与度差、粘度小。一个初进入者，可能会选择关注新浪微博管理者推荐的微博，如李宇春、李开复等名人微博，但时间一长，会觉得与自己距离远。如果纯粹是出于获得娱乐、八卦信息的目的，在其他门户网站一样能满足。

名人微博效应，更多的是让用户在一开始觉得新鲜感，但久而久之，个人参与度成为问题，长远来看，对新浪微博不利。

用户粘度和忠诚度：用户粘度小，商业价值不大。

受访者认为，新浪微博的用户粘度不够。受访者从事的工作是与互联网相关的市场推广的工作，与新浪微博的商业价值有一定联系。在他看来，把一个商业产品或商业宣传投入到新浪微博上，从投入产出的角度看，产出太低。他认为，人人网和开心网在用户黏度上要好于新浪微博，更具备商业价值。

就受访者个人而言，他认为尚未对新浪微博形成忠诚度。新浪微博在不可替代性上表现较差，退出门槛较低。

与其他网站、微博的比较：

（1）与Twitter：新浪微博在操作上更简单，进入门槛更低，能与手机进行绑定。Twitter进入门槛较高，需要使用代理，而且无手机绑定功能。但是Twitter的发言环境更自由和轻松，监管松，自我存在感强。新浪微博内容上监管严，对敏感内容反应迅速。两者在本质上类似。在内容方面，Twitter包含更广，新浪微博强化了"娱乐"，但其他方面相对较弱。

（2）与SNS类网站：SNS类网站上的好友多为熟人，与现实生活重合大，因此较少使用SNS发表内容。但SNS类网站的用户粘度比新浪微博大，退出门槛高。新浪微博在内容和操作上更简单。人们倾向于用更简单的方式来表达自己的意见，尽量简洁的表达意思。

（3）与IM软件：IM软件的即时性好，QQ用户忠诚度高，成为生活中不可缺少的一部分，QQ拥有庞大的用户群，对于单个用户，退出门槛高，退出QQ可能会失去很大一部分的人力资源。新浪微博不可替代性差，容易出现替代产品，没有形成独特的价值，用户人数还未形成规模，退出门槛低，用受访者的话说，"不用新浪微博没有损失"，因此用户粘性和忠诚度低。此外，IM软件用户活跃度高。

五、小结

1. 尽管受访者表示获得关注并不是他使用微博的需求，但通过访谈，执行者认为受访者还是非常希望获得广泛关注的。该受访者的使用行为充分显示了这一点。

2. 受访者使用新浪微博的目的是娱乐和获得关注度。

3. 总结来看，该受访者认为新浪微博最大的优点是使用便捷。

4. 新浪微博目前存在的问题有：用户数量不够、信息数量不够多。用户粘度低、使用效果不明显、无法获得准确信息的最终原因都是由于用户和信息数量不够。

5. 新浪微博要提高用户黏度和忠诚度，最主要的策略应该是提高退出门槛。用户数量和信息数量不够，也是退出门槛低的一个原因。

6. 使用新浪微博，更多的是与工作相关，而不是生活琐事和心情抒发。

附录三 微博用户深度访谈报告

新浪用户2号受访者访谈报告

访谈时间：2009年12月13日14点。

访谈时长：1小时。

访谈地点：被访者家中。

访谈目的：通过对于新浪重度用户的深度访谈，了解其使用新浪微博的心理、习惯，分析新浪微博的优劣势的所在，深入了解新浪微博用户选择新浪微博的原因和新浪微博的独特价值所在。

受访者基本情况：

该受访者是一位年龄在20–29岁之间的女性白领，受过良好的教育，有高学历和较高收入（双学位学历，每月工资在3000–4999元之间）。该受访者最早接触互联网是在高中，但是网龄仅有5年。目前，由于工作需要，该受访者每天接触互联网的时间超过12个小时。

该受访者使用过饭否、新浪这两种类型的微博。最近正在使用的是新浪微博，并且新浪微博也是她使用时间最久的微博，已达到4、5个月。但是她最满意的微博是饭否。

受访者的微博拥有关注数28个，粉丝24个，发布微博166条。

一、用户使用动机

1. 初次使用：朋友推荐。

之前使用饭否，但是饭否被封，一朋友在新浪工作获得推广新浪微博任务，在朋友推荐下注册了新浪微博。

2. 长期使用：不一定。

注册是帮助朋友，但是因为之前使用饭否的感觉很好，如果饭否没有被封，也许不一定会来新浪微博。

3. 朋友联系：有现实生活中的朋友，但觉得联系没有MSN那些工具方便。

在使用的时候可能会在首页上浏览朋友的更新状态,但是觉得这种方式没有即时通讯工具的交流来得方便快捷。

4. 产品功能实现:一是了解社会热点,二是能够发表只言片语,是生活方式的体现。

二、使用需求和功能满足

1. 使用需求:两类需求,一是用于自我表达,二是获得热点和焦点信息。自我表达这一需求主要还是与工作有关,很容易看到一条新闻就想到一个什么想法,也就几句话,或者多几句也就发两条微博。其次希望获得热点和焦点,但是认为这与从其他渠道获得热点信息的方式是相互补充,而不是可以替代的,因为其他方式有自身的优点,譬如更加详细等等。

2. 功能满足:常发视频和图片,觉得很方便。

但是图片的上传比较麻烦,希望寻求到新的更为便捷的方式上传,另外上传的图片全部都打上了新浪自己的logo,这种感觉非常不好,期待进一步的改进。

3. 期望功能:一是图片的一键保存功能,即像饭否那样看到好的图片能够实现一键保存,方便快捷;另外一个是加入搜索功能,建立数据库,以便于更好的检索信息资源。

4. 与即时通讯工具以及SNS的比较:微博更适合利用琐碎时间。

认为新浪微博主要适合以下两种人,一类是天天上网接触资讯的人,可以方便地记录自己的灵感;二是经常出差的人群,利用琐碎时间来发表。微博属于"发布型",其他媒体形式属于"阅读型"。

三、使用行为

1. 登陆方式和登陆时间:电脑终端登陆,一般挂在网上。

2. 发布信息类型:比较随性,看到好的句子或者图片就会发出来。

附录三 微博用户深度访谈报告

一般不发心情，不希望把自己另一面展现给微博上的朋友，只是作为思想交流的平台。发布内容主要包括趣味性强的和思想深刻的，主要把微博作为一种情绪表达的工具。

3. 关注人群：关注三类，一是娱乐、商界、媒体明星，二是有个性的微博，三是现实生活中朋友的微博，其中关注明星最多。关注明星就是出于喜欢，不是猎奇，另外关注一些公众人物是出于对他们研究领域的好奇。

4. 实名认证：只有VIP才是实名，认为新浪微博之所以用了名人的实名认证才会这么火，实名认证帮助微博聚敛人气。

5. 粉丝圈：很少了解粉丝，但是会有互动。

认为自己是一个主动去寻找信息和需求的人，更为关注自己所关注的人，而不是关注那些关注自己的人。但是与粉丝间的互动是会有的，譬如相互释疑等等。

6. 与朋友线下交流：现阶段不会有。

对于名人之间可能会方便一些，但是普通人的话比较困难。如果普通人之间长期交流发现彼此的行为与价值观存在相互认同的方面，也许能够发展到线下交流。

四、用户体验

1. 使用限制：140字的限制并不明显，大部分时候只是有感而发，一句话的表达刚好合适，不期望太多人的关注。

2. 界面登陆：登陆方便，可以随性地记录思维片段。

3. 操作体验：简单易用，设置方面越顺手越好。

4. 忠诚度：短期内还未形成。

新浪微博功能并非不可替代，如果其他网络媒体也推出类似产品，可能会转移阵地。另外，一键分享等简单易用的功能对于客户忠诚度的形成有很大的影响，能够恰当地满足自身需求是最为重要的。

5. 明星策略：比较成功。

策略无优劣之分，采用该策略优势明显，因为可以吸引大批粉丝关注明星，从而提升了产品的人气。其次对于用户忠诚度的形成也起到了一定的推动作用。

6. 使用氛围：相对于其他产品而言，氛围比较正统，审查也很严格。

用户认为微博这种形式必然会引起一些版权问题，但是微博的审核不可能特别严格，不会限制到自身的使用需求。

7. 独特性需求：微博现在还没有形成多少有自身特质的东西，不需要它提供太多，只需要提供一个工具，让用户看到别人在提供什么。

五、情感诉求层面

1. 微博比喻成人的角色类型：朋友。

因为在微博上发布的信息大多是理性评论，所以微博上交流更像朋友之间的理性交流，通过交流来交换思想，而非恋人之间的感性交流。

2. 微博比喻成场合的类型：咖啡馆、图书馆和新闻发布会。

咖啡馆是指自己可以发布心情类、经过思考感悟的微博；图书馆则是指可以自己收藏和转发各类对自己有所启发的博文或其他内容；新闻发布会则是指微博能够帮助了解热点资讯，并就这些信息加以评论。

3. 微博对未来人们学习生活的影响：

从学习的角度讲，可以作为一种笔记记录的工具；从生活角度讲，作为一种生活方式，记录一些自己的思维片段和灵感，能够帮助自己记忆和提醒。

附录三 微博用户深度访谈报告

新浪用户3号受访者访谈报告

访谈时间：2009年12月13日16点30分。

访谈时长：1小时。

访谈地点：中国人民大学泊星地。

访谈目的：通过对于新浪重度用户的深度访谈，了解其使用新浪微博的心理、习惯，分析新浪微博的优劣势的所在，深入了解新浪微博用户选择新浪微博的原因和新浪微博的独特价值所在。

受访者基本情况：

该受访者是一位年龄在20-29岁之间的白领女性，从事与数字传媒相关的工作，关注数字出版、手机出版等。受过良好的教育，有高学历和较高收入（本科学历，每月工资在3000-4999元之间），有9年的网龄。由于工作需要，该受访者每天接触互联网的时间大约12个小时。

在目前多种类型的微博中，该受访者仅使用过新浪微博，但是她使用的时长也才有1个月左右的时间。

受访者的微博拥有关注数1042个，粉丝921个，发布微博578条。

一、用户使用动机

1. 初次使用：在论坛上看到有人引用网络名人在微博上的语录，因此引起了对该名人微博的兴趣，从而注册了微博以能够方便的浏览他的微博内容。

2. 长期使用：看到了很多让自己感兴趣的人和话题，这些人与话题是与自己所从事的行业相关的，因此持续了与他们的互动交流。名人策略对这种兴趣的产生和持续有一定的推动作用。

二、使用需求和功能满足

1. 使用需求：一是能够缩短人与人之间的距离，特别是同名人以及专家的距离，凝聚圈子，比BBS更易交流；二是能够通过微博了解与工作相关、以及大众关注的信息资讯。同时，新浪微博的品牌号召力有限，使用还是以最能满足需求为前提。

2. 新浪微博满足需求的程度：基本满足需求，但是也需要添加和改进一些功能，如对于更新内容的列表显示等等，不关注微博的每日推荐功能，因为该功能并不具体针对每个用户的需求和偏好。

3. 微博与博客的比较：受访者认为因为工作的原因，自己的语言能力出现了碎片化倾向，微博的特点能够更好地满足这种需求，而博客因为长篇大论而不再受到欢迎；另外，国人由于短信习惯的累积，对微博这种形式也更易接受。

4. 微博与即时通讯工具的比较：微博是网状结构的，是点对面的交流，而即时通讯工具是点对点的交流，范围不够广泛。

5. 微博与SNS网站的比较：差别在于技术设置上，SNS网站的界面中，人与人的交流不够顺畅，而微博将所有东西集中于一个页面，能够让人进行顺畅交流。

三、用户使用行为

登陆方式：一般使用电脑，偶尔使用手机。

受访者用手机登陆使用GPRS导致网速缓慢，因此很少使用手机登陆。而且电脑和手机登陆界面有所区别，手机界面的使用稍微有些麻烦。

发布信息：

（1）发布频率：上线以后就一直挂着。

白天因为工作时间较少，一般发布时间集中在下班之后到晚上。

（2）发布信息内容：一般与自身所处行业有关。

发布信息都是与自身行业相关的信息，很少发布描述自己情感的信息，受访者认为这与个人性格有关，受访者本人不喜欢在实名状态下将自己的情感或想法公布于众。如用匿名则可能相关情感抒发类的博文会多一点。

（3）转发信息内容：转发或评论转发，直接转发是觉得文章不错但不做评论，评论转发则更多的是因为对某类问题有自己的看法。

关注人群：关注与自己行业相关的人群。

以关注自身所处行业的人物为主，对于不同的具体领域有不同的重点关注对象，对明星与非明星是以行业来区分对待，最主要的目的还是通过关注别人来获得更多的资讯。

（4）粉丝：大部分与自己发布内容或者行业相关，小部分不知道原因。

新加的粉丝往往会去看一下他们关注的内容和方向，一般粉丝都是与自己的行业或自己关注的领域相关的，有小部分不知道成为自己粉丝的原因，认为自己的微博的吸引力并没有达到很能吸引人的地步。

（5）登陆微博之后的行为顺序：先看自己与别人的互动内容，然后发布博文。

登陆之后首先会浏览自己与他人的互动内容，包括评论、回复、私信等等，包括新加的粉丝，然后再去浏览自己所关注的对象的博文更新，而自己的关注对象也是不断变化的。

四、用户体验

1. 用户界面和操作：用户操作界面简单，进入没有什么障碍，但手机和电脑的操作方式存在差异。

2. 内容：140字的内容限制纯粹是照抄了外国的形式，认为两三百字左右是一个比较合适的范围，长篇大论也不适合微博这种形式。

3. 用户注册体验：进入设置障碍过高。

认为欲浏览先注册的准入门槛过高，如采用试用式的体验方式将更能打动人。

4. 实名制：有利于联系别人。

认为实名能够让人用搜索引擎的方式易于找到自己，而且以自身目前所处状态和地位并不在乎实名发表言论所带来的影响。

5. 忠诚度：使用时间短，存在不确定性。

受访者认为自己退出新浪微博最大的障碍在于已有的关注圈子和联系人，如果重新建立新的微博将可能丧失对一部分人的关注，但毕竟使用时间短，如果出现新的具备更好功能的微博，将会考虑离开新浪微博。

6. 体验氛围：比较轻松的使用氛围。

由于新浪微博的明星策略，邀请了大量的娱乐明星夺人眼球，明星本人以及明星的事件因而受到广泛的关注，其使用氛围也是比较轻松的。

7. 网络监管：过严但是能够理解。

网络监管过于严格，但是这也是该产品的生存之道，如果不能严格控制，那么产品本身也将消亡，对这种监管有时候会感到气愤，但是能够理解。

8. 明星策略：是既有策略的一种延续。

受访者认为这种明星策略是新浪推介产品的一贯手法，饭否等其他微博的草根策略其实也很成功，因而明星策略只是一种策略，并无好坏之分。

五、情感诉求层面

1. 微博比喻成人的角色类型：感觉有些牵强。

虽然在微博上讨论关于工作的事情居多，但并非正式性质的讨论，因而不能认为比喻成同事的角色就是恰当的。

2. 微博比喻成场合的类型：沙龙。

沙龙是思想碰撞的平台，而公园、咖啡厅这样的地方并没有强调来这里的目的是什么。

3. 微博对未来人们学习生活的影响。

就生活而言，与即时聊天工具类似，能够满足人们交流的欲望，而学习层面上则是浅层次的，不会进行深入的探讨。

附录三 微博用户深度访谈报告

新浪用户4号受访者访谈报告

访谈时间：12月11日

访谈时长：1个小时

访谈地点：泊星地咖啡厅

访谈目的：通过对于新浪重度用户的深度访谈，了解其使用新浪微博的心理、习惯，分析新浪微博的优劣势的所在，深入了解新浪微博用户选择新浪微博的原因和新浪微博的独特价值所在。

受访者基本情况：

该受访者是一位年龄在20—29岁之间的男性在校学生，本科学历，目前大四，在IT行业实习，每月可支配收入在3000—4999元之间。最早接触网络的时间是在初中，由于专业的原因，该用户每天上网时间为12小时。其每天使用互联网的顺序为即时聊天工具→新浪微博→门户网站。

该受访者对其他类型的微博如Twitter、饭否没有使用经历，但是有粗浅的了解，而最近正在使用的是新浪微博。已经使用了两个月，其目前对新浪微博比较满意，每天登录，平均每天发布浏览5次以上。

受访者的微博拥有关注数33个，粉丝24个，发布微博130条。

一、用户使用动机：

初次使用：新浪新闻和朋友推荐。

长期使用：订阅式的自主获取信息的方式和名人效应。

（1）新浪微博可以提供给该用户其感兴趣的信息，该用户每天都会挂在新浪微博上，会保持浏览自己所关注的用户的更新的习惯，但是并不会经常自己发布信息；

（2）微博上的名人效应，使其可以获得关注名人的渠道，能够了解名人的动态和一些一手信息通常是一些社会热点的一线消息，是新浪微博上的名人对于其主要的吸引之处。

二、使用需求和功能满足：

1. 使用需求：信息获取。

该受访者对于使用新浪微博的主要动机即是获取即时的一手的消息。

（1）首先，该用户认为新浪提供了一个渠道使自己可以接近一些平时接触不到的人（名人和草根），从而可以获得对这些人的关注，通过对关注人群的关注，获取目前的社会热点信息；

（2）其次，该用户认为新浪微博在提供获取信息方面的订阅式信息的方式可以帮助自己更好地获知最为感兴趣的信息，在某种程度上起到了信息的筛选和过滤功能；

（3）由于新浪微博上会有自己的朋友以及可以交互活动，即评论他人、转发他人的更新等功能，这些又使得微博的订阅功能与一般的RSS订阅相区别；

（4）对于信息的数量，该用户认为在某种程度上新浪微博的新闻和信息的集中以及自主订阅的便捷性已经取代了一部分自己浏览网站新闻的时间，但是由于现在新浪微博的用户整体数不够，在信息的覆盖面上仍然比不上门户网站。

2. 功能满足：

（1）该用户对于新浪微博目前的功能都较为满意，由于其主要关注信息获取，因而认为新浪微博对于用户和信息的分类可以加强。即是可以将关注人群进行分类，这样可以将自己现实中的朋友和网络关注的微博区分，使自己在浏览获取信息的时候可以更有选择性。

（2）对于新浪微博的名人功能之外草根用户的关注，该用户认为目前新浪推荐的草根用户较少，一般而言只能在使用新浪微博一段时间以后才能通过别人的转发和评论等认识到一些较为有意思自己比较有兴趣的草根用户，从而加入关注，而首页上的按用户地域的推荐粉丝的方式并不能最有效地到达自己最感兴趣的人物，所以在寻找自己关注的草根人群的功能上，渠道都比较狭窄。

（3）新浪微博的用户目前还不是很多，范围也不广泛，使得在某些信息的传播上其影响力和传播速度不够，对于一些突发事件的反应速度其还没有达到最快的速度。

三、用户使用行为：

1. 登陆方式：电脑终端为主。

该用户每天上网时间在12小时左右，新浪微博几乎随时在线状态。但同时该用户称由于自己的手机功能不是很强大，虽然自己也想尝试用手机终端上网使用新浪微博，但是至今甚少使用这一功能。

2. 使用习惯：浏览为主，发布为辅。

（1）浏览信息：主要是自己感兴趣的人物，比如IT业的名人，知名企业，体育和娱乐明星等发布的信息，此外也有自己关注的一些草根人物的更新。

（2）发布信息：并不是每天都发布信息，而是自己有感而发的一些东西，或者是在浏览了他人的更新以后有所启发这个时候会选择转发或者自己发布。

3. 关注人群：名人、网络上的陌生人、朋友、同事。

（1）名人是该用户关注的一个主要人群，该用户通过对名人更新的关注，可以了解自己比较感兴趣的名人的动态，同时他认为对一些知名人士的关注可以获得一些一手信息（比如之前BT关闭，电驴总裁出面辟谣）。

（2）网络上的陌生人，更多是该用户比较感兴趣的陌生人，其认为一些对生活有思考或者意见相投的人物的更新对其也有吸引力。对这些人

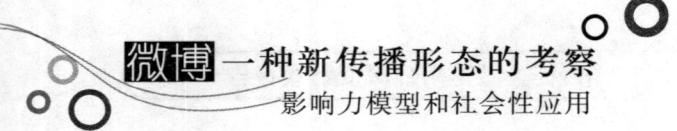

物微博的关注,也可以使该用户更好地参与社会的热点问题的讨论。而在与这些人的交流主要是通过评论和回复进行,还并未延伸至其他的媒介方式如QQ,手机等。

(3)朋友是最初吸引该用户使用新浪微博的主要原因之一,但是该用户并不将新浪微博作为与朋友保持联系的首选工具(其认为IM即是聊天工具更可以满足自己这方面的需求),而是将新浪微博作为关注自己的朋友和同事动态的一个方式,但是不作为沟通的行动渠道,因为新浪微博在沟通方面不及IM工具即时,没有跳出页面和对话框使自己可以与朋友即时沟通。

4. 粉丝圈:

由于该用户属于并不经常发言的用户类型,跟粉丝的互动也是属于发布更新以后的回复和评论。但是互动并不太多,关注不多。同时该用户认为按照按地域的方式推荐用户的方式不足以使自己获得想要关注和被关注的人群。

四、用户体验:

1. 界面:该受访者对界面很满意,认为其很清新,同时也简单,符合微博的风格。

2. 操作:满意,操作简单方便。

3. 实名制:目前使用的是匿名,主要是自己常用的网名,该受访者认为目前中国的网络环境除了一些特殊的SNS社交类网站可以使用实名以外,其他的网站出于安全考虑还是使用匿名。

4. 忠诚度:该用户认为自己对新浪微博有一定的忠诚度,其表现在于新浪微博已经作为自己每天上网必登陆和使用的媒体,而且也占据了自己获得实时消息的一个重要途径。

(1)在对其对新浪微博的比喻的两个问题中,该用户分别把新浪微博看做"朋友"(该问题的是"如果让你把微博看做一个人,你觉得

附录三 微博用户深度访谈报告

它会是你的朋友，同事，亲人，恋人，老师或者其他关系，你会如何看待？"）该用户认为新浪微博是其可以倾诉的朋友，距离自己比较近，但是和家人、恋人的亲密度仍然有区别。在第二个比喻中，该用户将新浪微博比作"图书馆"（该问题是"如果是让你把它看成是一个场合的话，咖啡厅，酒吧，公园，讲座，新闻发布会，鸡尾酒会，演唱会，图书馆，超市，你觉得会是哪一种？"）。该用户认为在新浪微博上你的关注越多你就可以越多地获得你想要的信息，这比单一的新闻发布会信息更丰富，同时信息的获取的可得性更高，此外新浪微博的另一个功能即是可以自主选择与图书馆的特质相似。

（2）该用户同时认为，新浪微博覆盖的人群相较于人人网、开心网等SNS社交网站更为广泛，年龄层更丰富，这使得自己可以在微博上接触更多更广泛的各类人群，获取的信息也更为丰富。

（3）该用户认为新浪微博基本满足了自己对一个产品产生忠诚度的几个基本条件即是有吸引自己的信息，操作简单方便，有互动和参与度。

5. 新浪品牌效应：该用户认为新浪的品牌效应，其作为国内三大门户网站的实力使其有能力进行较好的用户推广，同时新浪微博的名人效应也是新浪品牌实力的一个体现，这些使它有更多的关注度，在形成关注度后形成参与和影响。

6. 明星策略：明星策略是吸引该用户留在新浪的一个主要原因。通过对自己喜欢的名人、明星的关注，使自己可以了解他们的动态，也可以通过一些名人的更新获得一些社会热点信息的一手资料。

7. 使用环境：该用户对于目前新浪微博的氛围和环境较为满意。该用户认为目前新浪上的氛围是比较平静的，用户在上面可以各取所需，发表自己的意见的氛围相对比较自由。当然在网站监管上还是会有政策的限制，但是就用户发布信息的角度而言，一般用户都是发表一些比较温和的言论，不会出现很多尖锐的话题，也不会因为有群起而攻之的事件。该用户认为这主要是因为新浪本身的影响力较其他一些SNS网站更大，同时其覆盖的年龄层也更为广泛，不只局限于年轻人，另外其用户圈之间，大部分是陌生人而不是现实生活中的熟人也使用户在发布信息的时候会相对有所保留。

8. 功能：对于目前新浪的大部分功能该受访者都表示满意，但也同时提出可以增加一个分类的功能以便更快地更准确地获得自己想要的信息。另一个就是认识到达自己真正感兴趣的用户（名人除外）的渠道较为狭窄。

9. 社会影响力：由于目前新浪微博的覆盖人群面并不够广，其影响力还没有达到该用户期待的深度。该用户举出一个关于Twitter的例子进行说明：Twitter的出名在于其对于突发事件的报道和传播的速度，往往一个突发事件主流大众媒体还没有报道，而Twitter上的在事发现场的用户就已经通过Twitter发布了信息，再通过分享、转载等方式进行了传染式的传播。而目前，新浪微博在对突发事件的报道和传播上的反应速度都不够，这是由于新浪的人群基数使其没有覆盖突发事件的一线人员，同时也由于人数的不足，使信息被分享、传播的速度受到限制。

10. 优势和劣势：在对搜狐、新浪、网易、IM即时聊天工具、人人网、开心网等SNS网站以及新浪微博的打分中，该用户从获取信息的角度进行排序，认为新浪微博是排在三大门户网站之后，IM聊天工具，人人网等SNS网站的之前。这也应和了该用户对于新浪微博优势和劣势的分析，即是：

（1）在优势上来说，新浪微博更像是门户网站和SNS网站的结合。里面既有你想要了解信息，也有你认识的朋友，你在了解信息的同时还可以参与互动。

（2）在劣势上而言，也正是新浪微博处于这样一个中间层，其既无法像SNS网站那样通过添加应用程序等方式增加用户之间的互动和粘度，在信息上也无法做到门户网站那么有广度，而且其信息的可替代性强，一旦其他门户网站开始采取订阅式服务，那么新浪微博对其的吸引力即会降低。而目前还多是凭借名人效应来留住用户，长期来看，用户的忠诚度是一个问题。

五、访谈总结：

1. 从该用户的使用行为和使用目的来看，该用户属于目的性使用者，其使用新浪微博的主要目的是获得感兴趣的信息，其每天登录微博主要以浏览感兴趣的信息为主，不一定会发布自己的信息，但是已经将新浪微博作为自己关注的人群（多为名人，名企业）和信息的重要渠道。

2. 在该用户的受访过程中，其多次提到信息的可订阅性这一点，即是他认为新浪微博是一个信息的集合和整理中心，但是由于新浪微博本身用户的人数、范围的限制，其信息的容量不够，而且可订阅性这一点也易被复制，可替代性较强。

3. 而在与关注人群和粉丝的互动中，该用户坦诚自己是属于浏览，较少发言的一类人，网络上的人际关系较少延续到其现实生活，而现实生活中的人际关系网络并不是依靠新浪微博进行维持，故其用户粘度不够。

4. 虽然该用户称自己对新浪微博已经形成一定的忠诚度，但是就整个访谈内容来看，新浪微博对其最大的吸引力还是在于信息尤其是名人信息的获得。对于名人更新的消息的关注和微博上热点关注的关注，可以使其了解、接触和学习社会的热点。而可订阅式阅读和名人效应的可复制性，在长远来看，并不足以形成一个稳定的使用依赖。

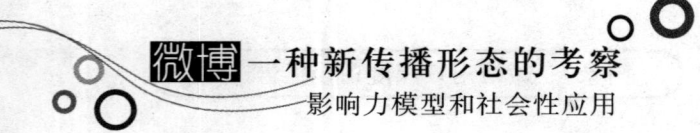
微博——一种新传播形态的考察
影响力模型和社会性应用

第二节 微博兼用用户访谈总报告

一、访谈基本情况

访谈时间：2009年12月11日-13日。

访谈总时长：3个小时。

访谈地点：人民大学明德新闻楼614室。

访谈目的：通过对多种微博客用户进行深度访谈，了解微博对于用户的核心价值在哪里，并且探究用户选择微博客、使用某种微博客的原因、新浪微博使用或不使用的原因，深入了解新浪微博及其竞争对手在用户心中的价值和排位。

二、受访者基本情况

性别：2名女性，1名男性。

年龄：20-29岁。

学历：2名大学本科，1名硕士。

职业：1名学生，2名上班族，其中的男性受访者还从事网络设计的职业

过去一个月，可支配的收入金额：可以分为两个层次，1个是在1000元以下，2个在5000-9999元。

性格偏向：内外兼具。

开始接触互联网的时候：在上学阶段，职业为学生的那位受访者初中开始接触互联网，2位上班族是在大学时开始接触互联网的。

使用互联网的年限：8-9年。

每天花费在互联网上的时间：与受访者的职业有关，上网花费时间可以这样划分上班/下班或者平时/周末，基本上每天3小时。

都使用过的微博：Twitter、饭否、叽歪、嘀咕、新浪微博。

使用顺序：

这其中，使用时间最久的微博：Twitter、叽歪和嘀咕。

使用新浪微博的时间长度：时间都较短，最短的是2天，最长的是2-3个月。

最近正在使用的微博客：2位受访对象是嘀咕，1位是twitter、叽歪和嘀咕、新浪。

最满意的微博客：2位最近只使用嘀咕的受访对象选择了嘀咕，最近共同使用几个微博的受访对象选择了Twitter、叽歪。

发布微博的频率：基本属于微博的重度使用者，每天都会发布微博，数量10条左右。

三、访谈发现

（一）微博

1. 用户使用动机：

首次得知微博的渠道基本上是网络，1名是通过博客关联，1名是观看到Twitter的页面。

2名受访者表示出于好奇心理去尝试使用微博的，1名受访者是在使用博客的过程中觉得博客不适于记录短句子，出于实际使用需要尝试使用微博。

2. 用户使用行为：

（1）登陆方式：网页、手机、第三方登陆

登陆方式的选择受受访对象硬件条件的影响，1名受访者表示由于其手机比较旧，登陆网页特别慢，限制了其使用手机发布信息的功能。

登陆方式的选择受到受访者职业的影响，职业为设计师的受访者使用了很多插件服务，更加倾向于采用新功能。

微博提供的登陆方式将成为保持用户粘性的一个重要因素，2名用户表示，手机客户端的开通及其支持上传照片功能是保持使用粘性的重要原因。

（2）发布信息：

发布信息的顺序和内容也许受到性别的影响，2位女性受访者表示微博主要是自我记录的工具，内容具有较强的自我性，并且发布信息的顺序也是先发布自己的信息，再关注别人对她的信息的评论回复。1位男性受访者把看评论回复放在了自己发布信息的前面，并且发布内容主要是好玩的东西以及照片，自我色彩不是太浓。

不受硬件条件限制的2位受访者强调发布图片的重要性。

（3）关注信息：

以发布自己的信息为主，也会关注好友的信息。

（4）关注人群：

以兴趣爱好为主，重视发布信息内容质量，很少或基本没有线下交往。

（5）明星微博：

都表示不关注，没有趋从行为，但也为明星微博的改进提出了意见，比如说明星开微博只是第一步，一定要加强与其他用户之间的互动。

（6）企业微博：

表示如果这个企业是自己所关心或是感兴趣的企业，希望可以关注它。并且希望它提供的信息是自己所需求的，而不是一般的广告或者是垃圾信息。

对3位访谈对象的访谈进行分析，可以发现用户所需要的信息与他/她的性别、职业有关。比如，2位女性访谈对象表示愿意接收美容品牌的产品信息和小贴士类的信息；身为设计师的访谈对象表示格外关注企业推出新产品的信息。这种需求可以通过建立用户数据库进行归纳整合，然后打包推荐、发送。

3. 用户使用体验：

（1）界面：

都表示比较重视界面，特别是使用多种微博后，对界面要求越来越高。认为好的界面设计应该逻辑清晰、友好、将设置权部分地下放到用户手中。女性用户对字体、头像、边框设计、提示语更加敏感，要求要人性化、友好，针对此类用户，下放设置权是最好的方式；男性用户更加关注界面的整体设计是否清晰，操作速度，所以在设置界面逻辑框架时要清楚。

（2）技术障碍：

微博对于重度使用者而言，是日常生活的记录工具，可以方便地登陆、发布成为非常重要的体验。需要"爬墙"才可以使用的Twitter在使用的便捷性上远不如国内微博，国内微博目前技术上的竞争主要是可否多终端的发布图片等个性化的需求上。

（3）功能：

随着微博的发展，重度使用者对功能的需求越来越细化，希望微博在保持现有的记录、整合功能的同时可以更进一步扩展手机客户端等功能，也反映了用户们希望微博可以成为一个在任何时间在任何地点通过任何终端都可以记录自己的媒体。

（4）整体氛围：

2位女性访谈者对微博的氛围、用户群表示出了一定的关注，倾向于内敛的、理性的，相对自我一点的交流氛围。

（5）微博与其他网站：

所有访谈者都认为微博可以与其他网站组合使用，可以满足不同需求，也就是说微博与博客、社交类网站是互补品的关系。访谈对象认为博客适合记录总结性的、较长的文章，微博适合记录每天生活的琐碎。微博与社交类网站的区别在于：前者更适合结交趣味相投的朋友、记录自己，不用过分考虑所写的对现实生活关系造成太大影响；后者是熟人网络，用来加深联系的，不一定有微博表达那么自由。

（二）单个微博的评价（除新浪微博）

1. Twitter：共3个人评价

优点：历史最早做微博的，国际化。

内容：海量，满足语言学习的需求，有一些别的地方没有的信息和人,比如国际球迷在上面爆料。

功能:插件功能强大,可以使用客户端,如Firefox和Google上的客户端,可以跟叽歪绑定。

氛围:客户群素质最高。

缺点:对于中国用户来说,受到政策和技术限制多,"爬墙"很麻烦;后来不能跟叽歪绑定了,改用Twitter的简易版但"不好用,不好玩"。

2. 饭否:共3个人评价

历史:国内最早做微博的,本土化;更新改进不是很快,有人认为是"不思进取"。

内容:评价分化的比较严重,女性使用者认为比较嘈杂,男性使用者认为有深度。

界面:认为很生硬,不太好看。

功能:不能通过手机发图片信息,必须发彩信;基本没有第三方服务。

氛围:偏活跃,若可以遇到兴趣相投的朋友会聊得比较开心,否则会感到感情倾向抒发太多。

3. 叽歪:共2个人评价

页面:比较好看,个性化设置较多。

内容:"事件"板块不错。

功能:在信息发布中有标签功能,方便用户归类整理。

氛围:客户群素质较高。

4. 嘀咕:共3人评价

优点:

界面:设计技术较好,比如透明的选框;个性化的设置,可以进行自我设置。

功能：手机客户端好用（火兔手机客户端绑定），平台开放，有许多第三方服务和插件；有搜索功能。

体验：人机交互做得好，可以局部刷新，速度快，使用平滑。

缺点：

界面：一些提示用语对用户不友好，比如"不要发布政治、反动、反社会言论"，若不改进，会导致用户流失。

功能：要注重功能的可操作性和创新性。新近开发的"频道"功能不太好用，"其实跟标签没什么差别"，还不太习惯在发微博时加井号。

氛围：用户群层次较低，深度交流不够。

（三）对新浪微博的评价（共3人做出评价）

优点：

第一，主流媒体，有很多优势资源，生存状态会很好。

第二，可以在网页上直接上传图片，"新浪现在最大的优势是可以往上面发图片，任何别的微博都是不可以的。"

第三，页面很简洁，"我觉得新浪页面的设置上，比Twitter进步了一些"。

第四，有利于获取有用信息。"比如现在的南都周刊、三联生活周刊，可以加为关注。"

不足：

页面设计逻辑比较乱，需要花费一定时间才能摸索清楚。

界面不够友好，缺少人性化的提示语，缺少友好的边框弧度设计。

页面设置权还需要进一步下放。

功能上"绑定"范围需要扩大，与其他即时通讯媒体的交互要加强。如"只能绑定MSN，连QQ都不能绑定"。

内容上新浪注重名人效应，但不利于普通用户发现志同道合的朋友。"可能新浪就是注重名人，草根的话也不是找不到志同道合的朋友，就是这些人都淹没在网络之中了。"

第四，没有手机客户端，用手机发短信要收费，不够方便和好用。

可挖掘之处：

界面上：下放页面设置权，进行界面设计框架的整合和优化。

内容上：公司微博这块可以再深度挖掘，草根微博需要得到重视。

功能上：建立开放的平台，提供多终端、第三方服务。

线下活动：可以尝试，但一定要满足一定圈子内微博主的需求，要有一定的档次。

附录三 微博用户深度访谈报告

微博兼用用户1号受访者访谈报告

一、访谈基本情况

访谈时间：2009年12月11日。

访谈时长：10点35至11点30。

访谈地点：人民大学明德新闻楼614室。

访谈目的：通过对多种微博客用户进行深度访谈，了解用户选择微博客、使用某种微博客的原因、新浪微博使用或不使用的原因，深入了解新浪微博及其竞争对手在用户心中的价值和排位。

二、受访者基本情况

性别：女。

年龄：20-29岁。

学历：大学本科。

职业：学生。

过去一个月，可支配的金额：1000元以下（包括亲友资助）。

性格偏向：内外兼具。

开始接触互联网的时候：初中。

使用互联网的年限：10年左右。

每天花费在互联网上的时间：平时2小时，周末5小时。

都使用过的微博客：Twitter、饭否、滔滔、叽歪、嘀咕、新浪微博。

使用顺序：

这其中，使用时间最久的微博：叽歪和嘀咕。

使用新浪微博的时间长度：2天。

最近正在使用的微博客：嘀咕。

最满意的微博客：嘀咕。

三、访谈发现

（一）用户使用动机

1. 初次使用：博客关联、奖励刺激、好奇心理

（1）首次得知微博客渠道

访谈对象使用的一个名为bulaoge的博客，与叽歪有一定的注册关系。

（2）使用刺激因素

注册叽歪，谈谈使用感受有30元现金奖励，访谈对象对新事物具有较强的好奇心。"因为我觉得叽歪挺好玩的，我对这些很好奇。有新的东西我就都去注册，而且好玩我就留下，不好玩我就走。"

（3）最先使用的微博客：饭否、叽歪、Twitter差不多同时使。

2. 使用新浪微博：广告造声势、邀请码提高门槛、饭否关闭提供时机

访谈对象认为自己注册新浪微博是"跟风"："新浪是跟风，因为当时，逛很多其他网站它都会冒出来一个新浪广告，然后我就去注册看了一下。"

对于注册要通过邀请码或者链接的方式，访谈对象认为虽然这样很麻烦，但是好奇心在她进行媒介选择时发挥了更大的作用。

在访谈对象接触新浪微博时，饭否什么的都已经关闭了。

（二）用户使用行为

1. 登陆方式：网页直接登陆

由于访谈对象手机功能较少，电脑也是台式的，所以以在寝室通过网页登陆微博。有时会使用手机发布信息，但是由于懒得打字，所以会把想要记录的写在笔记本上，回到寝室后再抄到微博上。关于新推出的可以嵌入电脑或手机等移动设备的客户端，访谈对象表示有兴趣尝试，但是由于受到手机硬件条件的限制，暂时没有办法试。

2. 发布信息

（1）发布信息顺序：先发自己想要抒发的，然后希望关注好友的信

息和回复，最后才会考虑别人对她的回复。

（2）发布信息内容：自我记录、总结性内容、积极内容

访谈对象主要使用微博记录自己平时看书或电影的语录的场所，偶尔汇报一下自己生活中所发生的事情，但基本上没有太多抱怨。她基本上把微博当作一个电子记事本，通过tag功能可以方便查找自己在不同时间短记录的有关同一个主题的内容。

另外访谈对象会根据自己的兴趣爱好和好友们的疑问发布一些总结性的帖子，如何学好英语等。

（3）发布频率：间歇性，一般为有感而发。

发得多的时候每天20条以上，现在较少。比如："我今天在看一本书，然后我就会不断地摘抄上去。我不在乎这是不是对别人的影响，或者是刷屏。"

3. 关注人群：以兴趣爱好为基础，以发布内容质量为标准，无线下关系

访谈对象表示会因为自己最近的兴趣爱好，进行主动搜索。比如她最近在看漫画，她会使用搜索功能，"要用关键词，比如说你有一个特定的漫画名字，然后你可以搜索，然后你发现这个人老是说这个话题，然后你发现你们俩兴趣相同"。访谈对象会开始关注他一段时间。

访谈对象表示对客户群发帖质量的高度重视，认为某个微博客户群发言的质量直接影响到她对这个微博的选择。比如在Twitter上，她表示她感兴趣的人发的帖子应该是说完整的句子的、词汇比较好、少用俚语、比较书面化的。在帖子的感情倾向上，发布帖子感情色彩太消极、偏激的人，她不会关注，并且认为这是一种精神污染，会导致整个微博客户群水平的下降。

4. 明星微博：不喜欢膜拜行为，缺乏互动

访谈对象认为微博首先应该成为用户自己记录的工具。"我觉得我去

注册微博,我就是想写自己的东西,和其他人分享,然后不是说我去膜拜一个所谓的名人。"

但同时,访谈对象认为提供明星信息本身是件好事,"我觉得这个事情应该还是一件挺有趣的事情吧,就是想办法能跟你的偶像接近是一个很好的事情"。她所不能接受的是用户们对明星的趋从、围观行为,认为这是一种膜拜神龛的行为,并不理性。

在对中外明星微博的比较时,她认为中国微博缺少明星与用户之间的互动,明星极少回复。

5. 企业微博:没有关注过,但如果内容好,也会关注

企业微博在访谈对象经常接触的微博中不常见,但她表示如果企业微博发布的内容对她来说有用,比如说招聘、参与活动、tips这样的信息,她会关注企业微博。她还认为企业微博发布纯粹广告性质的信息是一种不明智的行为,应该和有用的信息参杂起来。

(三)用户体验

1. 界面:大多数不友好

访谈对象认为友好的应该让用户可以自己设置自己的页面,如改头像、改背景、改配置,另外她特别强调页面的对话框不要使方框,应该有"弧度",类似椭圆,这样比较人性化。另外,她认为微博如果推出广告,广告出现的频率不要太高,每点一个页面都跑出来一个广告,面积最好只是"在页面的一小角"。

2. 技术障碍:受到手机条件的限制

3. 功能:发布字数可以突破140字

访谈对象把微博当作电子摘录卡,希望可以突破140字的限制,这一点与把微博作为感情抒发渠道的用户来说不同。另外,访谈对象认为微博功能可以不断丰富、强大,但最基本的记录、搜索、整合(tag)功能应该首先得到强化。

4. 客户群：缺乏约束机制

用户之间的自助式的交往，导致摩擦不可能避免。访谈对象曾与叽歪一个用户发生争执，所以较有感触，认为微博用户除了要进行自我约束，整个网站层次也要有一套机制，来协调用户之间的关系。否则，一次小小的摩擦有可能导致一个忠实用户的流失。

5. 微博与其他网站：组合使用，满足不同需求

（1）微博与博客

博客适合写长一点的文章，可能要把今天一天的事情都包含下来，微博适合写一段段的文字，强调及时记录。"博客是微博的整理，然后有时候我写了一篇文章或者发生了一件比较大的事情，我会把它记录到博客上，但是我现在基本上不写博客了。现在深度的文章发在豆瓣上了，并且豆瓣上链接了我所有的博客、微博。"

（2）微博与社交类网站

社交类网站，如人人网要求实名。访谈对象认为发布在人人上的文章以为要负更多责任，不能像微博这样随心所欲地说。不能满足她抒发自己的需求，还有可能造成现实生活中人际关系的紧张。

（四）单个微博客的评价

1. Twitter：

优点：客户群素质最高，内容海量，插件功能强大，满足语言学习的需求。

缺点：对于中国用户来说，受到政策和技术限制多，"爬墙"很麻烦。

2. 饭否：

缺点：界面生硬，是方框状的。

"像菜市场，很嘈杂。可能是因为饭否倒了以后，大家抱怨的文章比较多，情感倾向比较负面。并认为饭否关了之后他们这些用户群流到其他微博上，会跟其他用户群有一些冲突，有一种不好的精神传导效应。"

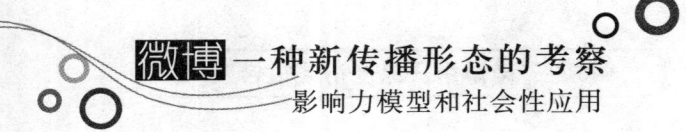

3. 叽歪：

优点：在信息发布中有标签功能，方便用户归类整理；客户群素质较高；"事件"板块不错

"叽歪是图书馆。因为我和我关注的那些人基本上都把它当成一个收集藏书或者是codes，收集语录收集书中一些经典的话这样一个场所，偶尔大家回首一下自己生活中所发生的事情，但是基本上没有太多抱怨。"

4. 嘀咕：

是叽歪的替代品，如果叽歪重开或者是有更强大功能的替代品出现，会放弃使用嘀咕。

"嘀咕比较像你在大街上走你会遇到的各种情况，就像你再坐公车时会遇到的情况，或者走一条马路，你会听到周围人再说，啊，今天作业没做完，拍照片，它又作SNS的倾向，强调真实的姓名，大家跟真实的朋友聊天。"

5. 新浪微博：

不足：第一，界面上不是很友好，多是方框对话框，缺少"弧度"的设计；

第二，强调明星微博，造成一种趋从的效应，让人感觉整个客户群的层次不是很高；

第三，理念上，访谈对象认为新浪微博的理念不是一个交流平台，而是追求名人效应，感觉很快就要圈钱。

可挖掘之处：公司微博对访谈对象在公司信息需求方面有一定吸引力，她表示会再次试试看新浪微博，关注一下公司微博。

总体来说，此用户可以算是她的圈子里的意见领袖，具有一定的影响力和传染力，微博对她的最大价值在于记录和搜索功能，影响她使用忠诚度的因素主要是界面和微博客户群的整体素质。

微博兼用用户2号受访者访谈报告

一、访谈基本情况

访谈时间：2009年12月12日。

访谈时长：10点06至10点53。

访谈地点：人民大学明德新闻楼611室。

访谈目的：通过对多种微博客用户进行深度访谈，了解用户选择微博客、使用某种微博客的原因、新浪微博使用或不使用的原因，深入了解新浪微博及其竞争对手在用户心中的价值和排位。

二、受访者基本情况

性别：男。

年龄：20-29岁。

学历：大学本科。

职业：设计师。

过去一个月，可支配的金额：5000-9999元。

性格偏向：内外兼具。

开始接触互联网的时候：大学。

使用互联网的年限：6-7年。

每天花费在互联网上的时间：2-3h，上班除外。

都使用过的微博客：Twitter、饭否、嘀咕、Plurk、做啥、新浪微博、9911。

使用顺序：同上。

这其中，使用时间最久的微博：Twitter、饭否和嘀咕。

使用新浪微博的时间长度：2-3个月。

最近正在使用的微博客：嘀咕。

最满意的微博客：嘀咕。

三、访谈发现

（一）微博用户使用动机

1. 初次使用：好奇心理

（1）首次得知微博客渠道

上网。网上大家都在谈论，对新的好玩的东西的一种兴趣驱动。

（2）使用多个微博的原因

该用户职业为网络设计师，虽然在访谈中他从没有明确说自己是有目的地使用微博，但是我们通过感觉推测出，他是有意向地尝试多使用新媒体，以及有一种关注新技术新功能的倾向性。访谈对象自己谈到是因为好玩，听到饭否上大家都在说又出了某个新的微博自己就会去用，同时现在有同步的功能，可以满足一个为主，其余同步更新使用。

（3）最先使用的微博客：饭否，然后Twitter，然后转向嘀咕。

（4）微博的独特价值：便捷性、能省去很多信息搜集时间、迅速的信息平台、收藏夹功能、扩展朋友圈

整个访谈总结下来，可以发现微博对该用户有这五个独特价值。

a. 便捷性，主要是记录和发布的信息短，耗费时间不多。同时手机客户端满足了随时随地发布。

b. 收藏夹功能，指该用户现在使用最频繁的嘀咕，可以把自己发布分享的网页自动收藏起来，能起到一个收藏夹的作用。

c. 能省去很多信息搜集时间，主要指微博的标签和频道功能（还是指该用户使用最多的嘀咕），可以把微博里涉及关键词的所有发布信息都汇集起来。

d. 迅速的信息平台，指微博上是通过人与人传递信息，这使信息能以最快速度第一手的到达。（访谈者以5.12地震举例，表示微博是"它是人与人之间传消息，这个是最快的！"）

e. 一定程度上扩展朋友圈。微博不同于现实朋友圈，主要是能找到

附录三 微博用户深度访谈报告

一些志趣相投的朋友。

2. 使用新浪微博：对于新出的微博都会去尝试

访谈对象自己主要使用的还是嘀咕，新浪、做啥、9911都注册了，但都是同步过去的。

主要目的是看看新出的微博互相之间有没有差别，看看有没有新的功能满足自己的需求，或者更加好用好玩。

（二）用户使用行为

1. 登陆方式

手机客户端为主、同时使用网络登录和第三方服务。

我们通过浏览访谈用户发来的微博地址，发现该用户使用了很多插件服务，如狐滴，滴享等，还包括火兔手机客户端。可以算是技术偏好者。

访谈发现该用户对第三方服务概念清晰，使用频繁，很关注这些新插件新功能。

其中，嘀咕的手机客户端是吸引他持续使用嘀咕的很重要的一个原因。用该手机客户端还可以支持他方便地用手机上传照片。

2. 发布信息

（1）发布信息顺序：先看提醒功能，看大家对他的评论回复，然后直接就发布信息了。

（2）发布信息内容：好玩的东西以及照片。

嘀咕提供的手机客户端大大方便了访谈对象上传照片，是一个很良好的体验。而且由于该用户有手机上网包月的习惯和喜好，所以没有什么流量成本的考虑，在路上拍照并上传分享已经成为了习惯。

看到好玩的东西都会想去分享，包括网上俏皮话或特别有用的东西都想发给大家看看。

总的来说，该用户发的信息比较琐碎，在发信息方面没有特别的目的性。

（3）发布频率：基本上一天可能有十几条。

现在是把微博当网络记事本,每天基本就是十几条。以前,在饭否上,因为好友多,是把微博当聊天工具,那样频率就很高了。

3. 关注人群:以兴趣爱好为基础,礼貌性地回加

访谈对象表示基本上很少主动加别人,主要还是觉得别人的话有意思或者觉得是志趣相投的人,就会去加他。或者别人加我了,我就礼貌性去加一下他这样。

以前在饭否有很多好友,且交往较深,志趣相投。饭否被关后,大家分散了,在嘀咕也就没有特别关注的好友了。跟以前相比,没有那么多交流了。

4. 明星微博:没有特别关注

访谈对象也会去看明星内容,但是发现新浪上还没有自己关注的明星内容。他表示自己过了追星年龄,并不特别注意这些方面。可能对国际球星的信息更关注,这也是他一直用Twitter的原因。

5. 企业/组织微博:

关注过一些组织微博,比如一些报纸媒体啊,或者国际化的公司,以前在Twitter上有比较成熟的操作,他也会去关注。但主要还是看信息对自己是否有用。

该用户提到如果企业提供的信息,比如新产品的及时发布这类,能免去自己的信息搜集成本,他肯定是会乐意去关注的。但要是垃圾信息,则会反感。

(三)用户体验

1. 界面:自身对设计要求高

由于访谈用户本身是做设计的,所以对设计要求高。一个关注操作方式,专业化的就是人机交互做得如何,包括手机客户端的提供,二是关注整个的设计逻辑是否清晰,不能乱,要能很快上手。这在报告后面分析每个具体微博时会具体提到。三是使用体验上,是否流畅,比如发布速度,

最后也还是会关注是否好看，比如嘀咕上曾有让他眼前一亮的设计，这会给他带来很大好感。

该用户虽然关注界面，但很少换模板。他认为个人主页主要是给别人看的，所以最主要还是能看得清楚，因为内容是最主要的，所以不能太花哨，以免看不清字。

2．技术障碍

Twitter要翻墙，饭否太封闭，希望能在多个微博同步，现在发现新浪不可以了。没有什么主要障碍，但该用户希望能有更多好玩的功能提供给他。

3．功能

手机客户端比较重要。

访谈对象追求微博功能的不断丰富、强大，访谈中强调嘀咕好用，主要还是有匹配、便捷的手机客户端，再就是开放的平台，允许多样的第三方服务和插件功能。

4．微博与其他网站

组合使用，没有冲突，满足不同需求。

（1）微博与博客：

访谈用户认为微博的使用对他写博客没有任何影响。

他自己认为写博客对他是一种负担，主要还是不可能一两句就写完。

微博是对每天生活的琐碎记录。而博客是对这一两个星期以来某个大事情的思考和想法，是比较长的观点，以及一种收获的梳理。二者是有联系的，但是不是互相替代的关系。

（2）微博与社交类网站：

社交类网站主要还是熟人网络，是用来加深联系的。而微博主要还是用来记录生活的。是对某个时刻想法的及时记录，能发现的是志趣相投的朋友。

（四）单个微博客的评价（以下评价完全基于这单个用户的独特体验来说的，不一定有代表性）

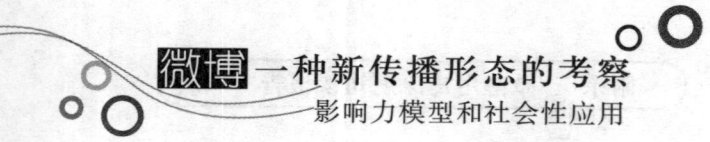

1. Twitter：

优点：最早做微博的，国际化，有一些别的地方没有的信息和人，比如国际球迷在上面爆料。

缺点：对于中国用户来说，受到政策和技术限制多，"爬墙"很麻烦。

2. 饭否：

优点：国内最早做微博的，都是中国人，共同话题多。上面的人热闹，偏活跃，因此朋友圈子广，积累了许多有深度联系的志趣相投的朋友。饭否上的人说话能给人启发，有深度。

缺点：不思进取，不够开放，功能落后，没有持续更新的好玩的功能，也没有第三方服务的提供。必须发彩信，不能通过手机发图片信息。

3. 嘀咕：

优点：总体上，好用。1. 人机交互做得好，有良好的使用体验，举例："比如当你去饭否发新消息时，它会把整个页面刷一下，就刷新一下。但是嘀咕它不会。它是你提交的时候，它是局部刷新的，就说特别快，而且你要是网络情况不佳的话，它也不会卡在那。就是说，使用起来特别平滑，没有像什么时候就卡一下这样的情况。"。2. 手机客户端特别好用方便。开放的平台，有许多第三方服务和插件。3. 有过让人眼前一亮的设计。"我还记得我最开始上嘀咕，也是上去看一下，发现右边有一个透明的选框，非常好看。你选一个菜单的时候，上面会有一个箭头，是一个特别宽的选框，而且是透明的。非常厉害！至少当时从技术上来说，它是一个比较不错的网站。"

缺点：没什么特别的缺点。

4. 新浪微博：

不足：第一，页面很乱，设计师的角度说是逻辑比较乱，需要时间去琢磨才能明白怎么点，第一印象就不好。

第二，娱乐气氛很重，不像嘀咕有国际化的一面，新浪的关键词可见它关注的内容都是些八卦。

第三，没有手机客户端，用手机发短信要收费，不够方便和好用。

另：该用户的独特在于：是技术爱好者。所以看重微博平台的开放以及第三方服务的开发。

微博兼用用户3号受访者访谈报告

一、访谈基本情况

访谈时间：2009年12月13日。

访谈时长：15点40分至16点40分。

访谈地点：人民大学明德新闻楼611会议室。

访谈目的：通过对多种微博客用户进行深度访谈，了解用户选择微博客、使用某种微博客的原因、新浪微博使用或不使用的原因，深入了解新浪微博及其竞争对手在用户心中的价值和排位。

二、受访者基本情况

性别：女。

年龄：28岁。

学历：硕士。

职业：私企员工。

过去一个月，可支配的金额：5000——9999元（包括亲友资助）。

性格偏向：内外兼具。

开始接触互联网的时候：大学。

使用互联网的年限：8年左右。

每天花费在互联网上的时间：大于或等于3小时。

都使用过的微博客：Twitter、meme、饭否、叽歪、嘀咕、新浪。

这其中，使用时间最久的微博：Twitter、叽歪和嘀咕。

使用新浪微博的时间长度：半个月。

最近正在使用的微博客：Twitter、叽歪和嘀咕、新浪。

最满意的微博客：Twitter、叽歪。

三、访谈发现

（一）用户使用动机

1. 初次使用：

（1）首次得知微博客渠道：看到别的用户在使用Twitter。

访谈对象自己建站写博客，但文章太长，自己建了个页面记录单个的句子，又觉得麻烦。看到别人使用Twitter记录的页面很整齐，就开始使用。

（2）使用刺激因素：

访谈对象很注重网页界面以及使用的方便性。使用Twitter的同时就开始使用叽歪。叽歪和饭否是同时注册的，"之所以选择叽歪，很简单的原因就是叽歪放在我的博客上很好看，比饭否要好看。"Twitter有客户端，嘀咕的客户端也做得很好。

2. 使用新浪微博：主流媒体、发图片的功能、界面做得好

访谈对象认为自己注册新浪微博是因为当时"炒得很热"："新浪刚开始出来时，我也去注册了，它炒得很热。"后来因为新浪微博有直接发图片的功能而开始持续使用。

（二）用户使用行为

1. 登陆方式：网页和手机客户端并用

由于嘀咕不支持网页直接上传图片，但其火兔手机客户端功能较完善，并且访谈对象的手机照相功能较好，因此她平时多用手机拍照后直接通过手机发布到嘀咕上，晚上再用电脑终端登录，看看拍的照片是否清晰。

同时使用嘀咕和新浪微博后，"几乎是同时发"，"如果拍得不错的话，我就会把图片下载下来，回去后用电脑发到新浪上。"

"要是去看、去交流，肯定是用电脑网站。但平时走在路上、坐在公交车上，很无聊的时候，肯定就是用客户端。"

2. 发布信息

（1）发布信息顺序：除了自己发布东西，也会去看看比较好的朋友

的主页。

（2）发布信息内容：自我记录

访谈对象主要使用微博记录自己生活中的见闻以及总结的一些思想（若内容太长会分条记录，并以数字标号）。不喜欢看别人发的生活琐事，自己也基本不会在上面发牢骚、感叹。

上传图片较多。访谈对象认为与嘀咕绑定的火兔手机客户端用起来很方便，自己使用的索爱手机拍照功能强大，因此她会较多地在日常生活中拍一些图片并通过手机客户端上传。

（3）发布频率：

基本上每天都会发布，但发布条数较少，几乎每天都是10条以下。

3. 关注信息：

相比在微博上获取信息，访谈对象更偏向于记录自己。

由于《南方周末》、《第一财经周刊》等媒体也成为新浪微博的用户，访谈对象认为这样有利于自己关注这些媒体发布的有用信息。

4. 关注人群：以兴趣爱好为基础，以发布内容质量为标准，很少线下关系

访谈对象表示会因为对方写的东西比较合自己胃口而加其为好友。或者别人跟随了自己，处于友好，也会去访问他。"但如果他发的都是些很琐碎的东西，比如'我现在去吃饭了'这种，我也不会跟随他。"

发展成线下朋友的机会不多。

5. 明星微博：不感兴趣

访谈对象对明星使用微博发布信息不感兴趣，但现在并不排斥这一点。"如果你不喜欢，完全可以置之不理，不会影响到自己的使用。"

6. 企业微博：

访谈对象表示如果某个企业微博本身是自己所关注的品牌，它恰好又发布自己想要的信息，就会关注它。并且表示"企业的这种营销模式应该

是可以的。""我不会反感,大不了我不去关注。"

(三)用户体验

1. 界面:

访谈对象比较重视微博的界面。认为在这方面,Twitter做得很好看,叽歪相对于Twitter没有什么突破,嘀咕有很大的突破,而新浪相对嘀咕来说又是很大的突破。访谈对象很重视页面上的模板、字体大小、头像大小。新浪微博"首页的头像太大了,不好看,还有一个缺陷是自己不能换页面。"

2. 技术障碍:

嘀咕不能在网页上直接上传图片,只能用手机发彩信或是用火兔手机客户端发送。

3. 功能:

访谈对象认为微博客的客户端非常重要,需要开发更多更好用的。

4. 微博客的一些提示用语应该对用户友好

访谈对象打算在嘀咕上发一条正常信息,却发布不了,提示语为:"不要发布政治、反动、反社会言论。"她认为这句话很生硬,并且有问题。"如果这种做法不改变的话,我肯定就不会再用嘀咕了。"访谈对象将同样的内容发布到新浪微博上,没有被阻止。相比嘀咕,叽歪在同样情况下的提示语更加委婉和友好:"因为您发布的内容涉及到主题词,我们把它藏起来了。"

访谈对象认为必要的审查是可以的,但使用起来应该对用户友好。"我觉得新浪的审查应该会很严格,很谨慎,我觉得这是应该的。"

5. 整体氛围:

更喜欢内敛型的,"我之所以特别喜欢叽歪,就是因为它很内敛"。"嘀咕就像一个大烩菜,什么都可以讲,很杂,很多很闲杂的东西,感觉不是很有意思。"

访谈对象之前对新浪追求名人效应是有抵触心理的，但她现在已经不太排斥新浪微博上的喧嚣，对企业用户和明星用户也不太反感，喜欢的可以关注，不喜欢的"完全可以置之不理"。

把微博当做一种记录的方式，可以不受娱乐氛围的影响，"如果心态放得好的话，你还可以在想融入的时候，有这么个氛围可以融入进去。"

6. 微博与博客：组合使用，满足不同需求

访谈对象自己建了网站写博客，并在微博客上放置了博客的链接。博客适合写较长的文章，其博文基本上都在几千字左右；而微博客是闲暇时对自己生活的记录，字数较少，且包含了很多图片。

微博上的内容与访谈对象自己网站博客上的内容基本上没有关联。

访谈对象认为使用微博客对她使用博客的影响不是很大，但对有的人可能冲击还是比较大"我看过很多人，他们说用了微博后，自己的博客大巴就很少更新了。"

访谈对象认为微博客现在带来的东西可能跟当年博客带来的东西大同小异，但微博客的生命力可能会比博客的更强大一些。

7. 微博客的价值：

访谈对象认为微博客对她最大的价值就是可以记录下生活中的随想，还有就是认识了一些朋友。

（四）单个微博客的评价

1. Twitter：

优点：可以使用客户端，如Firefox和Google上的客户端；可以跟叽歪绑定。

缺点：对于中国用户来说，受到政策和技术限制多，"爬墙"很麻烦；后来不能跟叽歪绑定了，改用Twitter的简易版但"不好用，不好玩"；"同步也有个问题，直接发到叽歪上，能同步到Twitter，嘀咕可以同步叽歪，但要从叽歪再转到Twitter就不可以了。"

2. 饭否：

缺点：界面不太好看。

3. 叽歪：

优点：页面好看，"叽歪放在我的博客上很好看，比饭否要好看"；客户端比较好用。

4. 嘀咕：

优点：客户端功能强大，比如跟火兔手机客户端绑定，"有GIS型的，有图片型的，有文字型的"；在页面上，不同于Twitter和叽歪会将回复内容显示在个人主页上，在嘀咕上可以选择不显示；有按日期搜索的功能。

缺点：一些提示用于对用户不友好。比如"不要发布政治、反动、反社会言论。"若不改进，会导致用户流失。新近开发的"频道"功能不太好用，"其实跟标签没什么差别"，还不太习惯在发微博时加井号。

5. meme：

存在时间很短，"在中国大概呆了不到半个月就没有了"。

优点：虽然可选择的模板很少，但做的卡通形象很好看；可以直接往上发图片，别人发的图片也可以直接点击转发。

缺点：字体太大。

6. 新浪微博：

优点：第一，主流媒体，生存状态会很好。

第二，可以在网页上直接上传图片，"新浪现在最大的优势是可以往上面发图片，任何别的微博都是不可以的。"

第三，页面很简洁，"我觉得新浪页面的设置上，比Twitter进步了一些"。

第四，有利于获取有用信息。"比如现在的南都周刊、三联生活周刊，可以加为关注。"

不足：第一，界面上，"首页头像太大，不好看"，不能自己换模板。

第二，新浪注重名人效应，但不利于普通用户发现志同道合的朋友；"可能新浪就是注重名人，草根的话也不是找不到志同道合的朋友，就是这些人都淹没在网络之中了。"

第三，客户端体验上较弱，"只能绑定MSN，连QQ都不能绑定"。

第四，手机终端还需要改进，如网页界面等。

第五，"作为主流媒体，顾虑肯定比别人多。"

建议：

访谈对象对微博客组织的一些线下活动，比如嘀咕办过的青岛网友见面会、网友去K歌等不感兴趣，但她认为"微博要是真的想超越交流的这种功能，那么举办一些知识讲座，或者把企业组织联系起来，可能还是会起作用的。"

任何媒体都不能忽视手机媒体。

第三节 企业用户访谈总报告摘要

一、企业微博维护者主要类型

1．企业内部公关、品牌部门的工作人员

2．企业所雇用的公关公司专业团队

二、企业用户开设新浪微博的主要原因及效果

1. 维护客户关系

案例一：凡客诚品作为电子商务网站，很在乎用户的口碑和评价，微博客是一种反馈非常及时的用户沟通渠道，现在已经成为了企业非常看重非常重要的一个渠道。

同时，凡客诚品的客户，也对新浪的品牌以及新浪微博产品比较认可。

效果：

利用微博客对客户的回复很及时，用户感到很惊喜，用户感觉被重视，对企业产生好感。

2. 与客户互动来发掘客户需求，改善产品和服务

3．利用微博客了解热点和话题，寻找可以与企业活动相结合的机会。

4．维护企业形象

（1）搜索在微博客上的有关企业的信息（包括好的信息和坏的信息），针对一些问题等进行回复等。

（2）参与慈善活动。

5．组织线上线下活动

效果：参与度很高，效果很好。

对销售没有直接效果，但是对品牌有很大很积极的影响。

用户参与进来后，会感受到公司的服务，感受到我们的产品。

6. 争夺网络话语权和网络环境中的曝光度、声音份额

7. 信息发布平台：发布企业信息、产品信息、活动信息

效果：随着粉丝人数的增加，信息传播效果也随之增强。

从时间维度而言，信息传播出去的速度很快。

8. 活动的现场直播

（案例1：福特公司微博的广州车展直播。）

效果：热门活动的直播能够迅速的提高人气，让微博粉丝数量在短时间内迅速的攀升。

9. 帮助用户解决售后问题

三、微博客传播效果评估的主要指标

1. 粉丝人数

2. 粉丝的粉丝人数

3. 发布的消息被点击的次数（曝光数）

4. 转发的次数

四、使用行为

1. 登录时间

一般全天挂着。

2. 发布信息时间

A. 活动组织（要互动）的信息会在上午10点、下午2点左右发布。

B. 常规的信息，随时随地都有可能发布。

C. 特殊、大型活动期间（如广州车展直播）则根据公关活动的一般宣传规律，有预热期、高潮期、后续期，不同时期的信息发布数量和时间不同。

困扰：这也是一直在考虑和研究的问题，网络环境的受众构成复杂，网友的属性不明确，不能很好地做一些归纳细分。

3. 怎么保证在大量信息中，自己的信息不被淹没？

没有办法规避，只能通过规划话题、从内容上来吸引关注。比如这次借助车展宣传，有一些礼品派发活动，这样就吸引了很多关注者、参与者。会运用一些手法，比如参与有奖。

4. 发布的信息

A. 企业重要信息、公司新业务告知、公司高层言论、企业员工的言论和幕后故事、企业文化理念和事例、活动预告、活动通知。

B. 活动信息。

C. 有新闻性质的信息（广州车展直播）。

5. 所关注的信息

A. 竞争对手信息。

B. 一般网友最关注的话题。

C. 公益性的活动，或其他与自己企业可能匹配的活动。

D. 行业动态的信息。

五、使用体验

1. 现有平台的设计和功能如何？

A. 够用，如果过于丰富的话，就失去了原有的初衷和本意。

B. 不足：字数的限制还好，视频部分可以更迅捷化一些，更多的格式的支持。目前还没有尝试视频上传，主要是因为视频的制作本来有点困难。

六、微博客的产品特征、与其他产品的比较

1. 微博客的特征

（1）迅捷

（2）交叉互动

微博短短的几个字就很容易被人看见，而且是交叉互动的。假如我是A，还有很多的B、C、D，如果B看见了我写的东西，C和B是好友，C很可能也会看见我写的东西，这样信息就最大限度地传播出去了。

（3）信息传播比较迅速的窗口。

更可以像新闻性质的，能立即吸引网友的关注和了解。

2. 博客

（1）博客要写到一定的字数和深度

（2）博主还要有一定的人气

（3）要成为意见领袖，这样才有人关注、重视

（4）博客的互动是小范围的

企业通主要利用博客来发布一些比较正式的信息：技术性的文章、企业文化展示等

3. 开心网

（1）开心网对企业的收费非常高

（2）开心网可以在游戏中进行品牌植入、可以做的深层营销和推广方法有很多

4. 论坛

论坛的用户特征比较明显，一般都是一个圈子里面的。例如汽车论坛里的用户都是有车或爱车一族。

在论坛中传播信息的时候就有一定的针对性，比如车友活动，在此一味的宣传企业信息，受众的兴趣就会不大，效果就会不明显。

5. 其他微博客产品（Twitter、叽歪、饭否）

A：新浪微博与其他的微博客产品在功能上没有多少差别。

B：新浪更加注重运营，例如：页面上主题的推荐，人工推送的痕迹很明显。

C：现在不使用其他的微博客产品，而使用新浪微博主要原因是其他微博客要么被关闭，要么在中国的用户量太少，人气不高。

七、企业用户对微博评价

总体评价：比较满意、很有趣

具体评价：

1. 屏蔽功能不错

2. 操作上很便捷

3. 在手机上发和浏览都比较便捷

八、企业用户需要解决的问题和需求

1. 新浪提供数据服务

粉丝属性：包括粉丝的年龄、构成，对这类数据的需求还是很大，希望新浪可以提供更详实的信息和数据。

2. 希望能在使用界面上对粉丝进行管理

A：粉丝分组、分类——微博圈。

B：目前只有增加的粉丝的提醒，对于解除了关系的粉丝，希望也能提醒，方便企业用户跟踪粉丝流失的情况和原因。

3. 类似IM和邮箱的信息（信件）发送管理服务。例如能给不同组别的用户群发私信（用于活动告知、获奖名单通告等）

4. 企业用户的身份识别符号系统（页面定制模板、企业logo等标识）

针对是否需要为企业提供特殊的符号系统以让其作为企业的身份更加明显和突出这个问题，两位访谈对象持不同观点：

A：认为企业用户不需要在符号识别系统上做特殊处理，应该和普通微博客用户一样，若特别的突出自己的企业身份，会让"粉丝"有隔阂之感。

B：希望能为企业提供"李宇春模板"那样的个性化模板，将企业的符号识别系统体现在企业的微博客上，以标识企业身份。

页面很呆板，自定义的东西太少。

5. 希望可以利用微博客多形式地来做公司形象建立和产品推广

6. 首页上对企业用户只是一种罗列，而没有分类和排序

7. 企业需要看到的有意思、有效的信息，有意思的信息被埋没在每天大量的碎片化发布的信息里。

九、建议

1. 与及时通信工具绑定很好。

2. 筛选和搜索工具有待加强，开发分段发私信和群发私信功能

3. 竞价排名对微博这个平台不太合适，侵犯了网友的权利

4. 别的网络工具的功能可以用在微博上的：如开心网的投票评论、小游戏。

5. 为企业提供付费的个性化服务，企业可以自由选择是否使用模板。

6. 未来会加强视频、图片的相关功能。

7. 开发恰当的功能，来展示公司的新品、展示企业文化和企业形象。

8. 把SNS的特点和游戏植入到微博客里面。这样公司可以与新浪微博开展更多形式和不同层面的合作，来多种形式地实现品牌展现。

9. "推荐"的竞价排名，企业用户愿意为此付费。不过代理企业微博维护的公关公司客户希望不用"付费"这种方式来排名，希望以其他标准来排名，例如"竞人气、竞内容好坏"。

10. 开设专门的"活动版"，注重活动的组织、推送和推荐。企业也愿意与新浪开展一些活动。

11. 多关注草根，有很多"草根达人"可以去"捧红"

12. 加强信息筛选和搜索功能，通过"微博圈"可将不同重要性和不同类型的信息呈现在不同的页面或板块里面。

13. 发布微博的时候加关键词：公益活动、企业活动。这样可以让我把想要看到的信息搜索出来。

附录三 微博用户深度访谈报告

凡客诚品访谈报告摘要

关键词：品牌推广最大化、建立客户沟通、活动合作、广告投放（竞价排名等形式）

受访者基本情况

学历：大学本科。

年龄：29。

所在企业：凡客诚品。

职位：客户经理。

企业性质：民营。

企业员工数量：500人以上。

主营业务：网上销售男装、女装、童装、鞋、配饰、家居。

目标消费群体：青年。

已使用新浪微博的时间：3个月。

使用频率：工作时、晚上回家后。

一、为什么打算开设新浪微博？预期的效果，及目前新浪微博的效果如何？

1. 动机：我们作为电子商务网站，很在乎用户的口碑和评价，以前跟用户沟通的渠道很少，网站自身论坛效果不好，非常需要一个能够即时反馈的机制。本来想自己研发一个程序，建立vancl粉丝团，当时在与新浪协商，准备与新浪合作，只是还没有正式开始实施。当时新浪微博正在内测，我们觉得这也是一个很好的形式，可以借新浪这个平台来实现我们的目的，用户也比较认可这个平台（新浪的品牌效应）。加上早点加进去可以得到新浪的推荐方面的更多支持。

我个人在8月份就开始在新浪微博内测注册。8月27日上线，vancl粉丝团就在新浪上注册了。

2. 目的：微博是目前跟用户互动的唯一的一个平台，公司整个高层很看重这个事情。高层也会去看我们的微博客，偶尔会提一些建议。

3. 功能：

（1）发布企业信息。维护企业形象。

（2）发布产品信息。

（3）发现用户的需求，改善产品和服务。案例：客户身高过高，希望凡客有适合他的加长的裤子。

（4）与客户建立良性沟通。

（5）帮助客户解决售后问题。（这项功能原本不在计划内，也不是微博主要功能。售后问题应该主要由客服来解决，不应由微博来承担客服的工作，微博可以是辅助性的。）

4. 效果：粉丝中有三分之一的人，是通过微博来了解凡客诚品的。在新浪微博上的曝光，能让用户感觉其品牌形象、建立信任。不过就整个公司而言，用微博和用户打交道，是公司与客户间建立沟通的方式之一，只是一个很小的环节。

二、公司对品牌和客户关系的重视程度如何？

公司有专门的品牌部门，负责微博客的建立更新和维护。

公司非常重视品牌形象的管理和传播，非常注重客户对公司的认知情况及总体评价，重视客户对公司服务、产品质量的评价，非常重视收集客户反馈的信息，从中发现需要改善的问题，开发新的产品和服务，注重改善客户的购买体验、重视为顾客解决售后问题，满足客户的需求。

关于域名被抢注的问题的看法？

跟新浪联系，提交了公司的证明，成为了带V的用户。

问题：新浪的用户名是可以随便注册的，别人可以叫"凡客诚品123"，所以也没办法避免。

解决办法：

附录三 微博用户深度访谈报告

公司大力推VANCL粉丝团，来区别于其他相似用户名用户。

如果其他注册了"凡品"的用户有不好的言论，我们可以跟新浪沟通，想办法处理掉。技术上难以做到排他性的事前预防，只能做事后处理。

三、平时会不会观测和检测有关凡客诚品的言论？沟通的原则是什么？

1. 沟通机制：

每天都去搜凡客或凡客诚品有关的言论。有留言都会回复。如果用户有问题提到我们的，我们也会回复。要求是，无论好的还是不好的言论，都会去回复，尤其是不好的言论，要去沟通和解决，但是目前还没有出现不好的言论。

2. 主动关注别人：

我们订阅量很大，不仅被别人关注，我们也主动去关注别人。别人也会有很多有趣的话题。

3. 沟通原则：

我们的回复很及时，用户感到很惊喜，用户感觉被重视，就会对企业产生好感。

几乎每一个我都会去答复，建立一个良性的沟通机制。

四、使用行为和体验：

1. 在公司的时候就会开着，有空的时候就会刷新一下，全天在线，除了开会。外出的时候就用手机挂着。回家的时候也会登陆，也会做一些沟通和回复。这样也有一个问题，就是占据了很多我的个人时间，导致我个人的微博长期没有更新。

2. 发布内容：

（1）看到一个适合在微博上发布的比较重要的公司信息，会用一个比较合适的措辞来发布。

（根据访谈者的观察，其发布的议题主要有：企业重要信息、公司新

业务告知、公司高层言论、企业员工的言论和幕后故事、企业文化理念和事例、活动预告、活动通知)

（2）搞一些活动，例如，抢楼送礼、线下活动报名等。

公司重视线下活动，高层也会参加。

微博客是一个线下活动时用来招募的很好平台。

——活动效果：参与的人会很多。对销售没有直接效果，但是对品牌有很大很积极的影响。用户参与进来后，会感受到公司的服务，感受到我们的产品。

——案例：王菲开的朝外彩廷酒吧狂欢派对活动。

报名迅速爆满，参加的人有公司副总监、经理一级的，主要是白领。Vancl的高层也会参加。

3. 发布时间：

如果是活动组织型的信息，发布时间会选在：早上十点左右，下午两点左右。因为这个时间段我们的粉丝（白领一族）上午上班的时间会上网，下午吃完午饭没事情干也会上网逛一逛。

4. 转发的内容：

（1）公益性的——提升公司形象。

（2）跟企业形象没有冲突的"有意思"的信息。例如"微博之八荣八耻"，"小沈阳来新浪聊天室"。（访谈者分析：这样的信息具有以下特点：从动机角度来说，VANCL粉丝团用户的管理者个人感兴趣的话题，是一种建立在感性基础之上的。从效果角度来说，这样的信息本身也具有吸引其他人来浏览，和再次被转发的价值。）

5. 感兴趣的内容、希望看到的信息：

（1）公益性的活动：希望更多的了解一些跟凡客诚品有关的活动信息（例如公益性的活动，或可以合作的活动），可以寻求合作和多赢的机会。

（2）行业动态的信息。

（3）其他能够开展双赢、多赢的活动的信息，例如可能与新浪一起合作的活动信息。

6. 粉丝情况

（1）粉丝团的人数：3890

（2）微博的粉丝构成：

同行业（占小部分）、老顾客、新顾客、与VANCL存在除买卖关系之外的其他关系的人士、纯粹是在微博上才建立联系的人。

六、问题和建议

1. 没有很好的信息搜索方式和管理机制：

（1）关注的人太多，搜索很难，想看的话题被淹没，没办法花很多时间去翻找需要的信息。订阅功能不好。精华的话题和普通的话题，混在一起，没办法删选出来。

（2）有的有用信息根本没在自己页面上显示过，就没办法看到。有用信息（我们公司有可能可以一起合作的很好的活动）发布的时候，没法提醒我去及时地看。

——建议1：建立"微博圈"，可以管理自己所关注的对象，将关注的对象分类，形成一个一个不同类别的圈子，不同的圈子所发布的信息对我的意义有大有小，我可以根据个人需要，关注某几个人群，三五个，特殊人群。

将不同圈子发布的信息呈现在不同的版块或不同的页面上，这样就不会漏掉一些重要的信息了。

——建议2：发布微博的时候加关键词：公益活动、企业活动。这样可以让我把想要看到的信息搜索出来。

2. 新浪大量推明星，而忽视草根，草根不被重视，这种用户体验不好。应该更平民化和亲民一些。

其实很多明星的言论对我个人或我们公司而言没有多大的价值。（我个人并不喜欢那些首页上发布的话题，那只是编辑的喜好，太做作，或只是新浪和明星之间的契约，新浪出于留住明星的目的来推荐他们的言论。

——建议3：实际上有很多草根的言论是很有意思的，也确实有一些草根非常用心的经营自己的微博，人气也确实很高——草根达人。新浪应该跟多重视这这些人，去推荐这些人的优质的内容，甚至可以去把他们捧红。

3. 新浪不重视企业用户，没有针对企业用户的特殊服务。

新浪更多地推明星，目前只是为了赚PV，而没有真正把它做成深度开发的产品。应该主动去跟企业和其他组织沟通，来加强各方面的合作。企业是最后为新浪"买单"，给微博带来利润的。

——建议4：活动是聚集人气，团结人，提高粘性的最好方式，新浪应该重视微博客上的活动组织和活动信息发布。如果仅仅是一些话题，并不够。

——建议5：新浪应该更多的关注企业，个性化的模板，开发新的功能。

——建议6："推荐"的竞价排名，企业是愿意出这个钱的，只要效果好。

——建议7：页面很呆板，自定义的东西，太少。想建公司的模板（类似李宇春页面的那种），愿意交费，但是新浪迟迟没有重视我们的这项需求。

——建议8：企业级的品牌宣传：页头可以是公司的标识，微博应该提供企业形象展示的特殊模板，与其他普通的微博区分开来。

——建议9：重视活动的合作。VANCL和新浪微博有过赠送"围脖"的合作案例，由VANCL来提供实物围巾。效果还好，但是新浪微博没有采取某些措施做重点推荐。比如，没有放到页面上去，削弱了VANCL的推广效果。

4. 微博目前可使用的传播形式还是比较单一，以文字为主。而文字看久了容易"烦"，文字没有图片吸引人。

——建议10：未来会加强视频、图片。

（就个人而言，被访者会经常浏览别人发布的图片，主要是一些现场性的图片，虽然图片质量不高，但有一种现场感。浏览速度还可以。）

（被访者自己也会自己发布图片，更倾向于用发布相机拍摄后处理过的图片，因为效果更好，但是在外出或一些情况下，只能用手机拍，用手机传上去。）

5. 在形态上，微博的功能较为单一，不像开心网，有游戏。在这样的形态下，组织可以使用的营销和公关手段受到很大限制。因此，微博客目前主要功能就是与用户沟通和对话，在公司形象展示和产品展示上可以做的并不多。

——建议11：希望多形式、多渠道地来做公司形象建立和产品推广，希望开发恰当的功能，来展示公司的新品，让客户了解公司。

——建议12：把SNS的特点和游戏植入到微博客里面。这样公司可以与新浪微博开展更多形式和不同层面的合作，来多种形式地实现品牌展现。

七、品牌部门使用不同的传播手段做企业宣传，各种传播形式的效果如何？

1. 微博的反馈更直接真实。因此主要用微博客来跟客户交流。

2. 开心网：本来想在开心网注册一个账号、做活动，搭建多个平台多个渠道，像新华社那样开一个账户。但是开心网对企业的收费非常高，我们精力也有限。另一方面，因为与新浪有广告投放关系，所以选择了新浪博客。

开心网的一个优点，可以在游戏中进行品牌植入，里面的人可以穿VANCL的衣服，可以做深层营销和推广方法有很多。如果光是开一个平台，意义不大。

3. 官方博客：博客在自己的网站上开设的，50天的开设，访问量达到11万，官方博客比较正式，博客主要是展示公司企业文化，表现很感性的一面。但是与用户的互动少。公司的博客不是在新浪的。博客里好友是纯粹的"粉丝"。

4. 个人使用过饭否、叽歪、Twitter，他们与新浪的不同？

（1）在功能上差不多。

（2）新浪更加重视运营，新浪建很多账号去人工推，而不是纯用技术去推，包括热点推荐，都是新浪编辑的意念，处处体现其运营。

（3）Twitter也用过，但是人气不高，就不玩了。

现有功能使用情况

经常使用的功能	1. 发布信息；2. 发布图片；3. 评论，回复别人的博文；4. 参与话题；5. 个性化域名
较少使用的功能	1. 手机发布；2. 转发别人微博；3. 个性化模板；4. 私信；5. 关联博客
从未使用的功能	1. 我的收藏

使用满意度

非常不同意	1. 功能十分完善；2. 个人隐私和信息能够得到安全保护；3. 编辑推荐符合我的需求
比较不同意	1. 没有经常打不开页面或跳转出错；2. 能快速找到我想要的信息；3. 页面风格很好；4. 首页栏目设置合理
比较同意	1. 操作说明和提示信息十分清晰、明了；2. 完成一项任务不需要太多的步骤；3. 用手机登录、发布方便
非常同意	1. 发布和浏览信息时网页反应速度快；2. 发布信息便捷

附录三 微博用户深度访谈报告

福特访谈报告摘要

受访者基本情况：

给福特做网络信息的公关公司——新意互动的客户经理，是在微博上帮福特发布信息的负责人之一。

学历：大学本科。

年龄：26。

所在企业：新意互动。

职位：客户经理。

企业性质：民营。

企业员工数量：200人以上。

主营业务：互动信息技术、广告、公关。

目标消费群体：20–45岁的一般网友受众。

已使用新浪微博的时间：3个月。

使用频率：随时随地。

一、为什么开设新浪微博？目前新浪微博的效果如何？

1. 使用动机和目的：由于广州车展项目活动的展开，汽车厂商要依托车展去公布一些信息，对外宣传。该公司就是要让这些信息在更多的网络平台上去发布和传播。希望寻求更多的平台，而博客、论坛都属于一些常规平台，而在这时也看见了新浪微博这一新形式的一些特点和优势，就考虑做这种新的尝试，开始使用新浪微博。

2. 最大的特点：

A. 迅捷。

B. 与博客相比，博客要写到一定的字数和深度，博主还要有一定的人气，要成为意见领袖，这样才有人关注、重视，这样的互动是小范围的。而微博短短的几个字就很容易被人看见，而且是交叉互动的。假如我是A，还有很多的B、C、D，如果B看见了我写的东西，C和B是好友，C很可能也会看见我写的东西，这样信息就最大限度的传播出去了。

3. 一般发布什么样的信息？

在这次活动中，主要是：1. 车展现场信息的及时发布；2. 活动信息公布。

目前还是官方信息发布平台，没有用来维系客户，很少互动，但是一些互动信息的参与，还是会回复。

4. 效果？

效果非常好，因为有专业的团队进行管理和运作，浏览量和广告价值都非常高，在新浪的企业用户里粉丝数还是非常高的。微博为这次福特在广州车展中做了很好的服务

5. 是如何来评估效果的？

首先，我们是做网络公关，首先是网络曝光人数达到了多少。粉丝数现在突破了7000，但并不仅仅是7000人看见了，因为这信息是放在网络环境中的，除了加关注的，还有其他很多人看见。至于曝光数的计算，是公司自己技术后台的计算和评估方法。

6. 未来是否会继续使用？

现在虽然粉丝数量没有像在广州车展上那样的增长速度，但还有每天都有所增长，微博会长期作为一个信息发布的平台；每一款车型的推出和宣传都会有一些常规的文章和帖子的发布，而微博也能作为一个平台。

二、使用行为

1. 时间上有没有什么固定的时间，或者觉得哪个时间发布的效度最大？

这也是一直在考虑和研究的问题，网络环境的受众构成复杂，网友的属性不明确，不能很好的做一些归纳细分。

2. 怎么保证在大量信息中，自己的信息不被淹没？

没有办法规避，只能通过规划话题、从内容上来吸引关注。比如这次借助车展宣传，有一些礼品派发活动，这样就吸引了很多关注者、参与者。会运用一些手法，比如参与有奖。

3. 具体信息发布过程：

团队制作，一人负责发布。

4. 所关注的信息：

A. 竞争对手信息。

B. 一般网友最关注的话题。

5. 现有功能使用情况

经常使用的功能	1. 发布信息；2. 发布图片；3. 手机发布；4. 个性化域名；5. 个性化模板；6. 私信
较少使用的功能	1. 转发别人微博；2. 我的收藏；3. 关联博客
从未使用的功能	1. 评论别人的博文；2. 参与话题

三、使用体验：

1. 现有平台的设计和功能如何？

A. 够用，如果过于丰富的话，就失去了原有的初衷和本意。

B. 不足：字数的限制还好，视频部分可以更迅捷化一些，更多的格式的支持。目前还没有尝试视频上传，主要是因为视频的制作本来有点困难。

2. 与其他网络互动媒体平台作一下比较和评价？

所触及到的目标消费者的属性是不同的：

A. 论坛就是既定的有车的人，对他传播信息的时候就有一定的针对性，比如车友活动，在此一味地宣传企业信息，受众的兴趣就会不大，效果就会不明显。

B. 博客，舆论领袖的导向就比较重，我们通常会把一些维修保养和技术上的观点通过博客发布，这样特定人群就可以关注。

C. 微博，信息传播比较迅速的窗口，更可以像新闻性质的，能立即吸引网友的关注和了解。

网络公关更多的目的：1. 争取网络环境中福特的声音份额；2. 把核心信息传播出去，而不是直接刺激消费。和直接的广告还是有所区别。

3. 用微博组织线上线下活动的情况和效果？

参与度比较高，效果非常好。

对以下三点很满意：

4. 屏蔽功能还是很认可的。

5. 操作上很便捷，在车展上进行了直播。

6. 在手机上发和浏览都比较便捷

7. 福特公司对微博的评价：比较满意，很多也是微博的用户，觉得很好很有趣。

使用满意度：

非常不同意	无
比较不同意	无
不清楚	能快速找到我想要的信息；
比较同意	1. 功能十分完善；2. 编辑推荐符合我的需求
非常同意	1. 发布和浏览信息时网页反应速度快；2. 发布信息便捷；3. 操作说明和提示信息十分清晰、明了；4. 完成一项任务不需要太多的步骤；5. 用手机登录、发布方便；6. 个人隐私和信息能够得到安全保护；7. 没有经常打不开页面或跳转出错；8. 页面风格很好；9. 首页栏目设置合理

四、需求

（一）针对企业用户可做的一些工作？

1. 企业分类和官方认证是做得比较好的。

2. 对于页面风格的区分，意义不是非常的大。本来这就是拉近企业和网友的平台,如果区分开了,增加和网友间的距离,可能反而会流失一定的关注人群。

3. 希望新浪后台技术可否支持我们发布的信息和活动面更大地传播出去。比如群发私信等。

4. 并不喜欢一些直接的广告

5. 首页上对企业用户只是一种罗列,而没有分类和排序

6. 对企业用户来说,希望新浪能加强粉丝数据信息的获取,提供粉丝的属性,构成的数据。

(二)对于未来可能的收费问题的看法?

会考虑性价比,企业会有所顾忌,比如会考虑是否继续和多大面地使用。会尽可能地缩减发生的费用,而是用合作的方式。比如在自身客户中推广微博的应用。

(三)未解决问题但最重视的问题:

粉丝属性的问题,包括粉丝的年龄,构成,对这类数据的需求还是很大,希望新浪可以提供更详实的信息和数据。

五、建议

1. 与即时通信工具绑定很好。

2. 筛选和搜索工具有待加强,开发分段发私信和群发私信功能

3. 竞价排名对微博这个平台不太合适,侵犯了网友的权利

4. 别的网络工具的功能可以用在微博上的,如:开心网的投票评论和小游戏。